마음이여, 정착하지 마라

마음이여, 정착하지 마라

서숙 수필집

책을 내며

사라진 것 같은 3년,
아쉽게 돌아보는 자취들

2019년 초에 수필집 『미래에서 온 편지』를 냈다. 지금 돌아보니 그때 내가 기대하던 '우리의 미래'는 매우 낙관적이었다. 우리나라는 선진국에 진입했고 한반도의 평화적 공존을 전망할 수 있으며 민주시민의 성숙도는 진일보하여 사람들은 어느 때보다도 안정된 일상을 향유할 것이고… 등등.

그러나 2019년 12월 이후 지금까지 코로나와 함께한 3년, 그동안 무슨 일이 있었던 것인가. 위에 열거한 많은 사회적 희망 사항들은 코로나뿐 아니라 제반 여러 사정들이 결코 달갑지 않게 얽혀드는 바람에 퇴색하여 돌연 멀어지고 말았다.

이번에 내는 수필집에는 코로나 사태 이후 올 초까지 3년간의 내 삶의 여정이 담겼다. 그것은 오롯이 코로나 정국의 어수선한 부침과 겹친다. 그러므로 수필 내용은 다분히 이 전대미문의 사태를 염두에 두지 않을 수가 없었다. 자못 근심 어린 시선으로 세상을 지켜보는 어투가 배어 있다.

그동안 세상이 마치 총탄 없는 전쟁 중인 것처럼 온갖 잡사의 이슈를 코로나가 블랙홀처럼 빨아들이는 암울함 가운데 사람들에게 강요된 칩거는 자연스레 반성과 성찰의 분위기를 이끌었다. 도대체 왜, 이런 일이 벌어졌는가, 우리의 과오는 무엇이며 어디서부터 잘못된 것인가. 결국 모두 인간의 무지와 오만 탓이다. 남들처럼 나도 그런 화두를 붙들고 정리해보려고 애썼던 자취가 여기 남았다.

근심거리를 가득 안고 전전긍긍하는 사회 분위기 속에서 3년을 몽땅 도둑맞은 것 같다. 박탈감과 상실감에 잠겨 주변과의 소소한 나눔이 단절되는 위기감 속에 오히려 역설적이게도 그동안에 내가 세상과 맺었던 관계가 얼마나 소중한 것이었나 각성하는 시간이기도 했다. 심상한 일상의 노닥거림이야말로 내가 가꾸어야 했던 꽃밭이었다.

그런 중에도 아이들은 자라고 난분분 꽃잎 날리고 나무들은 푸르고 세월은 무심히 갔다. 초유의 사태 앞에 우왕좌왕했으나 차츰 나름의 질서가 생겨나고 있다는 사실이 신기하고 한편 대견했다. 마스크를 충실히 챙기는 착한 사람들.

그나마 지인들과의 커피 한 잔 나누기도 불가능했던 칠흑의 어둠은 가까스로 벗어났다는 안도감을 느끼는 이즈음, 이 책을 내는 시점이 코로나를 마무리 짓는 시점과 일치하기를 바라는 소망이 한가득이었다. 잠긴 시간이었으나 글을 쓸 수 있어서 다행이었다고 말해야 하나. 그렇다고 하고 싶기도 했다.

그러나 전혀 예기치 못한 10·29 참사를 당하여 슬픔에 앞서 분노가 치민다. 그리고 당연하게 떠오르는 세월호의 비극. 우리는 어쩌면 이렇게 비슷한 어리석음을 반복하는가. 게다가 나는 치안만큼은 우리나라가 어느 선진국에도 앞선다고 자랑삼지 않았던가. 비참함에 잠겨 속상하고 또 속상하다. 어떤 이는 화만 내지 말고 차분히 문제점을 짚어나가 이후의 실수를 반복하지 말자고 한다. 옳으신 말씀 앞에 나의 미간은 더욱 찡그려질 뿐이다.

앞으로 어떤 세계가 펼쳐질지 무슨 기상천외한 일이 벌어져서 기함하게 될지 전혀 '미래'를 예측할 수 없음에 망연자실할 뿐이다. 상식과 상상력을 뛰어넘는 그 무슨 어불성설의 일도 벌어질 수 있다는 불안감이 바짝 무릎걸음으로 다가서곤 한다. 스멀거리는 무력감 속에 세상만사 덧없는 일이 아닌가, 어수선함을 누르고 애써 갈피를 찾으려 마음을 수습하며 책을 엮는다.

2022년 12월
서숙

차례

책을 내며 4

1. 이 깊음

마음이여, 정착하지 마라 13
옥스퍼드를 노크한 우리말 19
MZ세대에게 돌파구를 25
조각배들 학익진을 펼치다 31
신 사회계약론 38
이 깊음 43
나랑 잘 지내기 48
살구나무 꽃가지를 꺾어들다 56
좋은 비는 때를 아느니 61
이상한 일들 하나둘 셋 67
그의 살풀이 73
숨쉬는 항아리 79
니키 드 생 팔과 오방색 84
우리 89

2. 성큼 다가온 미래

주초위왕 97
잔 다르크 101
잔 다르크 등장의 기적과 퇴장의 비극 108
이 모순의 시대에 117
성큼 다가온 미래 125
이 다음의 세상은 131
목향나무에 꽃이 피더니 139
내 인생의 기후협약 145
오리무중, 인간의 정체 152
독서의 즐거움, 철학의 즐거움 158

3. 예술과 문화의 여러 모습들

신을 닮고 싶었던 인간 167
달하 노피곰 도드샤 177
조선의 산하, 진경산수로 깨어나다 185
아름다움이 우리를 압도한다 192
햇살이 선사하는 따스한 푸른색 평화 202
복숭아꽃, 오얏꽃 흐드러진 곳에 208
여기는 도솔천이다 216
학사루와 공풍루가 선비를 말하다 229
대관령 굽이 너머 경포대 솔바람에 머물다 239
다향茶香의 해남海南, 늘 푸른 진도珍島 254
아름다운 능선과 수려한 계곡의 고장 267

4. 뮤즈를 찾아서

'꽃과 사막의 화가' 조지아 오키프—현대의 갈라테이아 279

광기를 지닌 천재 달리와 그의 뮤즈 갈라 293

마네의 파격과 모리조의 조응 303

벨 에포크의 코르티잔, 쉬잔 발라동 314

세기적 지성들의 영혼을 두드린 루 살로메 326

알마, 바람의 신부 336

조르주 상드, 낭만주의를 통째로 살다 347

코지마 바그너,
   복종과 지배의 두 얼굴로 바이로이트에 군림하다 359

1.
이 깊음

빛과 심연, 나의 삶은 '이 밝음'과 '이 깊음', 두 아름다운 언어를 오가는 발자국이다. 빛을 밖으로 드러낸 양명함의 밝음과 빛을 안으로 숨긴 심오함의 깊음이 아우러지니 그 완벽성을 사랑하여 추구하는 나의 자세, 그를 나의 이상향으로 삼는다.

마음이여, 정착하지 마라
옥스퍼드를 노크한 우리말
MZ세대에게 돌파구를
조각배들 학익진을 펼치다
신 사회계약론
이 깊음
나랑 잘 지내기
살구나무 꽃가지를 꺾어들다
좋은 비는 때를 아느니
이상한 일들 하나둘 셋
그의 살풀이
숨쉬는 항아리
니키 드 생 팔과 오방색
우리

마음이여, 정착하지 마라

엄마의 일생이 결국 저 자그마한 보라색 배낭 하나로 남은 것인가.

의식이 들락거릴 무렵 엄마가 마지막까지 소중히 여기던 배낭 안에는 지갑과 통장이 들어있을 뿐이었다. 지난 삶의 궤적을 알려주는 그 어떤 자취도 거기엔 없었다. 그나마의 의식마저도 혼곤해졌을 때, 내가 엄마의 얼굴에서 읽은 것은 이만큼 살았으니 인제 그만 내려놓고 싶다는 것이었다. 피곤하고 지루하다고 읽혔다. 지난봄에 이렇게 나의 엄마가 90년의 평생을 마감하며 조용히 이승을 떠났다.

장례식에는 가족과 친척 몇 명이 모였다. 엄마의 막내딸, 나의 동생이 몹시 섧게 울어서 씻김굿을 대신하며 엄마를 배웅하였다. 나는 하염없이 흐르는 동생의 눈물이 떠나는 엄마의 넋을 위로했기를 바랐다.

엄마와의 송별 후에 유품을 정리했다. 엄마가 가진 것들은 보통 사람들의 것보다 훨씬 단출했다. 30년 전 미국에 이민 가서 아버지와 10년, 홀로 되어 10년을 살았다. 10년 전 어느 날 내가 불쑥 말했다. 일 년에 한 번 비행기 타는 것도 힘든데 아예 한국으로 돌아오실래? 그래! 두말없이 뒤돌아보지 않고 귀국하여 미국 시민권 반납하고 한국 국적을 회복하였다. 여러 번의 이동 과정에 많은 짐을 이미 떨궜다. 남긴 자취가 간소하다 보니 산다는 것이 참으로 허망한 것이라는 생각이 엄습했다. 이토록 사소하고 보잘것없다니.

 엄마는 어려운 현실을 이겨나가는 방편으로 몇 년 앞을 항상 긍정적으로 이야기했었다. 5년 후면 좋아질 거야. 좋은 시절은 오지 않았고 호시절은 다시 또 다른 5년 후로 유예되었다. 급기야는 아버지의 사업이 망해서 무일푼으로 이 땅을 떠나면서도 낙심의 표정은 짓지 않았다. 청승스럽게 한탄하거나 원망을 늘어놓는 것은 가장 엄마답지 않은 것이었다. 그러한 낙천성 덕분에 말년에 이르러서는 삶에의 애착도 유감도 없었다. 나는 엄마의 그 가뿐한 성정을 물려받기를 바란다.

 밤늦은 시간에 베란다에 나갈 때면 발밑의 민달팽이들을 조심해야 한다. 이들은 타일 바닥을 기어 다니다가 아침이면 화분 속으로 숨는다. 느리게 느리게 움직이는 민달팽이의 출몰은 살려는 의지를 보여준다. 어느 때는 길을 잃기도 하는 것 같다. 그럴 때는 종이나 나무젓가락으로 가볍게 떠서 화분 안에 떨궈준다. 그런데 어느 날, 달팽이 한 마리 생을 다하고 죽어 있었다. 흐물거리는 몸을 화분 속에 넣어주는데 흙 속에서 새싹 한 잎이 어여쁜 연두색을 삐죽 내밀고 있었다. 이 좁은 공간에서도 생과 사는 늘 엇갈린다. 생명 의지에의 경외감으로 돌아가신 엄마로 인한 허무감을 가라앉히는 순간 갑자기 곰스크가 떠올랐다. 삶의 막막함에 대한 소회가 그 이름을 소환했으리라.

이제 막 결혼한 신혼부부가 기차를 타고 여행길에 오른다. 목적지는 곰스크. 이 도시는 남자가 어릴 적부터 아버지로부터 들어온 곳으로 그곳에 가기 위하여 그는 가진 돈을 몽땅 털어 기차표를 장만한다. 그러나 여행 중 우연히 내리게 된 작은 마을에 발이 묶인다. 아내 때문이다. 이 마을을 떠나지 않으려는 아내와의 갈등 끝에 결국 남자는 곰스크로의 꿈을 접고 만다.

남자의 기차와 대비되는 상징은 아내의 안락의자다. 기차는 목적지가 있는 여정을 의미한다. 그런데 아내는 이런저런 핑계로 그 여정을 회피한다. 아내가 장만한 안락의자는 생활인의 현실 안주를 나타낸다. 남편은 꿈을 찾아 기차를 타고 떠나고 싶다. 아내는 안락의자에서 평화로운 일상에 머물고 싶다. 곧 아이가 생겨나게 되고 남자는 작은 마을에 눌러앉는다. 정원이 딸린 조그만 집에서 부인과 아이들과 그럭저럭 살아간다. 하지만 때로는 기어이 놓치고 만 기차에 대한 애석함이 그를 사로잡고 그러면 그는 홀로 다락방으로 숨어든다.

많은 이들이 짧은 단편소설 「곰스크로 가는 기차」의 여운에서 놓여나지 못한다. 이 조용한 휘둘림의 정체는 무엇인가. 소설에서는 마을의 이름도 없고 남편도 아내도 아무도 자기 이름을 밝히지 않는다. 실명은 오로지 곰스크 하나만 등장한다. 먼 곳, 그래서 볼 수 없는 곰스크는 이름이 있고 현실에 나타난 모든 존재들은 이름이 없다.

곰스크에 가려고 한 남자가 그곳에서 어떻게 새 삶을 일굴 것인지 무엇을 추구하려 했는지 구체적인 계획은 모른다. 그래서 오히려 열린 해석이 가능하다. 누구나 자기 처지에서 '나의 곰스크'를 꼽아볼 수 있는 것이다. 곰스크는 많은 것을 상징한다. 현실에서 벗어나 새로운 삶에 도전하기, 꿈과 이상을 추구하기, 미지의 이상향에 대한 동경 등 무엇이라도 대입할 수 있다. 만약에 남자에게 구체적인 청사진이 마련되어 있었다면 그는 곰스크로 가려는 계획을 포기하지는 않았을 것이다.

생각해보면 우리의 꿈이라는 것은 애초에 그 막연함에

기원한다. 꿈이 없는 것은 아니지만 꿈의 정체가 모호하다. 확실한 목표를 세우고 일로매진하여 성과를 이루는 소수의 사람들이 있다. 그렇지 못한 대부분의 어정쩡한 우리들은 모두 곰스크로 가는 기차를 기다리다가 마는 사람들이다.

 매양 떠나고 싶어 하면서 한편으로는 한자리에 머물고자 하는 우리. 한사코 홀로 있게 되기를 소망하는 반면, 사랑이라는 이름으로 진정한 대화를 갈구하며 끊임없이 인간의 품을 그리워하는 우리. 인연의 고리로부터 훌훌 벗어나고 싶어 하는 한편, 떨쳐내지 못할 집착에 연연하여 한없이 전전긍긍하는 우리.

 엄마는 말했었다. 나는 다음 생에는 새가 되고 싶어, 여기저기 훨훨 마음껏 날아다니게. 엄마에게도 '나의 곰스크'가 있었겠지. 나는 앉은 자리에서 곰스크를 꿈꾼다. 날아가는 새야. 너의 날개를 맘껏 펼치렴. 나는 날개 대신에 나의 팔을 마음대로 휘두른다. 바람을 일으키는 소맷자락 사이로 알량한 자유가 들락거리며 언저리에 머물러 나를 즐겁게 한다. 지금, 여기, 양명 명랑한 하루를 연다. 억압과 강제가 없는 자유로움 속에 과도한 미래지향을 내려놓기를 오늘도 가만히 나에게 청한다.

 삶은 그 형식에 있어 절제와 절도를 미덕으로 하고 살아라. 그러나 삶의 내용 즉 정신은 안주하지 말고 마음껏 자유롭게 비상하라. 마음의 방랑을 멈추지 마라.
그러니 마음이여, 끝내 정착하지 마라.

옥스퍼드를 노크한 우리말

2021년 9월 영어사전의 표본인 옥스퍼드 영어사전OED : Oxford English Dictionary에 한류hallyu 대박daebak 먹방mukbang 등 26개 한국말이 대거 등재되었다. 1928년 사전의 초판이 나온 이래 2021년까지 한국어는 고작 23개의 단어를 올렸을 뿐이었다. 그런데 작년에 갑자기 많이 올라가니까 크게 뉴스거리가 될 법하건만 우리 언론은 잠잠한 편이다. 오히려 영미권 외신에서 크게 다뤘다.

과연 팝음악 영화 드라마 패션한복, hanbok 음식 등 한국의 대중문화가 케이 컬쳐K-Culture 또는 한류라는 이름으로 전 세계 문화권에 영향을 미친다는 것이 실감이 난다. 이러한 국제적 관심의 증가에 따라 바야흐로 한류는 쿨Cool한 것의 본보기가 되어 세계 속에서 물결을 타고 있는 것이다.

26개 단어 중에는 불고기 삼겹살 김밥 잡채 반찬 등 음식과 관련된 어휘가 많은데 흥미로운 단어는 먹방과 치맥이다. 먹방은 음식을 많이 먹으며 시청자와 대화하는 사람이 나오는 영상을 뜻한다는 설명인데 푸드쇼Food Show라는 영어를 제낄 정도다. 특히 치맥chimaek은 드라마 〈별에서 온 그대〉 덕분에 유명해졌다는데 치킨과 맥주의 합성어로 롱다리나 뇌피셜처럼 우리말과 영어가 혼용된 신조어다. 콩글리시Konglish와 PC방PC bang도 비슷한 경우로 합류하였다.

또 하나 특기할 일은 대박daebak이라는 명사가 감탄사로 올라갔다는 것이다. 정작 우리말 사전에는 못 올라간 대박은 영어에서 판타스틱, 어메이징과 같이 열정적인 긍정을 표현하는 감탄사로 소개됐다. 헐(!)이나 아이고도 아주 많은 세계인들이 평상시 감탄사로 사용하므로 조만간 등재될 가능성이 높다고 한다. 지난날 우리가 "따봉!" 하고 엄지 치켜들고 다니던 것 같은 현상인가 보다.

오빠oppa 언니unni 누나noona도 올랐는데 이는 아이돌 팬덤들이 자기들의 스타를 이르는 말로 한국 밖으로 퍼지면서 의미 변화가 일어났다. 친족관계를 가리키는 우리 고유의 뜻이 아니라 아이돌 스타들을 부르는 호칭으로 바뀐 것이다.

그런데 무엇보다 흥미로운 단어는 파이팅fighting이다. 외래어로 들어왔다가 한국적 풍토에서 새로운 뜻의 변화가 일어나고 그것이 다시 본토로 가게 되는 순환구조가 생겨났다. 정작 영어권에서는 파이팅을 그저 잘 싸운다는 뜻일 뿐 응원의 의미로 힘내라, 협력해서 잘해보자는 등의 용도로 쓰지 않는다. 그런데 사전은 "한국과 한국적 맥락에서 격려, 선동, 지지를 표현하는 말"이라고 설명한다. 이렇듯 영어임에도 불구하고 한국에서 사용하는 의미로 영미권에서 수용하게 되는, 언어와 쓰는 사람들과의 상호작용에 의해 소위 '부메랑 언어효과'를 일으킨 것이다.

파이팅같이 외래어로 들어왔다가 뜻이 바뀌어서 한국에서 고유하게 사용되는 단어들을 지칭하는 콩글리쉬 Konglish도 이번에 등재되었다. 우리는 종래에 콩글리쉬를 브로큰 잉글리쉬라고 폄하하며 잘못된 영어 사용을 비하하는 자조적인 말로 사용했다. 그러는 사이에 오히려 영어원조국에서는 '쿨 cool한 영어'로 변신을 이룬 것이다. 한국어 파괴의 주범으로 지목되는 줄임말이나 합성어라는 비판을 받기도 했던 단어들이 뜻밖에 한국적인 정서를 보여주며 새로운 아이덴티티가 생겨난 경우다. 글로벌 세상에서 펼쳐진 한류 덕분이다.

OED는 새 언어를 선택함에 있어 종래의 엘리트의 언어에서 사람들이 얼마나 많이 자주 사용하는가에 따른 빈도의 언어로 방향을 선회했다고 한다. 영어를 더욱 풍부하게 만들기 위해서라는데 그래서 세계인이 어떤 말을 많이 쓰는지 열심히 모니터링하고 있다. 그러한 성과의 하나로 우리말의 대거 등재를 들 수 있다.

지난 2012년에 유튜브를 강타한 래퍼 싸이의 〈강남 스타일〉에 이어 요 몇 해에 연달아 한류가 각광을 받고 있다. 오스카상을 수상한 영화 〈기생충〉, 엄청난 글로벌 팬덤을 지니고 있는 방탄소년단BTS, 잔잔한 서정을 펼친 영화 〈미나리〉, 넷플릭스에서 히트한 〈오징어 게임〉〈지옥〉 등으로 이어진 'K-Culture'의 열풍이 어리둥절할 정도다. 이에 대해 미국 CNN은 "한국이 전 세계의 스크린영화, 헤드셋음악, 런웨이패션를 휩쓸고 있다."고 평가했다. 이와 같은 한국 콘텐츠의 수출 성공은 문화 생산자들의 더 큰 '글로벌 마인드'로 연결될 것과 더불어 더 많은 단어들이 OED에 올라갈 것을 기대하게 된다. 이러한 저력은 이미 지난 15년간 다양한 분야에서 우리 인재들이 펼쳐온 역량으로 가늠할 수 있다. 이러한 한국 문화의 부상은 자연히 한국어 사용의 빈도를 높였다.

언어와 문화. 언어는 문화와 함께 간다. 언어가 들어가면 문화도 같이 간다. 이를 기화로 언어에 대해 생각해 본다. 언어는 전인적이다. 의미와 정신만 전달하지 않는다. 고유의 감정과 정서 등 의미 이상의 것까지 전달한다. 하나의 낱말은 맥락에 따라 얼마든지 그 뜻을 달리하기 마련이다.

그 특정한 맥락도 정해져 있는 것이 아니다. 그러므로 언어적인 맥락이란 인생 전반이나 생활 형식에 의거하여 대단히 유동적인 흐름 속에서 임시로 성립될 수밖에 없다. 그리하여 하나의 낱말이 내포하는 의미는 새롭게 생겨나기도 하고 역사 속에 사장되기도 한다. 말은 세상을 변화시키기도 하고 변화된 세상을 승인하여 제자리를 찾도록 기반을 마련해 주기도 한다.

일찍이 플라톤의 시대는 암송의 시대였고 대화의 시대였다. 플라톤은 침묵하지 않는 언어, 독백에 머물지 않는 언어, 대화를 나누는 언어를 주장했다. 그는 많은 저작을 남겼음에도 불구하고 문자언어가 아닌 음성언어로고스를 선호했다. 음성으로 나누는 대화를 통해야만 진리의 모습을 추구할 수 있다고 했다. 그에 반해서 문자는 침묵한다는 것이다.

그런데 SNS의 세상이 도래하여 이제 더는 문자언어는 침묵하지도 독백을 늘어놓지도 않는다. 하이퍼텍스트의 광활함과 더불어 소셜미디어상에서의 피드백은 동 시간대의 의사 교환으로 이루어진다. 플라톤 시대의 음성에 의한 소통은 시간적, 공간적 제약을 받았지만, 이제는 거의 무한대로 광범위하게 전全지구적인 의사소통이 이루어진다. 이를 통해 집단지성이라든가 브레인스토밍이라는 상호작용이 가능하다. 이제는 문자언어는 일방통행이 아닐뿐더러 음성언어의 역할을 충실하게 물려받았다고 할 수 있다. 오늘날의 미디어의 발전 상황을 플라톤도 반겨 그의 음성언어 옹호론을 수정할 거라는 생각이 든다. 우리의 문화와 언어가 널리 파장을 일으킬 수 있는 것도 이런 추세가 바탕이 된 덕분이다.

세계가 일일생활권에 접어들었으므로 외래어의 범람은 어쩔 수 없는 시대의 추이다. 우리는 언어가 국가nation-state를 넘어서 울타리를 없애고 글로벌로 퍼져나가는 시대에 살고 있다. 이러다가는 국내인이 오히려 더 우리말을 못 알아듣는 때가 올지도 모르겠다.

한국어니 영어니 이것들은 도대체 누구의 것인가. 쓰는 사람의 것이다. 단연코 언어는 쓰는 자의 것이다.

MZ세대에게 돌파구를

 개인 중심주의 문화에 익숙한 오늘날의 젊은 세대인 MZ세대_{1900년대에 태어난 밀레니얼 세대와 2000년대 초반 출생한 Z세대를 통칭하는 2030세대}는 불확실한 미래와 적자생존의 경쟁사회에 내몰린 측면이 있다. 그만큼 사회 전반에 대한 이들의 불안한 시선도 회의적이고 부정적인 기류가 강하다.

 2016년과 2021년 사이에 일어난 사회갈등의 한 가운데에 2030세대가 자리잡고 있는데 그 몇 가지의 사례를 살펴보면 다음과 같다. 2016년에는 강남역에 있는 상가 건물 화장실에서 한 여성이 일면식도 없는 남성에 의해 살해되었다. 이른바 '묻지마 살인'이다. 범인은 "사회생활을 하면서 여성들에게 자주 무시를 당해 범행을 저질렀다."고 진술했다. 이해에는 출산과 육아로 남성들에 비해 사회생활에서 불리한 여성의 입장을 조명한 소설 『82년생 김지영』이 베스트셀러가 되면서 페미니즘이 부각되었다. 2018년에는 전 충남지사 안희정에 대한 김지은의 소위 '미투MeToo'사태가 벌어져 사회가 발칵 뒤집혔다. 졸지에 촉망받던 대권주자를 성범죄자가 추락한 커밍아웃이었다. 뒤이어 2020년의 서울시장 박원순의 자살도 여직원에 대한 성 추문 때문이었다. 더하여 데이트폭력이나 스토킹 살인의 뉴스가 간간이 터지고 있다.

이러한 일련의 사태들을 전후하여 극단적인 페미니즘이 등장하고 사회의 남성 배척 분위기가 만들어졌다. 당연히 이에 반하는 젊은 남성들의 피해의식과 적개심도 고조되었다. 페미니즘의 진영 반대편에 남성 우월주의가 진지를 마련했다. 상대에 대한 혐오와 모멸감을 가감 없이 드러내는 소모적인 젠더 갈등이 스마트 미디어를 기반으로 하여 급속도로 퍼지게 된 것이다. 이에 편승한 정치가들이 어느 한 편에 가담하여 위세를 높이는 계기도 되었다.

2018년 평창 동계올림픽 여자아이스하키 남북 단일팀 사태는 국가가 경기를 위해 열심히 노력한 자국민의 권리를 침해했다는 논란을 불러일으켰다. 이전에는 없던 발상의 전개였다. 분단국가가 처한 현실에서 전쟁 위험으로부터 벗어나 평화 모드를 지향하려는 시도가 공정성의 훼손이라는 벽에 부딪힌 것이다.

2020년에는 정부 주도의 인천국제공항 비정규직 직원의 정규직화에 대한 반발이 인터넷에서 뜨거운 이슈로 자리잡았다. 그 조치가 정당한 경쟁을 추구하는 사람들에게 불이익을 주고 특정 사람들에게 특혜를 주는 부당한 반칙이라는 프레임이 만들어졌다.

제반의 사태가 봉합되거나 파열음을 내는 과정 속에는 아직도 선명한 정답은 마련되고 있지 않다. 경쟁과 정의와 공정의 잣대가 일률적인 것을 거부하고 사안의 민감성에 대한 사고방식이 방사형으로 퍼져나가는 모양새다. 이러한 불협화음 속에 기성세대와 새로운 세대에 사회의식과 판단의 잣대와 사고의 회로가 매우 다르다는 것이 밝혀지는 계기를 던졌다.

베이비부머 세대는 산업화 사회를 통과했다. 그들이 사회진출을 하던 시기인 1970~80년대에는 거의 100% 취업이 이루어졌다. 오늘보다 나은 미래를 기대할 수 있었다. MZ세대는 이런 풍요를 향한 사회 분위기 속에서 대한민국의 역사상 가장 잘 먹고 잘 입고 자란 세대다. 그러나 그들이 사회진출을 할 무렵 산업환경은 급격히 변하였다. 산업화 사회에서 정보화 사회로의 변화로 공장이 세워져도 인력의 수요는 대폭 줄었다. 사무와 공장자동화에 의해서, 로봇과 인공지능에 의해서 인간이 밀려나기 시작했다. 게다가 세기말에 닥친 IMF국가부도사태와 근래의 금융파산 위기를 겪으며 젊은이들이 취업, 결혼, 내 집 마련을 포기하는 삼포세대로 불리게 되었다. 세계의 젊은이들은 이제 부모 세대보다 가난한 세대가 될 징조가 농후하다. 경제적 자립이 어려워져서 부모에게 의존하는 캥거루족이라는 신조어도 만들어졌으며 당연히 출산율도 낮아졌다. 더구나 우리나라는 세계 최저 출산율의 나라가 되었다.

우리나라는 명실상부 선진국에 올라섰으나 민생의 현장에서는 체감온도가 낮고 기쁨보다 불만이 높다. 정의롭지 않은 사회에 남는 것은 약육강식이고 각자도생이다. '만인의 만인에 대한 투쟁'을 저서 『리바이어던Leviathan』에서 설파한 토마스 홉스Thomas Hobbes 1588-1679를 떠올리게 된다.

기성세대가 MZ세대를 이해하기는 쉽지 않다. 이기적인가 하면 나약하고 자기중심적이면서도 의존적으로 보인다. 돌이켜보면 MZ세대가 당면한 제반 문제는 몽땅 기성세대의 책임이라는 생각이다. 춥고 배고픈, 넉넉지 못한 젊은 시절을 거쳐서 오늘날의 안정을 이룩한 사람들은 모두 자녀들만큼은 자신보다는 좀 더 나은 삶을 살기를 바랐다. 각박하게 살아온 우리의 삶에 대한 유감은 자녀의 풍요로움으로 보상받으려고 했고 이것은 과도한 교육열을 부추겼다. 자녀의 기를 살려주려고 많은 것을 허용한 부모 세대는 관대했다. 누구보다 풍요롭게 살아온 세대가 스스로에 대한 연민에 잠겨 기성세대와 세상을 향하여 대한 원망을 갖게 만든다는 아이러니를 낳았다. 사회가 그들의 응석과 엄살에 너무 경도된 것은 아닌지 돌아봐야 한다.

각자의 능력과 재능에 따라 다양성을 추구할 수 있는 구조 속에 과도한 경쟁이 필요 없는 사회를 위한 교육 인프라가 필요하다. 이와 더불어 살기 좋은 세상의 필수요건으로 문화와 예술을 공유하려는 움직임 속에 삶을 여유롭게 받아들이는 분위기가 조성되어야 한다.

앞으로 다가올 미래는 메타버스를 비롯하여 우리의 예측을 넘는 신세계를 펼칠 것이다. 구세대는 이미 그에 대처할 능력이 미치지 못한다. 어차피 디지털 원주민인 신세대가 이끌어갈 세상인데 소모적이고 적대적인 프레임에 갇히지 말아야, 보다 더 원대한 비전을 펼칠 수 있다. 계급으로 쪼개지고 젠더로 나뉘고 세대로 분열될 수 없지 않은가.

우리의 긍정적인 모습의 일례는 팬데믹의 시대에 참을성 있게 마스크를 쓰고 백신을 저항 없이 잘 맞는 한국인에게서 찾아볼 수 있다. 유럽과 미국 등 개인주의가 발달한 나라들이 보여주는 마스크 거부 움직임이 우리에게는 없다. 이는 민족공동체 의식이 남아 있다는 희망적인 메시지다. 유교적 가치관을 지닌 사람들은 희생과 헌신을 삶의 미덕으로 여긴다. 더하여 솔선수범이라든가 지행합일이라는 말에 대해 로망을 지니고 있다. 그런 삶의 척도가 서구 자유주의와 조화를 이루는 사회의 모범을 지구상에 전파할 수 있다는 가능성은 매우 고무적이다. 바라건대 이러한 정신력을 바탕으로 젊은 세대가 희망적인 미래를 펼치기를.

조각배들 학익진을 펼치다

 소위 MZ세대라고 하는 2030 청년들에 대한 소회의 글을 일전에 발표하며 나름대로 우려와 격려를 아울러 담았었다. 그런데 불과 며칠도 지나지 않아서 갑작스레 2030 여성들의 활약상이 새롭게 펼쳐지기 시작했다. 전혀 예기치 못했던 일이다. 이 뜻밖의 흥미로운 현상 앞에 지난번의 소감을 수정 보완하지 않을 수가 없다.

 요즘 인사동과 경복궁 근처에 가면 눈이 즐겁다. 한복 입은 젊은이들 덕분이다. 어떤 이들은 그들이 한복이랍시고 입고 있는 옷들이 우리 고유의 한복 모습을 너무 심하게 변형시켜 자칫 전통을 왜곡한다고 불평한다. 그러나 시류를 타는 것들 중에서 으뜸은 의복이다. 시대에 따라 사람들의 구미가 변한다. 한복 구경하기가 점점 힘들어지는 추세라서 나는 그저 그들의 모습이 좋게만 보인다.

그들은 왜 한복을 입고 거리를 활보할까. 그 해답은 사실 간단하다. 서구의 관광지에 가면 복고풍의 의상을 입혀서 사진을 찍어주는 곳이 흔하다. 마찬가지로 일본의 관광지에서는 기모노 차림의 청춘남녀들에게 눈길이 간다. 우리에게도 그러한 유행이 몰려온 것이다. 일상에서 벗어나 화사한 옷차림을 해보는 자그마한 사치는 요즘 유행하는 소확행의 하나다. 이즈음은 외국인들에게도 흥미를 끄는 아이템으로 자리 잡는 것 같다. 귀밑머리를 쫑쫑 땋고 한복을 입고 거리를 활보하는 이국인들 모습은 절로 미소를 머금게 한다. 이러한 유행을 타고 작년에 hanbok한복이라는 단어가 옥스퍼드 영어사전에 등재되기도 했다.

이렇듯 한가한 정경도 있지만 실상 우리 사회가 위기에 처한 것은 누구나 체감하고 있다. 건강한 사회라면 기업은 투자하고 개인은 저축해야 한다. 그런데 우리 사회는 개인은 가계대출 주택대출 등으로 빚에 허덕이고 기업은 비축금의 바벨탑을 쌓는다. 세계 10위의 경제 규모라고도 하고 우리는 이미 선진국이라고도 하는데 나라가 아무리 높은 경제력을 지녔더라도 개인의 삶이 나아지지 않는다면 아무 의미가 없다.

'미성숙 엘리트'라고 이름 붙이고 기득권을 비판하는 김누리 교수가 나이 성별 진영으로 갈가리 찢긴 우리의 현실을 진단하며 한탄한다. 우리나라가 세계 제1위 갈등 국가가 된 이유는 과도한 경쟁사회와 그로 인한 불균형 발전 탓이라는 것이다. 진정한 복지선진국이 되기 위해서는 나라는 국민에게 기본적인 주거와 교육, 의료를 책임져야 한다고 그는 주장한다. 사실 빈부격차나 입시와 취업 경쟁으로 비롯한 국내의 여러 갈등도 심각하지만 외부에서 오는 상황은 더욱 위협적이다. 북한이라는 존재는 언제나 일촉즉발의 위기를 상정하게 하고 일본은 역사 왜곡에 정한론을 더한 험한 분위기를 고의로 조성하고 미국과 중국 사이에서의 외교 줄다리기 등 쉬운 과제가 없다. 어느 한 가지라도 삐끗하는 날에는 우리가 지금까지 쌓아 올린 경제 성과는 일시에 무너질 수 있다.

젊은이들은 헬 조선을 말하고 집 한 채를 장만하지 못해서 결혼도 출산도 요원하다고 절망감을 토로한다. 어느 철학자가 말했다. 1980년에 자기가 철학을 전공하겠다고 했을 때 "먹고 살기도 어려운데."라고 하면서 주변에서 걱정했다고 한다. 이후 30년이 흘러 2010년 자신의 아들이 철학을 택했을 때에도 반응이 같았다는 것이다. "먹고 살기도 힘든데." 그러니 우리나라는 지난 30년 동안을 주야장천 먹고 사는 문제에서 헤어나오지 못하고 있다고 실소를 머금었다.

비록 5천 년 동안 가난에 허덕였던 나라의 백성이지만 이제는 제발 보릿고개 타령은 벗어 팽개쳐야 하지 않을까. 악착같이 더 잘 살아야 한다는 물신숭배 풍조가 이 나라를 골병들게 하고 있다.

그런데 이번 2022년 3월의 대선 무렵에 놀라운 현상이 생겨났다. 대체로 2030 여성들은 정치 저관여층으로 정치권 전반에 대해 매우 냉소적이라고 알려졌다. 그런데 그들은 한 대선 후보를 향해 급속히 관심을 집중시켰다. 그리하여 그 후보에 대한 연구를 시작하였다. 기성 언론이 주입하는 내용을 과감히 제치고 자기들 방식으로 새롭게 그를 발견해 나아갔다. 그들은 급기야 그 정치가의 묻혀 있던 블로그를 찾아냈다. 2006년에 작성된 블로그의 내용에 2022년에 갑작스레 수많은 댓글이 달리는 기현상이 벌어진 것이다. 이는 또 다른 형태의 복고풍인가, 참으로 신기한 일이다. 집요한 2030 세대의 추적은 놀라움을 넘어 나아가 귀엽고 기특하기가 이를 데 없다.

이기적이고 정치에 무관심하다고 자타가 여겨 온 2030 여성들이 단숨에 정치에 대한 고강도의 관심을 보여주고 있다. 이렇게 몰려오는 예측 불가의 변화에 대해 어리둥절하면서도 두려움도 없지는 않지만 기대감도 크다. 그들은 이제 진실 찾기에 집단적으로 눈을 떴다. 디지털 원주민들답다. 커다란 팬덤을 일으키고 있는 그들이 벌이는 긍정과 축제의 분위기가 자못 신선하다.

그들은 SNS에서 활약하면서 한편 거리로 나온다. 디지털과 현실에서 두루 맹활약이다. 밝은 표정으로 구호를 외치고 맑은 목소리로 노래하며 거리에 활기를 불어넣는다. 이 현상이 얼마나 지속적일지, 얼마나 대중의 호응을 끌어낼지는 모른다. 그러나 정치가 이랬으면, 이렇게 전개된다면 좋겠다는 희망 사항을 품게 하니 바람직한 방향임은 분명하다. 그러니 젊음은 아름답다. 그리고 다양하다. 어떤 이는 한복을 입어 전통에 대한 복고의 정서를 표현한다. 그런가 하면 어떤 이는 미래지향을 품은 바람을 일으켜 새로운 물결을 만든다.

이즈음 여의도 대로에서 소녀시대의 〈다시 만난 세계〉가 운동가요인 〈임을 위한 행진곡〉과 나란히 울려 퍼지고 있다. 그들은 지난날의 눈물겨움과 더불어 미래에 대한 밝은 희망도 동시에 아울러 품는다. 전 세대의 비장한 절망과 분개와 탄식과 원망 그리고 반성과 질책 대신에 '할 수 있다'는 구호는 커다란 위로로 새로운 세상의 가능성을 보여 준다. 걸그룹의 노래와 민중가요가 어우러지는 흥겨움 가운데 〈다시 만난 세계〉의 "이 세상 속에서 반복되는 슬픔 이젠 안녕. 수많은 알 수 없는 길 속에 희미한 빛을 난 쫓아

가. 언제까지라도 함께하는 거야. 다시 만난 나의 세계."라는 노랫말이 상징적이다.

긍정적인 개혁을 추구하며 이들이 주도하는 신박한 정치집회는 마치 아이돌에 대한 팬의 태도다. 실천과 희망. 직접 잘못된 사회를 고쳐보겠다고 실천에 뛰어들어 성난 고함 대신에 희망의 메시지를 크게 외친다. 과거 소위 갈라치기 정치, 투쟁 중심이나 비판 일색의 네거티브 집회가 아닌, 포지티브 시위를 주도하고 있다. 앞으로 젠더 갈등과 혐오를 정치의 동력으로 삼은 정치는 2030 여성들에게 철저하게 응징당할 것이다.

시각장애인인 국민의힘 김예지 의원과 정의당 장혜영 의원은 모두 2030 젊은 여성들이다. 그들의 올바른 태도와 희망차고 여유로운 말씨는 많은 이들의 마음을 위로한다.

> 정치인들은 국민을 두려워하게 하시고
> 기업인들은 사람을 존중하게 하시며
> 언론인들은 진실을 말하게 해주시고
> 법조인들은 양심을 지키게 하소서

이들의 커뮤니티들이 매일 저녁 온라인에서 동 시간대에 올리는 간절한 기도다. '따로 또 같이'의 시도가 참신하다.

"매 세대는 그전 세대보다 똑똑합니다. 기성세대한테 물어봤자 답을 몰라요. 청년들은 자기가 답을 찾고 부딪쳐야 합니다. 해달라고 하지 말고 하세요. 그래야 바뀝니다."라는 유시민 작가의 말에 그들이 호응하는 듯하다.

시민의 자발성 주체성 역동성을 생각하는 나날이다. 이번 2022년 3월의 선거 결과를 두고 '눈물바다에 떠 있는 조각배들의 위로'를 말하는 어느 언론인에게 화답하듯이 기존의 시위행태를 일거에 확 바꿔서 축제 같은 시위문화를 펼쳐내는 젊은이들이 듬직하다. 기성세대는 그들이 진실의 바다를 향해 순결하게 노를 저어가도록 도와야 한다.

망망대해를 고독하게 따로따로 떠다니는 조각배들인가 했다. 알고 보니 그들은 서로서로 공감을 이루는 것에 놀랍도록 탁월하다. 그들의 평화로운 전진이 학익진의 위세로 우리 모두를 포위해주기를 바란다.

신 사회계약론

바야흐로 주부가 사라지는 시대가 도래한 것 같다. 도시에서는 가족의 먹거리를 해결하는 첫 단계가 장보기이고 그 주역은 주부와 장바구니였다. 그런데 이제는 남녀를 불문하고 가족 구성원의 가사 분담은 자연스러워서 딱히 어느 한 사람이 주부의 역할을 수행하지 않는 경향이 농후하다. 게다가 장 보러 가는 빈도가 확연히 줄어들고 있다. 그 대신에 집집의 현관마다 택배 물건들이 한두 개씩 떨어져 있는 것은 어느 사이 익숙한 풍경이 되었다.

그러니 마트에서는 줄어드는 매출에 대처해야 한다. 그래서 고용을 줄이기 위해 무인 계산대가 활성화되고 있다. 식당에서도 주문은 전자메뉴판에서 셀프 주문이고 음식은 로봇이 테이블에 전달한다. 공장이 세워져도 고용은 늘지 않는다. 아무리 큰 공장에 가봐도 전자동화 시스템에 의해 인기척이 거의 없다.

노동 현장만 그런 것이 아니다. 의료와 법률은 광대한 빅데이터에 근거하여 의사와 변호사도 불시에 AI로 대체될 것이다. 이런 추세는 눈 깜빡할 사이에 사회 풍속도를 바꿔가고 있다. 가공할 인간소외의 현장이다. 고용 없는 성장은 소득수준 양극화로 이어지고 중산층은 붕괴할 수밖에 없다. 극소수의 승자를 위해 대다수의 패자가 희생해야 한다. 지금껏 자본주의가 추구한 세계화와 신자유주의가 남긴 우울한 성적표다.

『살림의 경제학』의 저자 강수돌은 "아무리 인공지능이 판치는 세상으로 굴러가더라도 결국 우리가 컴퓨터 칩을 먹고 살 수는 없지 않은가."라며 '돈벌이'가 아닌 '살림살이 경제'에서 삶의 질을 추구하자고 한다. 자본주의 세상에서 개인은 소득 증대를 위해 자신의 삶을 희생하고 내면을 억압해야 한다. 무한경쟁은 사람, 자연, 영혼을 훼손하므로 자족공생을 위한 패러다임으로 전환해야 한다.

사람과 사람, 사람과 자연, 외면과 내면이 조화롭게 더불어 살아가는 세상을 향할 때, 건강과 여유, 존중과 평등을 이루는 삶의 질을 위해서는 따뜻한 공동체와 온전한 생태계가 만들어져야 한다. 그러한 공동체 세상을 만들기 위해 그는 대안학교와 협동조합 등을 예로 든다. 특히 대안학교에 대해서는 산업 역군 대신에 인격체 기르기를 지향하며, 치열한 경쟁 구도를 반성하고 탈피하여 '개성 있는 평등화'로 조화로운 세상을 만들자고 한다.

루소Jean-Jacques Rousseau, 1712-1778가 『사회계약론』1762을 쓴 바탕은 『인간불평등 기원론』1755이다. 루소는 자신이 살고 있던 18세기 프랑스의 사회를 불평등의 온상으로 진단했다. 그런데 그는 불평등의 기원을 멀리 거슬러 올라가서 원시시대 자본의 초기 축적 시대로 잡았다. 금긋기에 의해 사유재산으로 땅을 소유하는 것으로 비롯한 빈부 차별의 시작은 민중에 대한 사회적 억압의 원천이었다는 것이다. 루소는 인류가 쌓아온 문명사회가 오히려 민중 다수에게는 적대적인 문화를 형성했다고 보았다.

루소가 사유재산을 불평등의 원인이라고 본 데에는 사회생활이 경제의 발전과 관련되어 있다는 통찰이 포함되어 있다. 루소는 그러한 발전의 원동력이 이성에 근거하므로 우리는 감성을 회복해야 한다는 것이다. 그는 독특한 정치적 상상력을 통해 연민과 자애에 의존하여 평등한 소유구조의 공동체 건설이라는 대안적 문명을 구상했다. 그러한 사회는 하나의 도덕적 존재로서 진정한 평등과 공동이익을 추구했다.

루소는 이러한 목적을 '일반의지'라는 사회의지로 표현하였으나 자본주의 문명 일반의 폐기를 주장한 것은 아니고 사유재산의 완전한 폐지를 주장하지도 않았다. 누구라도 자신의 자연적 욕구를 충족시키는 데 필요한 만큼의 토지와 생산수단을 소유해야 한다고 생각하였다. 단지 가난한 사람과 부유한 사람으로 극심하게 나뉜 사회를 개선하자고 대안적 소유체계를 제시한 것이다.

자본주의적 생산에 의한 사적 소유제에서 불평등의 원인을 찾는 루소의 분석은 당시로서는 누구보다 뛰어난 지적 통찰력을 담고 있다. 그리하여 루소는 오늘날에도 자본주의 문명 비판론자라는 독특한 사상사적 지위를 누린다.

실천이성비판의 임마누엘 칸트Immanuel Kant, 1724-1804에게 가장 많은 영향을 준 사회철학자는 다름 아닌 루소다. 루소와 칸트는 계몽된 개인들로 구성된 공동체를 지향했다. 그리하여 개인에게 평등하게 주어진 자유를 추구하였다. 칸트로서는 이러한 자유는 자신의 행동을 자신이 결정할 수 있는 도덕적 권리를 의미한다. 그런 면에서 칸트는 그러한 자질이 인간의 자연 상태에 잠재되어 있다고 하는 루소의 분석을 받아들였다.

시민교육 방법을 『에밀』을 통해 제시한 루소는 세상을 단지 해석하는 것에 그치지 않고 변혁하려 한 실천적 사상가였다. 과학과 문명의 발전을 낙관한 계몽주의자들과는 달리

"인간은 선하게 태어났으나 사회에 의해 타락했다."라고 주장한 루소의 정치적 구상이 민중주의적이며 민주주의적이라는 점에 대해서는 이론의 여지가 없다.

칸트가 평생 시계처럼 정확하게 지키던 산책 시간을 어긴 적이 단 두 번 있는데 한 번은 『에밀』을 읽는 일에 몰두했기 때문이었고 한 번은 프랑스 혁명에 대한 뉴스가 실린 신문을 사기 위한 것이었다는 일화는 유명하다.

대부분의 사람들이 진보를 말하고 문화의 낙관론을 주장하는 동안, 루소는 역사와 문화의 모든 성과를 비난하고 자연으로 되돌아갈 것을 요구했다. 그의 사회 비평적 경향은 칸트와 헤겔에 이어 초기의 공상적 사회주의와 마르크스의 혁명적 사회주의 사상으로 이어졌다.

다시 강수돌의 말을 들어본다. 우리의 삶은 지나치게 추상화되어 있다. 자급자족 시대의 구체성이 사라지고 만사를 상품화해버렸다. 이는 자연, 인간, 내면을 죽이는 '죽임의 경향성'을 띤다. 그러니 하루속히 '살림의 경제'로 돌아서야 한다. 지속 가능한 살림 공동체 가운데 사람과 사람, 사람과 자연이 조화를 이룬다면 그것이 진정한 자유와 해방으로 가는 길이다.

이 깊음

자명(玆明). '이 밝음'

언어는 그에 깃들인 기운에 따라 제 나름의 격조와 울림을 지니는데 어떤 말은 그 한 마디 속에 많은 기미와 갈피를 전한다. 나는 이와 같은 미묘한 흔들림에 기쁘게 반응하며 즐거이 짐작하고 헤아린다. 때로 절제된 언어의 묘妙가 극치를 이루면 마침내 한껏 고양된 정신의 진수를 맛보게 된다. 기꺼이 언어의 미니멀리즘에 심취한다.

오래전에 '이 밝음'이라는 제목으로 쓴 글의 한 대목이다. 이 글에 관심을 보인 이가 내게 자현玆玄이라는 이름을 지어주면서 호로 삼으라고 하였다. '이 깊음', '이 밝음'의 대구다. 그런데 재미있게도 玆玄을 파자하니 玄이 세 개다. 깊고, 깊고 또 깊다.

玄현의 '검다'는 흔히 말하는 黑, Black이 아닌 Dark다. 그리하여 멀다, 아득하다, 고요하다, 오묘하다, 그윽하다, 흐리다… 등의 뜻을 가진다. 玄은 무언가 딱 부러지게 표현하지 못할 의미들을 품고 있다. 하늘[天]은 아득하고 멀다[玄]고 하듯이 심연이라든가 허공의 막연 막막함을 내포한다.

'이 깊음'의 세계는 심오 그윽하다. 녹음 속 나무 그늘에 앉아서 존재의 심층을 들여다본다. 골똘하게 웅숭깊게 세상을 응시한다. 침잠은 솟구쳐 어느덧 눈길을 모아 시야를 펼친다. '이 밝음'의 세계는 청량 양명하다. 기쁜 기운을 흠뻑 받아 살아있음에의, 생명에의 찬탄으로 햇빛 속을 거닌다. 마음은 그저 청명하고 아찔한 바닷가 햇살, 마구 빛난다.

깊은 잠

오딜롱 르동의 〈감은 눈〉의 주인공은 바다 위에 떠 있다. 나도 그처럼 허공 위에 부유하던 기억이 있다. 으슬으슬 몸살 기운을 애서 무시하고 칭다오로 여행을 떠났었다. 약을 먹었으니 괜찮겠거니 했는데 증세가 더 심해지고 말았다. 정신은 휘둘리고 뱃속이 울렁거려서 아무것도 먹을 수가 없었는데 다행히 열은 없었다. 하루는 아예 숙소에 홀로 남았다. 일행은 모두 일정을 소화하러 떠나가고 적막하고 고요한 사각의 방에서 온종일 한사코 쏟아지는 잠 속으로 빠져들었다. 침대 위의 몸이 저 아래로 한없이 깊이깊이 가라앉고 있었다. 자고 또 잤다. 그때의 '잠'은 잊을 수가 없다. 약에 취하고 심신의 노곤함에 취하고 잠에 취했다. 낯모르는 타국에서 호텔 방에 덩그러니 남겨졌는데도 평온한 느낌이었다. 결코 힘들거나 두렵거나 고통스럽지 않았으며 감미롭기조차 했다. 달콤한 수렁이었다. 집으로 돌아와서도 잠에의 유혹 속에 만 하루는 더 침대 속에 머물렀다. 비몽사몽이었거늘 그 어느 여행보다 그때의 기억은 선명하고 뚜렷하게 떠오른다. 몽롱함에 대한 선명함이라니, 그 이상한 평화를 지금도 즐겨 회상한다.

〈감은 눈〉의 주인공은 묻는다. 나는 누구이고 여긴 어디인가. 답이 초점을 빗겨갈지라도 이리저리 짚어본다. 마음의 정체, 자아란 무엇인가. 바탕도 아니고 실체도 아니다. 서로가 원인이고 서로가 결과인 연기론緣起論에 생각을 싣는다. 모든 삶의 펼침은 관계를 통해 주어지는 것이니 마음도 다른 존재와의 관계에 의해서만 설명할 수 있다. 우리는 '지금 여기'에서의 성찰 가운데 새로운 자기를 만들어내며 끊임없이 변화한다. 나와 외부와의 관계 맺기의 한계와 확장을 두루 관조한다. 나의 추구를 추적하니 깊음과 밝음 사이를 오가며 상태에 따라서 심오 묵직하여 깊숙이 스며들거나 청량 양명하여 밖으로 빛나는 나만의 사유를 맞게 된다. 불안함과 우울은 멜랑꼬리로 승화시키고 하찮은 일에 구애받지 않도록 번잡함을 간소함으로 정리한다. 집착도 체념도 들여놓지 않으며 마음의 고요에 잠시 머문다.

 환경에 의한 바깥 자극이나 내면의 거리낌이나 어수선함과 부대낌 등을 떨치지 못하여 마음이 시끄러운 것은 무명無明의 세계에 갇혀있기 때문이라고 한다. 무명에서 자현을 거쳐 자명으로 건너뛰기를 한다면 어떨는지. '이 깊음'은 디오니소스적 어둠과 혼돈 속의 본질적 에너지를 품은 카오스다. '이 밝음'은 열정에 질서가 부여되어 아폴론적 코스모스에 도달한 문명의 세계다. 혼돈과 질서, 열정과 지성의 대비를 통해 깊음과 밝음이 교차하는 임계점을 생각한다. 카오스에서 비롯하여 카오스모스의 임계점에서 전격적인 변화가 일어나 코스모스로의 대전환이 이루어진다. 모호함을 동반하는 심오함에서 명징한 세계를 펼치는 양명함으로 나아간다. '실존적 자아인 심오한 세계—깊음의 시간'에서 '실천적 자아인 양명한 세계—밝음의 시간'으로 건너간다. 두 세계는 다 같이 삶의 긍정과 생에의 의지를 노래한다. 인간의 예술도 그러한 경지에서 발현한다. 무한한 상상력과 뜨거운 파토스의 산물이면서 동시에 냉철한 로고스를 품은 구체화의 작업이다. 아연, 삶의 밀도가 높아진다.

프로메테우스가 인간에게 전한 불은 에너지이기만 한 것이 아니라 빛을 의미하기도 한다. 빛은 사물을 보게 만드는 필수조건이다. '본다'는 것에 의하여 그리스의 철학자 플로티누스는 빛과 미를 관련지었으며 나아가 상상력은 내면의 빛이라고 했다. 정신의 빛은 표상을 펼치며 그를 통한 유추에 의해 추상적 사유 능력을 가능하게 하니 보이지 않는 것을 보게 한다.

동전의 양면처럼 깊음과 밝음은 연관을 지닌다. 불에도 물의 성분이 있고 물에도 불의 성분이 들어있다. 불 아닌 것이 들어있어야 불이 비로소 온전하다. 슬픔 가운데에서 가만히 기쁨이 우러나고 기쁨 속에도 슬픔의 한 자락이 깔려있듯이 서로 겹쳐있다. 밝음은 깊음을 둘러싸고 깊음은 밝음에 스며든다. 밝음의 표피 아래 깊음의 내면이 옹골차다.

빛과 심연, 나의 삶은 '이 밝음'과 '이 깊음', 두 아름다운 언어를 오가는 발자국이다. 빛을 밖으로 드러낸 양명함의 밝음과 빛을 안으로 숨긴 심오함의 깊음이 아우러지니 그 완벽성을 사랑하여 추구하는 나의 자세, 그를 나의 이상향으로 삼는다.

나랑 잘 지내기

 딸과 함께 치앙마이에 갔을 때였다. 훌륭한 커피 맛으로 유명한 한 카페에 수수한 차림새가 한국인임이 분명한 중년 여인이 홀로 들어왔다. 이어폰의 늘어진 줄과 손에 들린 한 권의 책이 전하는 분위기에 끌려 그녀에게 절로 시선이 갔다. 에스프레소 커피를 음미하고 난 후 그녀는 한 잔의 커피를 더 시켰다. 독서삼매 음악 커피 그리고 혼자 하는 여행. 멋있어 보였다. 나는 그녀의 모습이 신기했는데 부럽지는 않았다. 딸을 보호자로 대동하고 여기에 와있는 나로서는 언감생심이라고나 할까, 노마드는 당신들의 것, 나는 정주민.

 기어이 떠나야만 할 절박성이란 것을 지니지 않는다, 그렇게 정리된 나의 모습을 간직하고 있는 때에 마침 한 번도 경험하지 못한 세상이 펼쳐졌다. 2020년 12월 지금은 여행이 용이하지 않은 시간, 제대로 집콕의 시간이다. 여태껏 여행이 버킷리스트 단연 1등인 글로벌 시대에 익숙했던 사람들은 코로나가 앞당긴 비대면 사회 상황에 아연 어리둥절한 모습이다. 물론 나도 초유의 팬데믹에 위협을 받지만 비교적 한가롭게 이 정황을 바라본다.

남들은 세계를 무대로 여기저기를 헤맬 시간에 나는 집 한 칸이 온 우주인 양 아지트를 구축하고 있었다. 바리케이드를 단단히 두르고 홀로 고요히 온전한 나만의 세상에서 평화로웠다. 원래 자발적 자폐의 경향이 있으므로 혼자 놀기를 좋아하는 정도가 아니라 혼자만의 시간이 주어져야만 비로소 나다움을 회복할 수 있다. 그것도 방구석을 찾아드는 성향이라 그만큼 내게는 집이라는 공간이 소중하다.

그런데 이즈음의 추세를 보니 어차피 재택근무나 홈스쿨링은 대세로 자리 잡을 가능성이 커 보인다. 그렇게 되면 사무실에 출퇴근하는 생활 패턴은 줄어들고 집에서 모든 것을 해결하는 인구가 늘 것이다. 결국 내가 누려왔던 시대에 뒤처진 생활방식이 모든 이의 일상이 된다는 것 아닌가.

그런데 혼자 시간을 보내는 것에는 일종의 연마된 기술과 자립의 의지가 필요하다. 자칫 외로움의 늪에 빠지는 것을 겁내면 결국 밖으로 나돌며 시간과 마음을 탕진할 수밖에 없기 때문이다. 취미가 그래서 중요하다. 어떤 마음에

드는 광고 문구에 '유행보다 취향이라는 카피가 있었다. 유행이 남 따라하기라면 취향은 나만의 세계를 추구하는 것이라고 할 수 있다. 취향에 맞는 취미생활을 할 수 있다면 몰입과 긴장의 시간이 자연적으로 따라온다. 마음 붙일 곳을 마련하면 술에 의존하여 현실을 회피하거나 헛되이 인간관계에 목을 매지는 않을 것이다.

자기만의 시간을 보내려면 타인을 내 삶에 끌어들이기에 급급하기 이전에 정작 나와 사이좋게 살도록, 내가 나를 납득시키고 기특해하도록, 내 마음에 흡족하도록 해야 한다. 나는 다행스럽게 나만의 화두를 지녀 자문자답의 대화를 즐긴다. 마치 소크라테스의 디아몬처럼 그 누군가는 끊임없이 나를 찾아와 대화를 나눈다. 내 안의 자아, 거울 속의 나를 바라보듯 또 다른 나를 대상으로 나는 세상을 이해하려 애쓰고 나를 확장하려고 노력한다. 알아가며 깨닫는 즐거움 속에 사이불학思而不學, 학이불사學而不思의 위험을 염두에 두고 외부에서 오는 지식과 스스로 정리한 생각 사이의 조화를 찾아 미망에 갇히는 것을 경계한다.

좋아하는 일에 몰두할 수 있는 자유를 누릴 수 있도록 스스로 나의 환경을 개척할 필요가 있다. 어떤 타인이나 제도로 부당한 결핍과 억압을 당하는 일이 있더라도 그에 과감히 항거하고 방해물을 제거하는 지혜를 갖기 위해 끊임없이 깨어있어야 한다.

유미적 취미로 인하여 나는 아름다움의 정체에 관심이 많다. 자연스럽게 그 대상은 예술작품이다. 시야를 넓혀주는 작품들을 감상하려면 그에 따른 공부가 선행해야 한다. 지적 영역을 넓히면 감수성의 깊이와 감각의 섬세함 및 예민함에 따른 안목과 소양도 절로 길러진다. 아름다움, 미적 판단에 대해 쉽게 함부로 이야기하면 안 된다. '어쩐지 맘에 든다.' '그냥 좋다.'는 애매한 경지에서는 일과성에 그치기 십상으로 길게 관심을 끌어가기가 어렵다. 확고한 판단력을 가져야 오래도록 취미생활을 이어갈 수 있다. 칼페파타 칼라. καλεπα τα καλα beauty is difficult, 아름다운 것은 어렵다!

스마트폰 위에 넘치는 경구와 잠언들은 뭔가 한 말씀으로 인생을 지도하고 가르치고 위로하고 나아가 힐링까지 하려 든다. 멘토라는 사람들의 말 몇 마디로 힐링이 된다면 이 세상의 근심 걱정은 일찌감치 사라지고 없을 것이다. 그들도 세상을 위로하려는 착한 마음인 것을 나도 모르지는 않는다. 삶의 위기에 봉착한 몇몇에겐 돌파구가 되어줄 수도 있으려나. 그래도 너무 쉽다.

이제는 더 이상 소설을 많이 읽지는 않는다. 영화 보기도 많이 줄였다. 객체에서 전체를 파악하고 가상을 통해 현실을 이해한다는 아리스토텔레스의 말에 한때 경도되어 있었으나 이제는 시들하다. 한 작가에 의한 스토리텔링, 시나리오에 의한 영상 등, 몇 사람이 펼치는 상상의 세계에 대한 한계에 회의감이 짙다. 그보다는 현실에 바탕을 둔 사회, 철학, 역사에 대하여 관심사가 옮겨갔다. 글쓰기의 영역도 그런 식으로 조정이 된다. 허구를 멀리하는 수필은 이런 나의 상태에 그지없이 적절하다.

그러나 역시 간혹 접하게 되는 드라마 영화 소설 연극은 감성을 터치하여 건조한 일상에 습기를 분무하는 기제가 된다. 일상의 건조함에 머물고 있던 때에 우연히 TV에서 슬픈 영화를 보게 되었다. 눈물을 흘리는 정도를 넘어 울음이 복받치는 것이었다. 마침 혼자였기에 버릇된 억제를 팽개칠 수 있었으리라. 영화의 결말이 어른거려서 심장은 아팠으나 실컷 울고 나니 확실히 정신이 맑아지는 카타르시스의 효과는 있었다. 영국의 다이애나 왕세자비가 사고로 사망했을 때 많은 사람이 슬픔에 잠겨 눈물 흘리고 통곡했다. 그런데 이 시기에 우울증 환자가 현저하게 줄었다고 한다. 정화작용이란 이런 것이 아닐까 싶다.

긍정적이고 적극적인 자세로 명랑함과 양명함을 유지하는 것이 내 삶의 모토이기 때문에 그 희망 사항을 지키기 위해 준비한 지침이 있다.

우선 과도한 미래지향은 현재를 망친다. 흘러간 과거와

알 수 없는 미래 사이에서 매 순간의 '지금 여기'에 깨어있으면, 그로써 삶은 완결된다. 내일 내 앞에 펼쳐질 삶에 지나치게 연연하면 현재에 충실하지 못하고 현재를 포기하게 된다. 어리석은 일이다.

또한 나와 잘 안 맞는다고 생각되는 대상은 과감히 보내버리는 것이 현명하다. 행복하려면 관계를 과감하게 끊을 줄 알아야 한다. 잘 안 풀리는 사이라면 굳이 연연할 필요가 없다.

TMI가 투 머치 인포메이션Too Much Information의 약자라지만 나는 투 머치 아이네스Too Much I-ness로도 본다. 두 개의 TMI를 경계한다.

현대인은 정보 과잉과 자의식 과잉 사이에서 출렁인다. 실상 검색 만능의 시절이 고맙기 그지없긴 하다. 도서관 대신에 방구석에 머물러서 온갖 지식과 정보를 섭렵할 수 있으니 얼마나 편리한가. 그러나 심심할 틈 없는 콘텐츠 소비는 곤란하다. 서핑의 바다에서 길을 잃기에 십상이다. 다소 심심해야 '내 생각'을 채울 여지가 생긴다.

니체는 데카당스를 혐오했는데 그가 지적하는 퇴폐적인 감정은 청승과 자기연민이다. 이는 자기중심주의에 매몰되면 찾아오는 함정이다. "부러우면 지는 거다."라는 말이 나는 싫다. 부러운 것을 부러워하자. 그리고 내 손에 안 닿는 것은 흔쾌히 지우자. 나에게 없는 것을 순순히 포기해버리는 냉담함과 성숙하지 않은 것에 대한 거부감으로 돈담무심頓淡無心의 경지를 추구한다.

미래지향 줄이기, 결단력 있는 관계 정립, 탈TMI, 이 세 가지만 명심하면 행복한 나날을 보낼 수 있다. 그러면 과욕 원망 조바심 억울함 등 사소한 감정의 낭비, 경박한 희로애락의 노출, 사고의 협소함 따위를 대폭 줄일 수 있다.

FAE.Frei Aber Einzeln 자유 그러나 고독 고독한 자만이 자유를 누릴 수 있다. 그러나 누군가를 제대로 그리워할 수 있다는 것은 얼마나 소중한 감정인가. 생의 축복인 것이다. 열린 마음으로 세상에 대한 안테나를 장착하고 있으면 결코 혼자여도 외롭지 않을 것이다. 애착이 가는 존재에 대한 생각만으로도 뿌듯한 행복감으로 충만하리니.

사랑이란 나를 잊고 나의 자리에 대상을 대신 들이는 것이다. 이윽고 애석하게도 언젠가 사랑은 끝나게 되고 자신에게로 다시 돌아온다. 사랑의 마법이 자신을 잊는 황홀이라면 자신에게로 맹숭맹숭하게 돌아오는 것이야말로 삭막한 일이다. 오직 그리움을 아는 자만이 기다릴 줄도 안다. 먼 곳에서 오는 이를 마중하는 자세로 기다리는 가운데 더 잘 볼 수 있고 자세히 살필 수 있고 세밀하게 기억할 수 있다. 그리움과 동경 가운데 비로소 나는 나의 내면을 고요히 응시한다.

    밀실과 광장. 홀로 유유자적한 밀실과 타인과의 진정한 소통이 기다리는 광장을 오가며 내면에 거리낌이 없는 쾌청한 날이 찾아들기를, 나는 기대에 차서 아침을 시작한다.

살구나무 꽃가지를 꺾어 들다

우체국 가는 길이 환상적이다. 벚꽃과 목련이 흐드러졌다. 자목련이 개나리와 진달래와 더불어 색감을 더하고 홍매 백매 청매도 골고루 자태를 뽐내고 있다. 우편물을 부치고 나서 노점에서 딸기를 한 상자 사 들고 나니 청명한 하늘 아래 봄날의 행복이 찰랑거린다.

집으로 갈 때는 살구나무가 유독 많은 아파트 단지를 거치리라, 방향을 잡았다. 그런데 이즈음이 나무 전지에 좋은 때인가 보다. 많은 침엽수가 잘려 나간 가지들을 발치에 거느리고 허연 속살을 보이며 기둥 모양으로 서 있었다. 그때까지 나는 무덤덤했다. 그런데 살구나무들 가지가 인정사정없이 잘려서 나뒹굴고 있는 모습엔 아연 심정이 상했다. 몸체에서 떨어져 나간 가지에 아직도 싱싱하게 꽃 이파리들이 붙어있었기 때문이다.

'아휴, 꽃이나 지고 난 뒤에 자를 것이지.' 잘려 나간 가지에 매달린 꽃송이들은 영문을 모른 채로 바람에 하늘거린다. 그 모습이 애처로워 주섬주섬 수북한 나뭇가지 더미에서 꽃가지를 꺾어 들었다. 집에 와서 물에 담그는데 연하디연한 꽃 이파리들이 우수수 떨어진다. 그런 중에도 용케 잘 매달려있는 여린 꽃잎이 마냥 예쁘다.

근래에 나의 주변에서 70살을 앞둔 남녀 지인 두 사람이 세상을 하직하였다. 나이가 비슷한 두 사람은 20여 년 전에 앞서거니 뒤서거니 간 이식 수술을 받았다. 그들이야 서로 모르는 사이였지만 나로서는 당시에는 흔치 않은 경우에 겹친 우연이었으니 제발 잘 되기만을 바랐다. 다행히 수술은 성공적이었으며 그들은 지난 20년 비교적 순탄하게 활발하게 잘 살아왔다. 두 사람은 타고난 성정이 매우 긍정적이고 적극적이었다는 공통점이 있었다. 면역 억제제를 상복해야 하고 수시로 검진을 받아야 했지만 덤으로 얻게 된 생활에 감사하며 열심히 살았다. 그랬는데 생을 마감하는 시기조차도 엇비슷해지고 말았다.

그들이 간경화와 간암으로 생명의 위협을 받을 무렵에 자녀들이 어렸다. 이식 덕분에 소생하여 얻은 20년 동안에 아이들은 성인이 되었고 이제 손자들도 여럿 생겼다. 감사해 마지않을 일이다. 수술이 성공하지 못했다면 어린 자식들과 젊은 배우자를 남기고 떠나는 심정이 얼마나 비통했을 것인가.

작년에 몸 상태가 안 좋아지고 급기야 호스피스 병동으로 옮기게 되었을 때 여자분은 참으로 대범하고 의연하였다. 자기를 시한부 생존의 위기에서 헤어나 건강하게 살게 해준 모든 상황에 흡족하고 이만큼 살게 되었으니 여한이 없다고 하였다. 남자분은 갑자기 엉뚱한 곳에 급성 암이 발생하여 단기간 투병하다가 갔다. 소원하던 아들의 교수 임용 소식을 병상에서나마 기뻐할 수 있었기에 유족들에게도 매우 위안이 되었다. 그렇더라도 요즘은 100세 시대가 아닌가. 안정된 가정에서 노후를 즐길 일만 남았건만 좀 더 오래 살았더라면 얼마나 좋았을까 애석한 심정이다.

그러나 간 이식 후 20년 생존의 기록은 매우 대단한 것이라고 한다. 그들이 귀중한 시간을 벌었던 것은 인공의 손길 덕분이었다. 의술의 눈부신 발달에 힘입어 앞으로는 이식 환자의 수명이 점점 늘어날 것이다. 이즈음엔 유방암 대장암 위암 수술을 받은 사람들이 5년을 훌쩍 지나 건강한 삶을 누리는 것은 다반사다.

여러 가지 질병을 치료하는 과정에 인간이 밟아온 궤적은 실로 눈부시다. 자연을 극복하는 과학 문명의 발달 중에도 가장 놀라운 일은 장기 이식이다. 신장 이식에 성공하여 잘살고 있는 사람들은 많다. 이제 머잖아 인공 장기를 마치 부품을 갈아끼듯 하는 시절이 올 것이고 그러면 인간의 수명도 엄청 늘어날 것이다. 주어진 운명에 안주하지 않고 끊임없이 새로운 방향을 모색하는 인간의 힘과 의지 덕분이다.

인류는 경험과 지혜를 모아 좀 더 나은 삶을 모색하여 왔다. 의료계는 사람들의 생명을 연장하는 일환으로 장기를 이식하는 연구를 진행한다. 정원사들은 나무 한 그루 한 그루에 애정을 실어 수형을 바로잡고 튼실하게 하려고 전문가의 식견으로 전지를 한다.

마침 시골집에 있는 앵두나무에 많은 가지에서 새순이 돋지 않아 걱정하던 중이었다. 몇 년간 무럭무럭 자라서 앵두도 많이 열렸는데 그만 너무 무성하더라니 밀집하여 탈이 난 것 같다. 나무는 진즉에 무거운 짐을 좀 덜어달라고 애원했건만 미처 못 알아들었던 것이리라. 이번에 가면 연둣빛 물기를 길어 올리지 못하는 가지들을 대대적으로 잘라줘야겠다고 다짐하며 전동쇠톱을 마련하였다. 살구나무 잘린 가지를 애석해하던 나는 어느새 앵두나무 가지를 쳐낼 궁리로 돌아섰다. 침엽수도 살구나무도 그리고 나의 앵두나무도 내년에는 다부진 생명력으로 더욱 굵고 단단해져서 수형을 가다듬어 멋진 몸매를 갖추기를 바란다.

모든 삶은 굽이굽이 하나같이 소중하다. 생명 존중의 언덕배기에 서 있는 이들에게 존경을 바친다. 이 세상을 하직하여 다시 돌아온 화창한 봄날을 맞지 못하는 이들을 회상하며 사철가의 유장한 가락을 음미한다.

봄날의 청춘이 속절없이 흘러가는 것을 애석해하다가 녹음방초 승화시綠陰芳草 勝花時라며 녹음이 꽃보다 아름답다고 젊음이 가버린 자리인 여름을 칭송한다. 한로삭풍寒露朔風에도 황국단풍黃菊丹楓을 보여주는 가을이 있다며 인생의 가을에 대해서도 허심탄회하다. 백설 휘날리는 월백 설백 천지백月白 雪白 天地白의 은세계는 백발의 노년을 받아들인다. 모든 나이에 그 나름의 기쁨과 보람이 있다. 아마 나는 이제 황국단풍에서 은세계로 향하고 있는가.

백발이면 어떠하리. 일찍 스러져간 사람들 몫까지 오래 살아서 모든 불행과 불평등과 불화가 사라진 세상이 마침내 펼쳐지는 것을 볼 수 있다면 얼마나 좋겠는가.

좋은 비는 때를 아느니

　영화 〈8월의 크리스마스〉와 〈봄날은 간다〉의 허진호 감독이 펼치는 이야기는 잔잔한 영상과 함께 깊이 응시하고 음미하도록 여운이 길다. 그가 중국 쓰촨성四川省 청두成都를 배경으로 2009년에 〈호우 시절〉을 완성했다.

　너무 일찍 생을 마감해야 하는 주인공의 담담한 모습이 애달팠던 〈8월의 크리스마스〉. 마지막 선물인 듯, 사랑이 스며드는 삶에 대한 안도감과 더불어 주인공들의 맑은 표정이 못내 안타까웠다. 한편 〈봄날은 간다〉는 영상의 아름다움이라는 외피 속에 남녀 간 연애 감정의 부침에 대해 시니컬하다. 주인공은 물소리 파도 소리 바람 소리를 채집한다. 잡음을 흡수하려고 복실복실한 털옷을 씌운 마이크를 두 팔 벌려 양손에 들고 누런 벌판에 우뚝 서 있는 광경은 거의 정지화면 같았다. 정적이 흘렀던 그 장면은 내내 잔상으로 남았다. 주인공의 유명한 대사 "사랑이 어떻게 변하니?"는 '당연히 사랑은 식는다, 아픈 상흔을 남기며.'라는 대답으로 돌아온다. 최승자 시인이 말했듯이 '사랑은 언제나 벼락처럼 왔다가 정전처럼 끊어지는 것'이니까.

〈호우시절〉은 앞의 두 영화에 비해 해피엔딩의 여지를 남긴다. 한국의 남자와 중국의 여자 사이에 우연한 재회를 통해 피어나는 연정이 애틋하다. 영화 제목인 '호우시절'은 당나라 시성 두보의 「춘야희우春夜喜雨 봄밤을 적시는 기쁜 비」의 첫 구절 "좋은 비는 때를 안다."라는 뜻의 '호우지시절好雨知時節'에서 따온 것이다.

봄날의 한밤 내내 만물에 생명을 돋게 하려고 내리는 비. 비라고 다 같은 비가 아니듯 사랑에도 알맞은 때가 있다. 영화는 그처럼 남녀가 좋은 때에 만나서 비극적 상황과 우여곡절을 헤치며 사랑을 키워간다는 예쁜 이야기를 펼친다. 언제나 그렇듯이 섬세하게 잔잔하게 스토리를 펼치는 허진호 감독의 방식이 나의 마음에 흡족하다.

영화의 무대인 청두에는 두보초당杜甫草堂이 있다. 그 때문에 두보의 시 구절이 제목이 된 것이리라. 나는 두보초당에 예전에 한 번 들린 적이 있는데 크고 작은 각양의 대나무들이 울창한 숲을 이루는 정원은 그 규모가 엄청났다. 그래서 오래간만에 보게 된 초당의 장면이 특별히 반가웠을뿐더러

내가 육안으로 본 경치보다 훨씬 수려해서 현실과 영화의 괴리가 느껴지기도 했다.

> 좋은 비 시절을 아느니, 봄을 맞아 만물이 싹이 틀 때에
> 바람 타고 몰래 밤에 들어와, 만물을 촉촉이 적시되 가늘어 소리조차 없구나
> 들길은 구름이 낮게 깔려 어둑하고, 강 위에 뜬 배의 불빛만 밝다.
> 새벽녘 되면, 금관성(청두의 옛 이름) 붉게 젖은 땅 곳곳에 꽃들이 활짝 피어나겠지

好雨知時節 當春乃發生 隨風潛入夜 潤物細無聲
野徑雲俱黑 江船火獨明 曉看紅濕處 花重錦官城

오언율시五言律詩인 「춘야희우春夜喜雨, 봄밤에 내리는 기쁜 비」는 두보가 청두에 머물던 시절에 지은 시 중에서 가장 유명하다. 만물을 생동하게 하는 봄비를 즐겁게 찬양하는 것이다. 봄날 밤에 기쁜 비가 내린다. 비는 너무 가늘어 소리 없이 촉촉이 내린다. 때를 알고 오는 좋은 사랑이 그러하듯 좋은 비는 알맞은 때를 알아 환하게 꽃을 피운다. 시절을 아는 비처럼 많은 남녀 간의 사랑은 그렇게 찾아오곤 한다. 비록 남녀 간이 아니더라도 사람들 사이의 여러 가지 만남도 그

와 같다.

안록산의 난이 일어나 혼란스럽던 시기에 전쟁을 피하여 가족들을 이끌고 여러 지역을 위태롭게 전전하던 두보는 이곳 청두로 와서 친구들의 도움을 얻어 초당을 짓고 4, 5년 동안 비교적 평화롭게 기거했다. 전쟁의 상흔으로 얼룩진 나라에서 방랑을 일삼았으니 그는 평생이 불우하였다. 그랬던 그의 생애에서 그나마 이곳에서 가장 평화롭고 한가한 생활을 할 수 있었다. 당시 두보는 몸소 농사를 지으면서 그의 생애에서 가장 여유로운 전원생활을 하였다. 50세 무렵의 두보는 이곳에서 약 240여 수의 시를 썼는데 그때의 시들은 비교적 밝다. 그런 연유로 후세에 시인을 기념하는 두보초당이 이곳에 세워진 것이다.

"나 쟤랑 짝 할 거야." 학교에서 신학기 첫날에 처음 같은 반이 된 모르는 아이가 외쳤다. 나는 당연하다는 듯이 그와 짝이 되었다. 돌아보면 내가 맺게 된 모든 인간관계가 그런 식이었지 싶다. 지금껏 오래도록 만남을 이어오고 있는 친근한 사람들과의 시초를 꼽아보니 내가 선택한 경우는 거의 없고 항상 나보다 적극적인 누군가에게 동조하는 식이었다.

이번 설에도 여러 가지 인사가 날아들었다. 나는 행여 놓

칠세라 부지런히 답장을 보냈다. 인사에 답장을 하고 있는 나, 늘 받기만 하는 모양새다. 왜 먼저 인사를 드리지 않는가. 많이 반성해야 한다.

  살다 보면 가깝던 사람과도 시나브로 연락이 끊긴다. 내가 일부러 어떤 사람과의 관계를 끊은 적은 별로 없었지 싶다. 누군가가 나를 멀리했더라도 그건 내 알 바가 아니다. 상대가 뭔가 꺼리는 듯하면 알아서 피하고 그 앞에 나타나지 않아 주었던 적은 몇 번 있었다. 그런 일을 당할 때에도 그다지 미련을 두지는 않았다. 그저 속 편하게 그와의 시절 인연은 여기까지인가보다, 조용히 체념하였다. 그런 이별이 쉽지 않아서 고통스러워하는 사람들을 옆에서 볼 때가 있다. 싸우고 애원하고 원인을 밝혀보려고 하는 이들을 볼 때면 나는 답답하다. 왜 체념을 못 하는가. 도대체 저들이 겁을 내는 것은 무엇인가. 혹은 뭐가 그렇게 억울한가. 시시비비를 가린다는 것이 얼마나 허망한가.

  너무 일찍 알아버린 잠언, 세상일이 계획대로 되지는 않는다는 것, 포기가 빠르다. 끈질기게 물고 늘어지지 못한다. 나락을 경험하지 않은 것은 아니지만 그런대로 지금의 나쁜 상태를 이기기 위해서 내가 하는 짓은 이보다 더 나쁜 상황을 상정하여 위로감으로 삼는 것이다. '~가 아니어서 그나마 참 다행이다.'

내가 먼저 누군가에게 다가갔던 적이 있었던가. 아니면 무언가를 이루기 위하여 맹렬하게 달려들어 본 적이 있던가. 그냥 가만히 있다 보면 누군가가 무언가가 내게로 왔다. 결혼도 그렇게 했고 수필 입문도 그런 식으로 떠밀려서 했다. 그래도 일단 상황에 접하면 그때는 최선을 기울인다. 한번 누군가와의 만남이 이루어지면 정성을 다한다고는 할 수 없을지 몰라도 그 관계를 유지하기 위해 많은 것을 고려하는 편이다. 가급적이면 나를 내세우기를 삼가고 상대의 입장에 서려고 한다. 내가 남에게 좋은 비는 못 되어줄망정 쏟아지는 폭우나 물살 험한 범람이나 목 타는 가뭄은 되지 않으려고 노력을 기울인다.

가만가만 내리는 부드러운 봄비를 맞고 겨우내 앙상하던 나무들의 우듬지까지 물이 오르면 먼 산의 나무는 뽀얗게 연두색의 안개 같은 후광을 둘러 잔가지의 윤곽이 아련히 번져나간다. 그러면 물기 머금은 샛바람은 꽃의 향연을 예고하고 세상은 청신한 신록에 포근히 안긴다.

비가 오면 비를 맞는다. 매양 그런 것은 아니지만 살면서 좋은 비를 많이 맞은 것 같다.

다시 봄비의 계절이다.

이상한 일들 하나둘 셋

2013년 2월 4일 자로 프랑스 여성들이 무려 213년 만에 비로소 '합법적으로' 바지를 입을 수 있게 되었다는 사실은 어이가 없다. 1800년 당시 파리에서는 여성은 바지를 착용할 수 없다는 법령이 선포되었다. 바지는 남자의 특권을 상징한다고 여기던 시대의 법이 사문화된 뒤에도 그대로 남아 있다가 이제야 정식으로 폐지된 것이다.

불현듯 몇 년 전에 파리 발 외신을 접하며 실소를 머금었던 기억이 떠오른 것은 이즈음 바지와 관련하여 조진주 바이올리니스트에 관한 기사가 눈에 띄었기 때문이다. 인터뷰 중에 특기할 일은 그녀는 독주회에서 드레스 대신에 바지 정장을 입는다며 드레스가 아닌 바지를 입고 연주하면 음악에만 집중할 수 있다고 했다. 드레스를 입으면 옷이 내려갈까 봐, 뚱뚱해 보일까 봐, 등등으로 여러모로 신경이 쓰인다는 것이다.

  나도 평소에 여성 음악가들은 왜 한결같이 연주회에서 어깨를 드러내거나 치렁치렁한 드레스를 입는가, 그것이 좋은 연주와 무슨 상관이 있는가, 의아하게 생각하곤 했다. 몇백 년 전의 관행이 이렇듯 고집스럽게 너무나 당연히 여겨지며 이어져 내려오고 있다는 것은 참으로 이상한 일이 아닌가.

  이상한 일은 또 있다. 예전에는 옷감이 귀했을 것이다. 그런데도 동서 막론 남녀 의상 공히 옷감을 많이 잡아먹도록 풍성하기 이를 데가 없었다. 그런데 지금처럼 물자가 흔한 시대에 오히려 복장은 간소화되어가고 있다. 효율적인 이유에서만은 아닐 것이다. 영화 〈기생충〉에서 여주인공인 배우 조여정이 입고 나온 의상들이 이러한 최근의 패션 경향을 아주 잘 보여준다.

  칸 영화제에서 대상인 황금종려상을 수상한 영화 〈기생충〉이 이번엔 전미 비평가협회로부터 외국어 영화상을 받았다. 각본과 연출에 있어서 더 이상의 설명이 필요 없이 대단한 영화다. 봉준호 감독은 디테일에 치밀하다고 하여 별명이 봉테일이다. 근데 디테일에 있어서 빼놓을 수 없는 것이 등장인물들의 의상이다. 그중에 특히 조여정의 옷차림은 우리나라의 최정상의 사회적 위치에 있는 사람들의 패션 경향을 효과적으로 보여준다.

부유층 신분을 드러내는 옷차림의 키워드는 고급의 소재, 심플한 디자인, 그리고 세련됨을 연출하는 것이다. 그녀가 보여주는 외양은 화려한 사모님 패션이 아니다. 담당 디자이너는 "너무 튀지 않는 가운데 간결하고 차분한 분위기로 부드럽고 우아한 이미지를 풍기는 데 초점을 두고 옷을 제작했다."고 한다. 복식사의 발달 과정은 인류의 진보 과정과 긴밀한 관계를 맺고 있다. 그러니까 옷에는 옷으로부터의 제약을 탈피하고자 하는 염원이 들어있으며 오늘날의 첨단을 누리는 사람들의 패션에 그러한 사상이 녹아있다고 봐야 한다.

요즘 우리의 의상 생활을 지배하는 키포인트가 인체의 자유로움을 통해 의식의 자유로움을 추구하는 것이라면 그것을 앞장서서 추구했던 맹렬여성으로 조르주 상드George Sand, 1804-1876를 꼽을 수 있다. 그녀는 남자 이름 조르주를 필명으로 사용하여 인기 작가가 되었으며 옷차림도 남자 복장을 즐겼다. 이러한 행위들은 그녀가 자신의 방식으로 행한 주체적 독립선언이며 남녀평등의 외침이었다. 많은 구설수와 비아냥도 굴하지 않고 자유연애를 구가한 것으로 유명한 그녀의 유별난 남장은 지금도 '조르주 상드 룩'으로 불린다.

당시에 작가 조르주 상드는 당대 최고의 인기 작가로 발자크나 빅토르 위고, 영국의 찰스 디킨스 등의 인기작가 대열에 합류하였으며 원고료는 앞의 세 사람보다 오히려 높았다. 상드는 남성 편력이 문란한 B급 작가라는 등의 비난을 들었다. 보들레르와 니체도 비난에 가세했다. 과연 그녀의 작품들은 고전의 반열에 들지는 못한다. 사실 그녀가 유명한 것은 뮈세와 쇼팽 등을 위시한 시인, 음악가, 예술가, 사상가들과의 파란만장한 연애 덕분이다. 그러나 그녀는 여성해방의 차원에서 보면 나름의 첨단을 구가했던 여성이었다.

1900년대 초까지의 유행은 허리를 과도하게 조이는 코르셋corset에 의해 잘록한 허리를 강조하는 것이었다. 1861년에 발생한 미국 남북전쟁을 배경으로 하는 〈바람과 함께 사라지다〉에 나오는 스칼렛 오하라의 허리 사이즈는 17인치였다. 그렇게 코르셋으로 최대한 허리를 조이는 유행으로부터 여성을 해방시킨 사람은 폴 푸아레Paul Poiret, 1879-1944라는 인물이다. 그는 프랑스 혁명 이후 나타났던 디렉투아르Directoire 양식을 받아들였는데 이는 하이 웨이스트high waist 디자인으로 허리를 조이지 않는 느슨한 모습의 디자인이다. 이렇듯 푸아레는 의상에 모더니즘을 도입한 장본인이다.

그의 뒤를 샤넬Gabrielle Chanel 1883-1971과 디올 등의 디자이너가 이어갔다. 샤넬은 "내가 곧 스타일이다."라고 자신감을 표출한 대단한 기개를 지닌 여성이었다. 그녀의 간단하고 입기 편하며 활동적이면서도 여성미가 넘치는 샤넬 스타일은 유행의 변천 속에서도 지금도 변함없는 각광을 받고 있다. 그녀가 만든 향수 '샤넬 No.5'나 검정색 가죽 퀼팅 핸드백은 지금도 뭇 여성들의 선망의 대상이다.

디올Christian Dior 1905-1957은 1940년대 말에 그의 대표적인 실루엣인 뉴룩New Look을 선보였다. 그는 "나는 꽃 같은 여성flower woman을 디자인했다. 우아함이란 독창성과 자연스러움, 돌봄care과 단순성의 네 가지의 바른 조합에서 만들어지는 것이다. 그중에 가장 중요한 것은 돌봄이다. 돌본다는 것은 당신이 옷을 고르고, 고른 옷을 입고, 그 옷을 관리하는 것을 말한다."며 "나는 여성을 안다."는 유명한 말을 남긴 그는 A라인, H라인 등을 선보이며 샤넬에 이어 파리 패션계를 지배했다.

어느덧 70년대에 접어들어서는 패션의 본고장은 파리에서 뉴욕으로 옮겨갔다. 이 시기에는 히피문화를 위시하여 실험적인 온갖 패션, 다양한 스타일이 나타났다. 패션계에도 모더니즘이 발현한 것이다.

그리고 이상한 일은 또 있다. 70년대만 해도 한국의 성인 여자들은 외출복으로 한복을 입었다. 그런데 지금은 그런 일은 전혀 없다. 고작 결혼식에서 그것도 직계 식구들만 예복으로 입는다. 완전한 서구의 옷차림 속에 아시아의 어떤 나라보다 빠르게 우리의 옷을 생활로부터 추방해버렸다. 우리는 왜 한복을 버렸는가. 연주회에서는 고색창연한 전통을 고수하여 일상과는 먼 드레스를 고집한다. 반면에 일상에서는 우리 고유의 전통은 깡그리 무시된다. 이러한 현상의 기묘한 언밸런스는 어떻게 설명할 수 있을까. 다양한 이유들 가운데 다분한 서구 지향에 자기 것에 대한 경시와 편의주의가 합세한 결과일 것이다.

그런데 전통이란 것이 그리 만만한 게 아니다. 요즘 젊은 이들과 외국인들이 한복 차림으로 고궁과 오래된 서울 거리를 거니는 모습 속에 많은 것을 생각하게 한다. 한 광고 카피가 마음에 든다. "내가 추구하는 것은 유행이 아니고 취향입니다." 취향이라는 말에서는 꿈과 낭만을 재현하고자 하는 포부를 읽을 수 있다. 이제는 그야말로 맹목적인 유행의 추종이나 명품에 대한 몰개성적 몰려감이 아니라 자신만의 개성을 살려봄 직하다. 그것이야말로 자유를 추구하는 하나의 훌륭한 방편이리라.

그의 살풀이

전혀 격에 어울리지 않는 차림새나 처신을 조롱할 때 "갓 쓰고 자전거 탄다."고 한다. 그런데 어느 날, 갓 쓰고 선글라스 끼고 하이힐 신고 랩스커트 걸치고 춤을 추는 남자가 나타났다. 그리고 청아한 목소리로 전통 민요를 부르는 것이었다. 산발한 사자머리 가발에 성 정체성이 의심되는 과장된 분장의 글램 록 스타일로 선정적인 춤사위를 펼치는 그의 모습은 아주 생경했다. 그의 파격, 혼종교배의 이질적인 문화가 가히 충격적이었다. 옛 명창이 타임머신을 타고 날아와서 초현대적 차림으로 공연을 하는 것 같았다. 단순한 호기심으로 한 번 두 번 보다가 이제는 그가 지닌 묘한 매력에 깊이 중독되어 있다. 그는 국가무형문화재 이수자인 소리꾼 이희문이다.

나는 평소 PC 모니터 앞에서 작업할 때, 유튜브를 열어

놓고 김영임의 〈아리랑〉, 김형옥의 〈사철가〉, 김소희나 안숙선의 구음 시나위를 즐겨왔다. 그런가 하면 프레디 머큐리의 〈보헤미안 랩소디〉도 좋아하는데 마침 어떤 이들은 이희문을 한국의 머큐리라고 비교하기도 한다. 문화충격이라고 할 만한 공격을 받고나서 요즘은 아예 이희문의 프로그램만을 돌려보며 집중 탐구 중이다. 〈청춘가〉, 〈긴아리랑〉, 〈창부타령〉 등의 민요와 고도의 기교를 자랑하는 12잡가 등, 그의 레퍼토리는 청각적, 시각적 새로움이 각별하다. 흥겨운 가락 속에 노랫말의 애절함은 애환을 안으로 삭이는 집시의 음악과도 닮았는데 그의 가는 음색이 이러한 정조에 제격이다.

그는 컨템퍼러리, 동시대라는 말의 의미를 새롭게 쓰는 사람이다. 그의 패션 속에는 남녀노소 동서고금이 한꺼번에 들어있다. 과거와 현재의 혼재, 그리고 남자와 여자의 양성의 모습, 동양과 서양의 뒤섞임, 혼종혼합이 놀라운 콜라보레이션을 이룬다. 그의 공연은 과거 어디에도 없었던, 모든 것을 종합하여 가장 새로운 양식을 보여주며 세련미와 퇴폐미를 동시에 보여준다. 자칫 미흡하면 격이 떨어지는 치기가 될 것이나 그의 소리꾼으로서의 실력과 심미안적 효과를 극대화한 기획력의 뒷받침으로 하나의 경지가 이루어진다. 이러한 시도에 대한 그의 개념 설명도 충분하다.

우리 전통음악의 뿌리는 무속음악이다. 물론 오늘날의 소리꾼들이 무속에서 펼치는 굿은 종교적인 차원의 것이 아니고 지나간 농경사회의 페스티벌에 대한 재현이다. 무대, 음악, 춤, 사설 등의 연극적 요소를 모두 갖춘 종합예술인 굿에서는 관객의 직접적인 참여가 필수다. 이를 그는 '문턱이 없는 음악'이라고 표현한다. 우리의 '소리'는 감상하는 것이 아니라 관객과 함께 즐겨야 비로소 그 힘을 발휘한다며 마치 잔칫집에서 흥을 돋우듯이 관중과의 어우러짐을 유도한다. 같이 즐겨보자는 이런 태도가 아무도 주목하지 않던 민요를 들고 그가 홍대 클럽에 출현하여 환대를 받는 이유다. 그러므로 그의 공연에는 마치 재즈에서처럼 즉흥성이 넘쳐난다.

전혀 새로운 복식 스타일에 대하여 그는 말한다. 여장 복장은 성적 매력을 강조하려는 것이 아니라 샤먼, 즉 무당의 존재와 관련이 있다. '박수'라고 불리는 남자 무당은 몸은 남자지만 성적 정체성을 하나만 고집할 수가 없다. 왜냐하면 그들의 임무는 마치 무당이 영적인 세계와 인간세를 연결하듯이 남과 여의 정신을 세상과 연결해 주는 매개체여야 하기 때문이다. 그러한 철저성으로 여성의 캐릭터를 노래할 때는 남자 소리꾼으로서의 자신을 넘어서야 한다. 남녀노소를 한 몸에 지니고 여러 인격체를 지녀야만 하는 무당의 모습을 표면화하여 차별을 없애고 인간에게 내재하는 다양성을 추구한 것이 그의 유니크한 패션이다.

이처럼 고전과 현대를 아우르는데 고전 따로 현대 따로 나란히 자신의 얼굴을 내민다. 믹스하거나 퓨전이 아니라 병렬의 형식이 특징으로 일종의 크로스오버cross-over 방식이다. 이는 소위 '개량한복'을 거부하는 데서 드러난다. 한복을 입을 때는 전통을 지켜 제대로 최대한 고급스럽게 갖춰 입는다. 음악도 전통을 충실하게 재현하고자 한다. 그에 대한 현대적 해석에는 작금의 최첨단 패션 아이템을 동원하면서 서양 음악과의 협연을 도모한다. 때로는 록밴드와 때로는 재즈밴드와의 콜라보레이션으로 전에 없던 공감대를 이끌어낸다. 여기에서도 서로 자기를 지킨다. 닮아지려고 않는다. 서양 악기의 반주로 민요를 부르는데 그들은 민요를 흉내 내지 않고 민요는 서양악기에 맞추지 않는다. 고유의 영역이 고스란히 지켜진다. 서로의 정체성은 그대로 유지하는데 조화롭다는 것, 대단하다.

"나는 한국의 전통음악인이다. 그러나 나는 스테레오타입을 거부한다. 수백 년 전부터의 음악을 노래하지만 나는 여기, 지금, 21세기를 사는 한국 사람이다. 전통음악을 가지고서 내가 살아가고 있는 이 시대를 내 방식으로 해석하고자 한다. 나는 창작은 하지 않는다. 전통은 그대로, 겉모습은 포장이다. 그것이 나의 스타일이다. 그리고 그 해석을 가지고 세계의 관중을 만나고 싶다. 나의 소리는 전혀 다른 장르의 낯선 친구들과 함께 할 때 더욱 빛난다." 과연 그의 목소리는 그 무엇과도 어울릴 수 있다. His voice can go with anything 전통음악의 원형을 지키면서도 이 시대의 색깔을 입히는 것이 그가 말하는 전통을 계승하는 방법이다. 자신은 하고 싶은 일을 했을 뿐인데 그것이 신기하게도 시대에 닿아있더라는 것이니 나는 이것을 탁월한 예인藝人이 지닌 예지력의 발현이라고 여긴다.

그의 과장되고 유별난 공연 양식은 때로 배척도 당하고 비주류 하드코어로 여겨지기도 하고 B급으로 불리기도 하지만 그는 기꺼이 그러한 평가를 반긴다. 오늘날의 전통이 그 옛날에 모습을 나타낼 당시에는 가장 현대적이었을 것이라는 것이다. 지금의 파격은 미래의 전통이 된다. 현대를 호흡하며 현대 속에서 끊임없이 새로운 해석으로 전통을 표출하는 그의 독특한 방식을 응원한다.

색색의 사자머리 가발에 글램 록 스타일은 이제 그의 트레이드마크처럼 되었으나 여기에서 그의 변화에의 모색이 끝날 것 같지는 않다. 밴드들과의 협연 후에 그는 2019년 여름, 이제는 소리꾼의 소리에만 집중하며 단출하게 장구와 드럼의 리듬악기와 사운드퍼포밍만을 거느린 프로젝트 '날을 들고나왔다. 해마다 펼치는 변신에의 노력이 눈부신데 그는 이를 자신을 위한 살풀이라고 칭한다.

침체된 전통음악의 분위기 가운데 유독 그의 공연은 폭발적인 관객호응, 특히 젊은 층의 환호를 받는다. 기이한 현상이라고 할 수 있다. 이희문 콘서트는 요즘 티켓 발매 5분 만에 매진되어서 나같이 굼뜬 사람들은 도저히 표를 구할 수가 없다. 그의 공연을 직접 보지 못하고도 그에 대해 이렇게 길게 말하고 있다니.

젊은이들이 말한다. "내가 창부타령을 듣고 있을 줄이야. 나도 내가 신기해."

> 창문을 닫쳐도 숨어드는 달빛 마음을 달래도 파고드는 사랑
> 사랑이 달빛이냐 달빛이 사랑이냐
> 텅 비인 내 가슴엔 사랑만 가득히 쌓였구나
> 사랑 사랑이라니 사랑이란 게 그 무엇이냐
> 보일 듯이 아니 보이고 잡힐 듯하다가 놓쳤으니
> 알다가도 모르겠네 믿다가도 속는 사랑
> 백년 세월이 덧없어라
> 노세 아니 노지는 못하리라.

숨 쉬는 항아리

실크 로드로 상징되는 섬유의 발전사와 함께 도자기의 유래를 살피는 일은 인류 문명사를 돌아보는 일이기도 하다.

흙을 빚어 가마에서 구워낸 도자기는 크게 도기陶器와 자기瓷器로 구분된다. 도기는 진흙으로 섭씨 800~1,000도에서 굽지만 자기는 고령토를 주된 원료로 1,200~1,300도의 고온에서 굽는다. 규산 성분의 자기는 도기보다 강도가 훨씬 강하여 얇게 만들 수 있고 빛을 통과시키며 두드리면 맑은 소리가 난다.

토기와 도기는 만들기가 쉽다. 그러나 자기는 오랫동안 중국 한국 일본 베트남 등에서만 만들 수가 있었다. 자기의 재료인 고령토카올린가 흔한 재료가 아니라서 구하기가 어려웠기 때문이다.

중국의 자기는 13세기 말 유럽에 처음 소개되었으나 유럽으로 본격적으로 수출되기 시작한 것은 청화백자가 대량으로 만들어진 16세기 명나라 때부터였다. 엄청난 수요에 힘입어 상인들은 도자기를 구하기 위해 중국으로 몰려들었다. 17세기에 네덜란드가 포르투갈과 스페인을 제치고 신흥 해상 강국으로 부상하면서 도자기 무역의 주도권은 네덜란드로 넘어가게 되었다.

이때의 청화백자 생산지로 유명했던 곳은 장시성江西省 징더전景德鎭이다. 지금도 도자기 생산지로 유명하다. 이후 중국이 명청明淸 과도기에 국내 사정으로 도자기 수출을 못 하게 되자 일본의 아리타 이마리 도자기가 새롭게 각광을 받기 시작했다. 임진왜란 당시에 잡혀간 이삼평 도공 덕분인데 정작 우리나라는 그 수출 대열에서 소외된 것이 아쉽다.

유럽인들은 자기에 열광하였다. 수많은 작품이 수출되어 아시아 열풍이 불었다. 이후 이러한 풍조는 중국풍의 시누아즈리Chinoiserie에 이어 도자기 포장지에 찍힌 그림인 우키요에 목판화로 이어지는 일본풍의 자포니슴Japonisme 유행에까지 이어졌으니 도자기의 위력은 대단한 것이었다.

아무튼 유럽인들은 오랫동안 자기를 수입하면서도 자체 개발은 못 하였다. 대신에 청화백자를 흉내 낸 네덜란드의 델포트 도기가 만들어져서 인기를 얻기도 했다. 드디어

1709년 각고의 노력 끝에 독일의 드레스덴 교외의 마이센에서 자기를 만드는데 성공하였다. 뒤를 이어 프랑스의 세브르, 리모주, 영국의 본차이나 등으로 발전하였다.

이토록 유럽은 전역에 걸쳐서 자기를 선망해 마지않아 개발하기 위해 혈안이 되어있었다지만 자기가 가지지 못한 초능력을 우리의 소박한 옹기인 항아리가 지니고 있다. 어떤 사람이 우리의 장류를 좀 더 잘 보관하기 위하여 고온으로 구운 질 높은 항아리를 사용하였다. 그런데 도무지 장이 발효를 시키지 못하는 것이었다. 원인을 몰라서 고민하다가 여러 번의 시도 끝에 드디어 그가 그 비밀을 알아냈다.

옹기를 굽는 온도를 1,200도, 1,000도, 800도로 점차 낮춰 본 것이다. 이윽고 800도에서 구운 항아리에서는 발효가 제대로 되었다. 그 비결은 옹기의 숨쉬기 여부였다. 높은 온도에서 구운 항아리는 외부와 철저하게 단절된다. 그러나 800도에서 구운 항아리는 밀도가 낮아서 공기가 드나든다. 그래서 장의 발효가 가능한 것이다. 얼마나 신비한 일인가. 황토를 800도에서 구운 항아리는 숨을 쉰다. 고온에서 구운 하얗게 빛나는 광택의 백자는 가지지 못한 능력이다.

무릇 사물들에는 저마다의 역할이 있다. 무조건 급이 높다고 좋기만 한 것은 아니다. 사물뿐만 아니라 우리를 둘러싼 환경도 마찬가지다. 파란 잔디밭과 잘 가다듬어진 정원이 있는 그림 같은 주택에 사는 사람이 있다. 그러나 그에게는 그 집이 영 자기 집같지 않다. 일 년에 몇 번 가지 못하는 친정집 과수원에 있는 허름한 별채의 골방에 들어서면 '여기가 정말 나의 집이구나.' 안도감이 찾아든다는 것이다. 우리의 행 불행은 좋은 집과 높은 사회적 지위에 좌우되는 것은 아닐 것이다.

뭐든지 분수에 맞아야 한다는 항아리의 가르침을 꽃에서도 본다. 작약 중에 꽃봉오리가 엄청 큰 종류가 있다. 너무나 풍성하고 아름다운 모습인데 애석하게도 줄기가 꽃을 이기지 못한다. 꽃이 만개하자마자 금방 휘어지고 만다. 조화를 이루지 못한 모습이 볼 때마다 애석하다.

정작 항아리가 주는 가장 큰 의미는 관계 맺기에 있다. 안과 밖의 소통이 원만할 때 사랑과 자유의 기쁨이 흐른다. 완전한 공동체를 꿈꾼 철학자에 스피노자와 헤겔을 꼽을 수 있다. 헤겔은 가장 완전한 공동체를 향해 역사 과정이 나아간다는 진보 사관을 펼쳤다. 그의 철학은 과거가 발목 잡는 것을 경계하고 항상 미래를 향할 것을 요청한다. 그에 앞서 스피노자는 주장했다. "다른 사람들이 자기와 함께 최고의 선을 누리도록 충고나 행동으로 그들을 돕고자 하는 사람은 특히 그들의 사랑을 얻으려고 노력할 것이다." 요컨대 한 인간에게 최고로 이익이 되는 존재는 다름 아니라 다른 인간들이다. 그래서 스피노자는 "인간은 인간에게 신이다."라고 했다. 관심을 통해 사랑을 이루고 그리하여 우리는 진정으로 자유로운 존재가 될 수 있다.

    나에게는 크고 작은 두 개의 예쁜 항아리가 있다. 애석하게도 고추장 된장이 들어 있지는 않다. 직접 장을 담그는 것은 이즈음의 나에게는 신화와 전설 같은 것이다. 전통에서 멀어진 채로 살고 있지만 항아리의 숨쉬기를 탐색하며 공기가 넘나드는 경지를 음미한다. 항아리들은 가장 좋은 자리에서 햇빛을 듬뿍 받으며 편하게 앉아 계신다.

니키 드 생 팔과 오방색

영화 <색, 계>는 제목부터가 심상치 않았다. 영화에 몰입하고 있는 중에도 머리 한쪽 구석에서는 제목의 함의를 캐고 있었다.

색色과 계戒는 인간사를 관통하는 두 개의 상충하는 추구 영역인 바, 색은 성욕으로 대표되는 인간의 원초적 욕망을 뜻하고 계는 사회구성원으로서의 지켜야 할 경계를 뜻하는 것이겠다. 색과 계를 단순화시킨다면 감정에의 치우침과 이성적 판단의 이분법적 구분일 것이다. 색을 이용하려던 탕웨이는 색에 사로잡히고 계를 지키려고 하지만 색에 이끌리는 양조위, 두 사람의 관계는 애정행각과 인간 심연의 신비 사이에서 부유한다. 사랑이란 색도 아니고 계도 아니다. 그러면 무엇인가? 더구나 여기서의 사랑은 자신의 목숨을 던져 상대의 목숨을 건지려는 사랑이다. 색의 비경을 삶의 비경에 견주어볼 뿐이다.

색, 총천연색이 내게로 다가온 기억을 더듬으면 언제나 고모의 혼인이 떠오른다. 고모의 혼인날을 잡아놓고 집안은 온통 바느질거리로 넘쳐났다. 한복감인 색색의 갑사 뉴똥 양단과 이불감인 포플린 옥양목 소창 등이 방마다 들어찼다. 나는 여기저기에서 자투리 헝겊 조각들을 열심히 모아서 보물단지로 간직했다. 여섯 살 무렵 온갖 옷감과 다채로운 색들 속에서 행복했던 최초의 기억이다. 나에게 색은 수집과 감상의 대상이었다. 크레용과 색연필이 제자리에서 나란한 것이 좋았다. 뭘 그리는 게 목적이 아니었다. 하찮은 장난으로 그것들을 닳도록 하고 싶지 않았다.

이즈음도 늘 이 세상의 모든 색이 내 눈 앞에 펼쳐지는 경이 속에서 이 색들이 내게 오는 신비를 생각한다. 이것들은 빛으로 파장으로 내게 온다. 프랑스의 누보 레알리슴 Nouveau Réalisme 조각가인 니키 드 생 팔Niki de Saint Phalle 1930-2002의 원색으로 화사한 그림들은 그러므로 당연히 나의 시선을 끌었다. 그녀의 작품들이 〈나나NaNa〉 인형 시리즈처럼 처음부터 밝았던 것은 아니었다. 부유한 집안에서 태어났지만, 불행히도 10대의 어린 나이에 친아버지로부터 성폭행을 당한데다가 어머니마저도 그 사실에 대해 냉담하였으니 당연히 암울한 어린 시절을 보냈다. 뛰어난 외모로 모델 생활도

했으나 신경쇠약에 시달렸고 치유의 목적으로 예술작업을 택했다. 그러므로 그녀의 초기 작품들에는 비참함과 증오와 절망감이 농후하다. 1961년의 소위 '슈팅 페인팅shooting painting'이라고 하는 액션페인팅이 그것이다. 전시장에서 관객에게 총을 주어 캔버스 위에 매단 물감 주머니를 쏘게 하여 무작위적인 추상화를 연출했는데 그녀는 그것으로 많은 논란과 함께 명성을 얻기 시작했다. 그러나 키네틱 아티스트인 장 팅겔리Jean Tinguely, 1925-1991와 만나서 동지로서 공동작업을 펼치다가 결혼에 이르며 차츰 저항적인 경향에서 벗어나 원색을 풍부하게 발휘하는 양명한 세계를 펼친다. 사랑의 힘이 상처를 치유하여 작품이 변한 것이다. 〈나나〉 시리즈의 조각상들은 빌렌도르프의 비너스를 연상시키는데 과장되게 부푼 여자의 거대한 모습으로 극채색極彩色으로 단장하고 있다. 한껏 동화적 상상력을 발휘하여 밝고 맑고 유쾌하여 활력이 넘쳐서 풍요롭고 자유분방하다. 두 사람은 합작하여 1966년 스톡홀름 근대미술관에서 〈혼Hon, 그녀〉이라는 전시회를 열었는데 여성의 육체를 본떠 만든 거대한 조각품의 몸속에 유원지를 연상케 하는 환경을 설계하였으며 입장객은 나나의 자궁을 통과하여 전시장에 들어가야 했으므로 그것만으로도 센세이션을 일으켰다.

강한 인상을 받은 니키 드 생팔의 원색들을 만났을 때,

나는 대뜸 오방색을 떠올렸다. 오방색五方色은 음양오행사상을 기초로 하는데 오행사상은 풍수를 비롯하여 다양한 형태로 한국인의 생활과 사유 방식을 지배해왔다. 음과 양의 기운이 생겨나 하늘과 땅이 되고 다시 음양의 두 기운이 오행을 생성하였다. 오행에는 오색과 다섯 방위가 따르는데, 중앙과 사방을 기본으로 삼아 토土의 황黃은 우주의 중심이라 하여 중앙에 자리 잡고, 목木의 청靑은 만물이 생성하는 봄의 색으로 동東을, 결백과 진실의 상징인 금金의 백白은 서西를, 화火의 적赤은 생성과 창조, 벽사의 빛깔로 남南, 인간의 지혜를 관장한다는 수水의 흑黑은 북北을 각각 가리킨다. 단청이나 색동옷에서 보듯이 오방색은 한국의 전통 색상이라 할만하다.

바리데기 오구굿이나 씻김굿, 해원굿 등의 무속신앙에서 굿을 할 때 사용하는 무구巫具인 오방기五方旗는 음양오행사상을 바탕으로 다섯 방위方位를 관장하는 수호신을 의미한다. 오방색 깃발을 대통에 넣고 한사람이 하나씩 뽑게 하는데 색깔별로 지니고 있는 내용과 상징성이 있으므로 무당은 기의 색을 보고 당사자의 운수를 예측한다.

화가 오승윤吳承潤, 1939-2006은 오방색 화가로 불리는데 한국 인상주의 회화의 대가인 오지호 화백의 차남이다. 그의 그림은 우리의 전통을 이어 순화된 감정과 정서를 이끌어내는 힘이 넘친다. 밝고 화사하며 명쾌한 색채 가운데 완만한 곡선으로 이뤄진 간단명료한 형태미가 삶의 아름다움을 찬미하고 있다. 그러나 그는 현실의 벽에 부딪혀 애석하게도 스스로 세상을 등진 비운의 작가다.

그런데 오방색을 한자리에 모아놓으면 색들이 저마다 튕겨 나갈 것 같은데 전혀 그렇지가 않다. 멘델스존의 오페라 〈한 여름밤의 꿈〉에서 주인공 4명이 다 같이 각각의 가사로 노래를 부르는 장면이 있다. 이것이 대화라면 저마다 목청껏 자기 이야기를 해대니 얼마나 시끄럽겠는가. 그런데 신기하게도 노래로 부르면 아름다운 조화를 이루는 것이다. 오페라에서 이런 장면은 흔하다. 음악의 오묘함이다. 오방색의 조화도 그와 같다.

우리

 한국의 셀트리온 제약사의 서정진 회장은 기업에서 이익이 나면 제일 먼저 직원에게 나눠줘야 하고 그다음엔 주주, 그리곤 사회에 기여해야 한다고 했다. 45살에 5천만 원으로 창업한 그는 현재 한국 주식 부자 1위이며 셀트리온은 시가총액 60조로 세계 제약회사 30만 개 중에 30위다. 그는 '조'라는 것을 돈으로 본 적은 없다, 숫자로 본다, 주식만 있고 현찰은 없다며 호탕하게 웃었다.

 그런 그가 강렬하게 강조하는 점이 있다. 자신의 성공 이유에 대해 자신이 한국인이고 한국인과 일했기 때문이라고 한다. "한국인이 여러모로 뛰어나지만, 우리나라의 가장 큰 경쟁력은 한국인이다. 한국인은 우리라는 말에 익숙해 있다. 우리라는 말, 우리 회사라는 애사심으로 우리 국민은 전 세계에 능력을 발휘할 수 있다."고 강조한다. 그가 강조하는 '우리'에 대한 정의가 감동스럽다.

'우리'라고 하니 남극의 펭귄이 겨울을 이기는 방법이 떠오른다. 겨울 초속 30m의 눈 폭풍인 블리자드Blizzard가 불어치면 남극에서는 하늘과 땅의 경계가 없어지는데 이를 화이트아웃white-out이라고 부른다. 이렇게 열악한 환경을 펭귄은 그들만의 생존방식으로 버틴다. 서로 끌어안는 허들링Huddling 작전이 그것이다. 그들은 원형으로 촘촘히 모여 서로를 안아주며 체온을 유지한다. 강강술래 모양처럼 회전원을 그리며 안에 있던 펭귄이 조금씩 밖으로 나가고 밖의 펭귄이 조금씩 안으로 들어온다. 유유상종과 동병상련이라는 말이 생각나게 한다.

K방역 열쇠는 '공동체 지향성'에 있다는 해석이 있다. '공동체 지향적인 개인주의'는 한국만이 구축한 독자적 시민성이라고 볼 수 있다. 공동체에 대한 시민성은 서구와 다른 우리만의 시민성이다. 서구는 프라이버시에 따른 개인 존중만 있고 공동체 개념이 결여되어 양보와 인내심이 없다. 반면에 우리는 다수를 위해 자신의 손해를 기꺼이 감수한다. 이는 서구의 시민의식에 대한 우월성을 지닌다. 이로 말미암아 한국은 사회의 개방성과 투명성으로 팬데믹 사태에도 꿋꿋하게 대처할 수 있다고 본다.

근대라는 것은 개인주의이기주의 무한경쟁 승자독식를 바탕으로 자본주의를 발달시켰다. 그에 대한 한계를 극복하기 위한 사회주의가 등장했지만, 여러모로 미흡하다. 개인주의와 사회주의의 보완책으로 공동선을 바탕으로 한 공동체주의가 대두되었다. 하버마스Jurgen Habermas 1929~ 의 '의사소통적 합리성'을 바탕으로 '소통'이 이슈가 된다. 우리의 '공동체 지향성'은 여기에 맞닿아 있다고 여겨진다. 아프리카의 우분투 미담처럼 우리의 유교 사상은 공동체 의식을 내재적으로 간직하고 있다.

자본주의의 핵심은 이윤 창출이고 이윤을 유지하기 위해서는 지구 어딘가에서 고도성장을 이루어야 한다. 지난 시절의 일본과 한국에 이어 현재 중국의 고도성장이 그러니까 자본주의를 유지시키는 동력이다. 그다음 인도, 아프리카의 순으로 성장이 이어질 것이다. 그러니까 중국이 고도성장을 이루는 앞으로의 20년 동안은 저 대륙들은 저성장에 머물러야 하고 그곳의 아이들은 앞으로도 한참을 굶어야 하고 학교가 지어지지 않고 우물이 없어서 오염된 물을 마셔야 하고 유네스코는 전 인류에게 자선을 호소해야 하고….

오늘도 TV에서는 각종 기부를 청하는 홍보대사들이 입을 모아 말한다. 우리가 성금을 내면 굶는 아이가 식량을 구할 수 있다는 것이다. 결국 식량이 없어서 그 아이들이 굶는가. 아니다. 돈이 없어서 굶는 것이다. 어딘가에서 식량은 필경 남아돌고 있다. 누군가가 먹을 식량을 웃돈을 주고 빼앗아 오는 것이 아니다. 그러니까 이건 분배의 문제일 뿐이다. 이토록 휘황찬란한 문명을 이룬 오늘날의 인류가 그런 문제 하나 해결 못 한다면 그건 못하는 게 아니고 안 하는 거다. 인간이 소외된 탐욕을 자동 제어할 수 있는 절묘한 한 수가 있다면 문제는 얼마든지 해결할 수 있을 것이다. 빈익빈 부익부를 풀지 않으면 자본주의의 미래는 없다.

선진국이란 게 그렇게 거창한 것이 아니다. 그곳에서는 삶의 모습이 외양에 있어 거의 엇비슷하다. 누구나 기본을 누리고 산다는 의미다. 복지라는 것이 별건가. 병원에 갈 돈이 없는 사람을 나라가 치료해 주는 것, 밥벌이를 할 수 없는 사람에게 나라가 밥을 먹여주는 것이다.

자본주의의 맹주인 미국에서의 팝의 역사는 재즈에서 비롯되었으니 명곡 〈썸머타임Summertime〉은 작곡가 조지 거슈윈George Gershwin, 1898~1937이 1935년에 작곡한 오페라 〈포기와 베스〉에 들어있는 자장가다. 아름답기만 한 선율이지만 가사는 눈물겹다. 가진 것 없고 밤낮으로 노동을 해야만 하는 흑인 부부의 아기에게 엄마는 자장가를 들려준다. "지금은 여름날, 삶은 평탄하여 아무 어려움이 없지. 아빠는 부자이고 엄마는 아름다워. 엄마와 아빠가 언제까지나 너를 지켜 줄 거야." 어려운 현실 속에서 꿈으로 치장해야만 하는 흑인의 애절한 삶이 가슴을 파고든다. 이처럼 재즈 음악에는 애수의 그림자가 서려 있기 마련이다. 거슈윈은 이 곡을 흑인영가 〈때때로 나는 엄마 없는 아이처럼 느낀다Sometimes I feel like a motherless child〉의 멜로디에서 영감을 얻어 지었다고 한다. 많은 가수와 연주들에 의해 〈Summertime〉은 헤아릴 수 없으리만큼 많이 재해석되었다.

이 노래에 서려 있는 슬픔은 어디에서 비롯하는가. 크게는 약육강식의 생태계에 인간도 속해있기 때문이지만 작게는 지난 200년간의 자본주의가 병폐를 누적시켰기 때문이다. 이를 극복하기 위해서는 자비심과 측은지심도 필요하다. 그러나 근본적으로 사회의 패러다임이 바뀌어야 한다.

자본주의의 한계를 극복하는 길에 기본소득의 도입을 고려할 때가 된 것으로 보인다. 이제는 기업에서 사업을 벌여서 공장을 세워도 일자리 창출이 안 된다. 빅데이터와 인공지능에 의해서 저절로 돌아가는 사무 자동화로 생산 현장에 사람의 모습을 볼 수가 없다. 그러므로 경제가 돌아가게 하기 위해서는 나라가 국민의 기본적인 생활을 보장할 수 있도록 해주어야 한다. 이미 많은 나라에서 시험적으로 시행하고 있다. 사람들이 기본소득으로 기본적인 생활을 할 수 있다면 그다음에는 정말 자신이 하고 싶고 잘할 수 있는 일에 매진하여 보람된 생활을 향유할 수 있을 것이다.

〈썸머타임〉의 애절한 멜로디 속에 나의 상념이 깊어간다. 그러면서 동시에 희망의 싹이 확연하다고 굳게 믿는다. 우리 인류의 능력을 믿기 때문이다.

2.
성큼 다가온 미래

오감을 느낄 수 있어서 얼마나 대단한지
생각할 능력이 있어서 얼마나 감사한지
읽을 책이 있어서 얼마나 다행인지
슬픔에 잠겨 흘릴 눈물이 남아 있어서 얼마나
기특한지
그래서 인간으로 살 수 있어서 얼마나 좋은지

주초위왕
잔 다르크
잔 다르크 등장의 기적과 퇴장의 비극
이 모순의 시대에
성큼 다가온 미래
이 다음의 세상은
목향나무에 꽃이 피더니
내 인생의 기후협약
오리무중, 인간의 정체
독서의 즐거움, 철학의 즐거움

주초위왕

 그는 임금이 내린 사약을 마시기 전에 두어 번 밖을 내다보았다. 끝까지 자신에 대한 왕의 신임을 믿었기에 형 집행을 취소한다는 교지를 기대하였다. 한 강직했던 인물이 역사 속으로 사라져가던 시간이었다. 왕이 왕답고 신하가 신하답고 백성이 백성답고…, 그것이 그리도 힘들었던가. 아니, 예나 지금이나 '저마다 자기답다.'는 것은 가장 어려운 일이긴 하다.

 1506년 중종반정 이후 조선 사회는 당연히 새로운 분위기를 맞이하였다. 연산군과 그를 둘러싼 집권 세력이 자행한 갖가지 폐해를 일신할 절호의 기회를 맞이한 것이다. 그러나 구악을 물리치고 개혁의 길로 나아가기에 반정주도세력인 훈구파는 기량이 모자랐다. 그뿐만 아니라 권력형 비리가 여러 곳에서 슬슬 문제가 되었다.

중종이 즉위한 지 8년여가 지나가고 있었다. 이미 귀족층이 되어 자신을 휘두르려고만 하는 훈구파에 질려있었던 왕은 뭔가 새로운 기운을 원했다. 연산군 때 폐지되었던 성균관을 원상으로 복구한 후 그곳에서 중종이 주목한 인물이 조광조靜庵 趙光祖, 1482~1519였다. 그의 역량과 강단에 기대가 컸다. 조광조는 1515년 홍문관에 들어갔으며 1518년 부제학을 거쳐 대사헌이 되었다. 신진사류로서 관직에 나온 지 4년 만에 판서에 오르는 기적적인 성공을 이루었다.

왕의 신임이라는 날개를 단 조광조는 사림을 영도하여 성리학을 바탕으로 공자와 맹자가 정립한 왕도이상정치를 실현하려고 했다. 새로운 조선 사회를 창조하고자 민본정치를 슬로건으로 내걸고 정치 개혁에 착수하였다. 그러나 조광조를 영수로 하는 당대 사림세력은 대부분 젊은이로서 지나치게 이상주의적이었다. 급진적으로 날카롭게 몰아친 개혁의 기세 앞에서 기득권층이 가만히 앉아서 당할 리가 없었다. 훈구파로서는 반격의 기회를 노리던 차였다. 마침 사림파는 기존의 정국공신靖國功臣 76명에 대한 위훈삭제僞勳削除를 추진할 참이었다. 이 시도는 격분한 훈구파들로 하여금 사림세력의 제거에 나서도록 촉발시켰다.

소위 '주초위왕走肖爲王'이라는 술수가 활용되었다. 이른바

'走肖'는 즉 '趙' 자의 파획破劃으로 이는 조 씨가 왕이 된다는 뜻을 암시한 것이다. 대궐 나뭇잎에 과일즙으로 '주초' 글자를 써 벌레가 파먹게 한 다음에 궁녀로 하여금 이를 따서 왕에게 바치며 신진사류를 무고하도록 하였다. 설마 그 유치한 모략에 중종이 속아 넘어갔을 리가 없다. 조광조와 신진사류의 급격한 개혁주장과 과격한 언행에 변덕이 나서 염증을 느껴오던 왕이었다. 그는 짐짓 속아주는 척, 마침 잘 되었다고 생각했다. 마뜩잖고 버거운 상대를 제거하기에 절호의 찬스라고 여겼다.

남곤, 심정 등은 밤중에 왕에게 조광조의 무리가 모반하려 한다고 아뢰었다. 왕은 훈구대신들의 탄핵을 받아들였다. 중종의 지지를 업은 훈구파가 대대적인 숙청을 단행하였다. 기득권 사람들이 꾸민 전광석화의 음모는 깨끗하게 성공하였다. 조광조는 1519년 기묘년에 능주에 유배되었다가 그해 12월에 70여 명과 함께 사사되었다. 이것이 기묘사화라 불리는 사건이다.

4년 만의 벼락출세 그리고 어이없는 갑작스러운 몰락, 개혁에 박차를 가하려는 즈음 그는 최대 정치적 지원자이자 개혁의 중심 수혜자인 중종이 내린 사약을 받았다. 칭찬에 힘입어 열심히 일했는데 그만 너무 열심히 일한 덕분에 발길에 채어 고꾸라졌다.

결국 신진사류들이 기성 세력인 훈구파를 축출, 새로운 정치 질서를 이루려던 계획은 실패하고 말았다. 젊고 정치적 경륜이 짧은 나머지 진중하고 지혜롭지 못하여 개혁을 너무 과격하게 이루려다가 노련한 훈구세력의 반발을 샀기 때문이다. 이로써 쇄신의 분위기는 일단 주춤해졌다.

그러나 조광조의 등장이 의미가 없었던 것은 아니었다. 그의 존재성을 토대로 명종 대 후반부터 사림세력이 정국의 주도 세력으로 성장하였다. 그리하여 조광조는 선조 초에 신원伸寃되어 영의정이 추증되고, 문묘에 배향되었다. 그 후 능주의 죽수서원 등 전국에 많은 서원과 향사가 세워졌다. 문집에 『정암집』이 있다. 이이는 김굉필·정여창·이언적과 함께 그를 동방사현東方四賢이라 불렀다

중종의 이중성이 밉다. 왕은 훈구세력도 다독이고 신진 개혁 세력에게도 힘을 실어주며 아무도 다치지 않게 하는 지혜를 발휘할 수는 없었을까. 만약 왕이 끝까지 조광조를 지켜줄 수 있었다면 우리나라의 역사도 멋지게 달라지지 않았을까.

중종은 왜 조광조를 버렸을까.

잔 다르크

잔 다르크Jeanne d'Arc, 1412-1431가 루앙에서 화형을 당하고 나서 88년이 지난 후에 조광조1482-1519는 유배지 전남 능주에서 사약을 받았다. 이 두 사람에게는 공통점이 있다. 사적인 영달이 아니라 자기가 속한 사회를 위하여 원대한 이상을 향해 일로매진하다가 비열한 자들이 내세우는 대의명분에 의해 처형을 당했다는 점이다. 내가 살아가고 있는 작금의 사회가 정의롭게 흘러가지 못한다는 회의가 엄습하면 나는 늘 두 사람의 경우를 떠올리게 된다. '심지어 잔 다르크는 화형을 당했으며 조광조는 사약을 받았다. 도대체 그보다 더 억울한 일이 있을까. 백성들로부터 추앙만을 받아도 부족할 것인데.'

1337년 프랑스와 잉글랜드 사이의 프랑스 왕위계승권 분쟁으로 시작한 백년전쟁은 1453년까지 116년 동안 계속되었다. 주요한 전장이 프랑스지역이었으므로 그 땅에 사는 사람들의 삶은 갈수록 피폐해졌다. 그러는 사이 잉글랜드와 프랑스에서는 자연스럽게 근대적 국가 의식과 애국심이 생겨났다. 이러한 의식의 변화 속에서 백년전쟁의 후반부에 프랑스를 구원한 소녀로 알려진 잔 다르크는 등장하였다.

잔 다르크는 1412년, 프랑스 동레미에서 한 소작농의 딸로 태어났다. 신앙심이 깊었던 순결한 소녀 잔 다르크는 16살 즈음 천사의 아름다운 합창 소리를 듣고, 천사장 미카엘의 모습을 보았다. 미카엘은 소녀를 향해 "어서 가서 프랑스 왕을 구하라. 오를레앙의 포위망을 풀도록 하라."고 명하였다. 샤를 왕세자를 도와 프랑스에 침범한 잉글랜드군과 그들을 돕는 부르고뉴 공작의 세력을 몰아내고 프랑스를 구하라는 '음성'을 들었다.

당시 부르고뉴파는 영국과 손잡고 있으면서, 프랑스 왕을 지지하는 아르마냐크파와 대립하고 있었다. 게다가 일부 귀족들은 잉글랜드의 헨리 5세와 프랑스 카트린 공주의 결혼으로 잉글랜드에 프랑스 왕위를 넘겨주려 하고 있었다.

프랑스 샤를 6세의 아들 샤를 왕세자는 프랑스 북부 지역을 잃어버리고, 대관식도 치르지 못한 채, 잉글랜드와 부르고뉴 동맹군에 밀려 프랑스 남부 지역에 머물고 있었다.

마지막 요새인 오를레앙의 함락은 시간문제였다.

　1428년 5월, 잔 다르크는 보쿨뢰르 성을 방문하여 국왕을 면담하게 해달라고 청했으나 거절당하였다. 10월에 오를레앙이 포위당하고, 프랑스 군은 다음 해 2월 영국군에게 패했다. 가까스로 국왕 면담의 허락을 얻은 잔 다르크 일행은 열하루 동안 걸어서 1429년 2월 23일 황태자가 머물고 있던 시농에 도착하였다. 소문을 듣고 수많은 구경꾼이 모여들었다. 잔 다르크는 신분을 숨긴 황태자를 즉시 알아보고 그 앞에 나아가 문안 인사를 올렸다. 그녀는 예절 바르고 당당하며 위엄에 찬 태도로 황태자가 왕국의 주인이 된다는 것, 영국인은 프랑스에서 추방된다는 것, 오를레앙은 해방된다는 것 등을 주장하였다.

　잔 다르크는 4월 27일, 4천 명에 가까운 군대와 식량을 실은 400마리의 소를 이끌고 오를레앙으로 출정하였다. 흰 갑옷에 망토를 걸친 모습으로 백마를 타고, 손에는 흰 바탕에 백합을 수놓은 깃발을 들고 있었다. 잔 다르크의 등장에 희망을 건 수많은 사람이 운집했다.

　선두에서 거침없이 돌진하는 잔 다르크의 모습에 고무되어 오를레앙의 민중은 흥분과 감격으로 힘이 넘쳤다. 영국군은 절대 우세의 입장에서 역전되어 5월 8일 진지에서 철수하였다. 그 열흘 동안에 벌어진 오를레앙의 승리는 오로지 잔 다르크가 프랑스 국민에게 불러일으킨 전투 의지 덕분이었다. 짧은 머리에 남장하고 선두에 서서 지휘하는 잔 다르크의 군대는 이어 각지에서 영국군을 무찔렀다.

6월 초, 루아르강에 남아 있는 적을 소탕하는 작전이 개시되었다. 잔 다르크는 이제 프랑스 군의 중심적 존재가 되었다. 그녀를 믿고 모여든 제후들은 맹렬히 활약하였다. 영국군의 주력은 이 싸움에서 전멸하였다.

이윽고 잔 다르크가 일찍부터 주장하던 황태자의 대관식이 랭스성당에서 거행되었다. 샤를 7세가 영국의 헨리 6세에 앞서 왕위를 계승하게 된 것이다. '오를레앙의 처녀' 잔 다르크는 바야흐로 그 영광의 절정에 서 있었다.

그러나 샤를 7세는 즉위 후 안이해졌다. 파리를 탈환하여 잉글랜드군을 완전히 축출하자는 잔 다르크의 말을 무시한 채 1년을 보내는 중에 잔 다르크에 대한 왕실 측근들의 질시와 경계도 만만치 않았다. 그 사이 전열을 가다듬은 잉글랜드군의 재공격을 받아 잔 다르크는 다시 한번 왕과 프랑스를 위해 갑옷을 입었지만, 이번에는 어디에서도 지원은 없었다.

1430년 5월 콩피에뉴 전투에서 잔 다르크는 결국 패하고 부르고뉴 군대에 사로잡혔다. 영국군과 부르고뉴 동맹군은 가장 무서워하던 영적인 지도자를 드디어 사로잡았다. 부르고뉴는 잔 다르크를 잉글랜드 군대에 몸값을 받고 팔아넘겼고 잉글랜드는 다시 샤를 7세에게 상당한 몸값을 보낸다면 잔 다르크를 풀어주겠다고 제안하며 엄청난 금액을 불렀다. 그러나 샤를 7세는 잉글랜드의 제안에 아무런 대답도 하지 않았다. 프랑스 왕실은 잔 다르크를 구하기 위해 어떠한 노력도 하지 않았으며 그녀가 적진에서 죽어가도록 내버려 두었다.

당시 오랫동안 계속된 백년전쟁으로 프랑스도 영국도 많은 제후와 기사가 전사하거나 부상을 입었기 때문에 쇠락의 길을 걷게 된 반면 왕의 권력은 강화되었다. 이미 왕위에 올라 탄탄한 입지를 마련한 샤를 7세에게 잔 다르크는 성가신 존재였다.

이때 약삭빠른 피에르 코숑 주교가 나타나 영국의 앞잡이로 나섰다. 잔 다르크를 종교재판에 넘겨 마녀임을 입증하면 그녀뿐만 아니라 그녀의 도움으로 대관식을 치른 샤를 7세까지 처치할 수 있다고 주장했다. 잔 다르크는 12월의 어느 날 꽁꽁 묶인 몸으로 루앙으로 이감되었다. 체포된 지 7개월 뒤였다.

잔 다르크는 잉글랜드와 부르고뉴의 주도하에 이루어진 일곱 번의 재판 끝에 마녀, 이교도, 우상숭배의 죄를 뒤집어썼다. 상세하게 남겨진 재판 기록에 의하면, 그녀는 변호사도, 자문가도 없었고 읽을 줄도 쓸 줄도 몰랐음에도, 법률과 신학에 박학다식한 재판관 검찰관 자문관들이 제기하는 복잡 미묘한 질문에 당당하고 논리에 맞는 말로 맞섰다. 그러나 재판관들은 신성한 신의 중계자인 사제를 거치지 않고는 신의 계시를 받을 수 없다고 주장하며 그녀를 이단으로 몰았다. 잔 다르크는 끝내 자신에게 내린 신의 계시를 부정하지 않았다.

그리고 결국 1431년 5월 30일, 집단적 광기에 휩싸인 군중들의 "처형하라!"라는 고함 속에 루앙의 광장에서 그녀는 19세의 나이에 생을 마쳤다. 한 수도사가 마련해준 나무막대 두 개를 묶어 만든 십자가를 품에 안은 채.

백년전쟁은 1453년에야 프랑스 왕가와 부르고뉴 가의 극적인 화해로 프랑스에서 잉글랜드군을 완전히 몰아냄으로써 끝났다. 백년전쟁의 종결로 잉글랜드는 프랑스 내의 영토 대부분을 잃었다. 이후 프랑스와 잉글랜드는 국가를 중심으로 하는 근대적인 국가체계로 나아가게 되었다.

샤를 7세는 백년전쟁이 끝나고 3년 후인 1456년에 가서야 잔 다르크의 유죄판결을 파기하고 마녀 혐의를 풀어 명예를 회복시켜주었다. 살아 있을 때 그녀를 버리고 죽어서야 복권 시킨 것이다. 가톨릭교회에서는 1920년 잔 다르크를 성인으로 시성하였다.

연전에 이런저런 복잡한 심정으로 조광조에 대한 글을 썼다. 그 과정에서 조광조의 생애를 살피며 위안을 받았다. 잔 다르크에 대한 글도 그러한 노력의 연장선상이다. 내가 나를 위로하고 싶기 때문이다. 그런데 결국에 그들이 사면을 받고 복권되었으며 역사에 이름을 남겼다는 사실은 그다지 크게 위로가 되지는 못한다. 오히려 권력은 항상 사악한 인간들 편이라는 불신의 저변에서 씁쓸해지기 때문이다. 단지 두 사람의 사례는 긴 호흡에서는 인류의 정신세계가 올바른 방향으로 진보한다고 믿게 한다. 믿고 싶다.

현실에서 정의롭지 못한 일이 좀체 일어나지 않아서, 억울함을 당하는 이들이 생기지 않아서 되도록 저 이름들이 뇌리에 떠오르지 않았으면 좋겠다. 그들의 삶은 나로 하여금 인간에 대한 신뢰에 의심을 갖게 하고 언제나 해소할 수 없는 슬픔에 잠기게 하기 때문이다.

잔 다르크 등장의 기적과 퇴장의 비극

누군가가 말했다. 프랑스와 잉글랜드가 백년전쟁1337-1453, 116년 동안 계속된 영국과 프랑스 간의 전쟁을 만든 것이 아니고, 백년전쟁이 프랑스와 잉글랜드를 만들었다고. 그 전쟁은 사람들에게 '국가'라는 것에 대한 막연한 의식이 생겨나게 했다. 그와 함께 어렴풋이 애국심도 싹텄다. 그러한 국가 형성 과정에서 잔 다르크의 등장과 퇴장은 반짝 빛을 발하며 역사의 진전에 이정표를 세웠다.

1429년 5월 10일, 파리 의회에서 일하는 클레망이라는 이름의 서기 한 명이 전선으로부터 막 도착한 전황 보고를 열심히 써 내려가고 있었다. 영국군이 곧 오를레앙을 점령하고 샤를 왕세자가 있는 시농으로 진격할 것이며 프랑스가 항복할 것이라는 소문이 나돌고 있는 때였다. 그런데 그가 받아 적고 있는 내용은 그 소문과 완전히 정반대였다. 프랑

Clément de Fauquembergue라는 법원 서기가 공문서 한편에 그려 넣은 잔 다르크의 모습으로 그는 그녀를 직접 보지는 못했다. 그러나 이 스케치는 현재 남아 있는 유일한 동시대 그림이다.

스 왕실 군대가 오를레앙 포위를 풀었으며 영국군은 겁에 질려 패퇴 중이라는 것이었다.

 서기는 그가 보고 받은 대로 "프랑스 군은 깃발을 든 소녀 하나를 앞장세우고 있다."고 기록하였다. 놀라운 소식에 접하여 이 서기는 보고서 한 귀퉁이에 자신이 본 적도 없는 그 소녀를 정성껏 그려 넣었다. 한 손에 깃발을, 다른 한 손에 칼을 든 어린 소녀에 대한 스케치 한 장이 지금까지 전해 내려오는 잔 다르크Jeanne d'Arc 1412-1431 생전에 그려진 유일한 초상화다.

 동레미, 오를레앙, 파리, 콩피에뉴, 루앙 등 잔 다르크가 지나간 흔적이 있는 도시는 18곳이나 되며 시간이 지나면서 곳곳에 그녀의 동상이나 조각상들이 많이 세워졌다. 작금에는 그녀의 자취를 따라 문화와 관광콘텐츠가 십분 활용되고 있다. 고금의 많은 화가가 그녀를 소재로 그림을 그렸으며 잉그리드 버그만이 잔 다르크로 분한 작품을 위시하여 다수의 영화가 제작되었다. 영화마다 역사적 사실에 상상력이 보태지고 해석이 첨가되어 잔 다르크는 다양한 모습으로 재현되고 있다.

분분한 잔 다르크에 대한 해석과 평가는 진실성 공방으로 이어지고 있다. 우선은 그녀가 받은 신의 계시에 대한 신빙성 여부다. 그에 따라 그녀의 생애는 신비감과 극적 전개를 바탕으로 줄기차게 문학적 소재가 되었다. 당대의 문필가들인 셰익스피어, 볼테르, 미슐레, 실러, 마크 트웨인, 아나톨 프랑스, 버나드 쇼, 토머스 페인 등 많은 작가와 학자들이 그녀를 성녀, 혹은 마녀로 언급했다.

"13살 때에 나는 동레미에 있는 집 텃밭에서 어떤 목소리를 들었습니다. 교회당 쪽이 있는 오른쪽 방향에서 굉장한 빛에 싸인 존재가 내 쪽으로 다가오고 있었습니다. 처음에는 무서웠으나 내 주변을 맴돌며 나를 깨우쳐주는 천사의 목소리임을 곧 깨달았습니다." 잔 다르크가 미카엘 대천사를 처음 만났을 때에 대해 종교재판에서 진술한 내용이다.

그 후 프랑스의 위기가 깊어가면서 그 음성들은 더 자주 들려왔고 16살 되던 때에는 구체적으로 "프랑스를 구하라."는 사명을 부여받았다고 하였다.

잔 다르크에 대한 객관적인 사료는 재판과정을 기록한 법정 기록에 고스란히 보관되어 있다. 기록은 그녀가 신화와 전설이 아닌 실재의 인물임을 입증한다. 만송이라는 한 평범한 공증인이 그 재판을 처음부터 끝까지 꼼꼼하게 기록했다. 잔 다르크가 처형당한 지 4년 후인 1435년, 만송이 재판관 중의 한 명과 함께 사료를 정리했다. 그 내용은 날마다 기록했던 모든 재판내용과 재판과정의 정황, 그녀가 수감되었던 장소의 묘사, 그리고 그 당시 명사들이 보내온 서신들이었다. 생생하고 세밀한 공식적인 기록이 온전히 남겨진 것이다. 그러나 이러한 자료에도 불구하고 잔 다르크는 여전히 풀리지 않는 의문을 지닌 수수께끼의 인물이다.

패망의 그림자가 짙어가던 때에 홀연히 나타나 백척간두의 조국을 구하였으나 얼마 지나지 않아 적국의 포로가 되어 화형을 당한 그녀의 삶과 죽음은 워낙 극적인 요소들로 가득하다.

잔 다르크는 신의 계시를 받은 성녀일 수도 있다. 또는 아라곤의 올랑드Yolande d'Aragon가 만들어낸 가짜일 수도 있다. 올랑드는 비록 여왕이나 왕비는 못 되었지만 프랑스 전역에 걸쳐 광대한 영지를 가지고 있었으며 네 왕국아라곤, 시칠리아, 예루살렘, 키프러스의 여왕이라는 어마어마한 별칭으로 불리던 인물이다. 사료에 의하면 그녀는 잔 다르크를 발굴하여 프랑스가 승기를 잡게 하는 것에 결정적인 역할을 한 사람임이 명백하다. 일부에서는 그녀가 잔 다르크를 조작해 낸 사람이라고 음모설을 제기하기도 한다. 올랑드가 잔 다르크라는 사람을 처음부터 만들어냈다거나, 아니면 신의 환영을 보았다는 시골 처녀를 데려다가 왕을 알현할 수 있게 하고, 성녀로 만들었다는 등이다. 그러나 영국군이 재판에서 그녀를 마녀라고 결론지은 점은 이제는 시대의 유물일 뿐이다. 어찌 되었건 종교적 열정이 가득한 시대에 '구국의 소녀'라는 이미지를 내세운 전술 전략이 단숨에 프랑스 쪽으로 전세를 뒤집어 놓은 것만은 사실이다.

막상 전쟁이 터지면 고통당하는 사람들은 항상 힘없는 백성이다. 백년전쟁은 프랑스 왕위계승권 전쟁이었던 만큼 모든 전쟁은 프랑스 내에서 치러졌으므로 100년간 단속斷續된 전쟁으로 나라가 초토화되었다. 평민들은 왕가와 귀족 간의 다툼에 병사로 동원되어 의미도 없이 죽어갔다. 국가보다는 종교적 테두리 안에서 생활을 이어가던 프랑스 사람들은 도버해협을 건너온 영국군의 횡포에 적개심을 품게 되어 어렴풋하나마 국가에 대해 의식하게 되고 일말의 애국심마저 품게 되었다. 어떤 식으로든 강한 구심점이 나타나기만 한다면 이러한 사람들의 마음은 똘똘 뭉쳐서 큰 힘을 발휘할 수 있었다. 그 절묘한 시점에 불현듯 나타난 것이 바로 잔 다르크였다.

잔 다르크는 116년이라는 긴 백년전쟁 기간 중 가장 유명한 인물이지만 아주 짧게 활약하다 사라졌다. 센세이션을 일으키며 등장했으나 전장에는 불과 1년간, 재판과 화형 과정을 거쳐도 단지 2년간의 모습만을 남겼을 뿐이다. 읽을 줄도 쓸 줄도 모르는 문맹이었으며 뛰어난 전략가이거나 지휘관일 리가 없는, 상징적인 존재에 불과했던 한 소녀가 역사의 흐름을 바꾸어 놓은 것이다. 잔 다르크의 화형 뒤로도 전쟁이 22년이나 더 계속되었지만, 이후 잉글랜드는 전세를 역전시킬 수가 없었다.

잔 다르크의 추종자들은 그녀를 신이 보내준 예언자, 성녀, 우상으로 추앙한 반면 적국 영국과 영국에 동조한 프랑스 부르고뉴 사람들은 자신들을 궁지로 몰아넣었던 이 소녀를 마녀로 몰아 불태우지 않을 수 없었다. 가장 정의롭지 못한 점은 그녀가 적국의 포로가 되었을 때 자신이 몸 바쳐 추종하였던 왕실로부터 매정하게 외면을 당하였다는 것이다. 그녀는 주군에게 버림받고 영국군에 팔려 간 가련한 포로 신세로 전락하였다. 그리고 영국의 점령지였던 중세의 성곽도시 루앙에서 사악한 정치와 종교 세력의 작당에 의해 마녀로 몰려서 화형당하였다.

화형당하던 당대부터 현재까지 잔 다르크를 정치적 목적으로 이용하는 자들은 주기적으로 나타났다. 잔 다르크 덕분에 대관식을 치르고 왕위에 오를 수 있었던 프랑스의 샤를 7세는 백년전쟁이 끝나고 3년 후인 1456년에 가서야 잔 다르크의 유죄판결을 파기하고 마녀 혐의를 풀어 명예를 회복하도록 했다. 살아 있을 때 그녀를 버리고 죽어서야 복권시켰다지만 그러한 사후 복권도 순수하지 못한 의도를 가진 정치적 행위였다. 샤를 7세로서는 그녀가 계속해서 마녀로 남아 있을 경우 자신의 왕위 정통성에 걸림돌이 되었다. 그래서 그는 잔 다르크의 어머니로 하여금 교황에게 청원 편지를 쓰도록 하는 등의 수완을 발휘하여 잔 다르크를 복권시키는 재심 진행을 관철시켰다. 이렇게 해서 잔 다르크는 주술과 이단 혐의를 벗었다. 더불어 샤를 왕도 이단과 접촉한 혐의를 벗게 되었다.

그 이후, 잔 다르크는 오랜 세월 잊힌 존재였다. 그런데 400년 후인 19세기 초반, 프랑스를 제국으로 만든 주인공인 보나파르트 나폴레옹은 민족주의와 애국심을 고취하기 위해서 잔 다르크를 프랑스의 국가 상징으로 선언하면서 대중들에게 부각했다. 그녀를 국민 영웅으로 내세워 대 프랑스 동맹군과 맞서게 한 작전은 큰 효과를 발휘하였다. 1871년에는 프로이센과의 전쟁에 진 프랑스에서 잔 다르크는 전투적 국가주의의 상징이 되었다. 이 무렵 곳곳에 그녀의 동상이 세워지기 시작했다. 현대에 이르러서는 프랑스 작가이자 정치가였던 앙드레 말로가 특히 잔 다르크를 부각하는 일에 앞장섰다. 앙드레 말로의 기획에 의하여 잔 다르크를 둘러싼 유적 복원이 대대적으로 이뤄졌다.

재판 중에 심문에 지혜롭게 응답하는 그녀의 모습은 놀랍다. 잔 다르크가 "하느님의 은총이 없었다면 난 아무것도 할 수 없었습니다."라고 답변하자 심문관들은 "그러면 그대는 지금 은총의 상태에 있는가?"라고 또다시 질문을 던졌다. '은총의 상태'라고 하면 그것을 아는 것은 하느님밖에 모르기 때문에 신성모독이요, 그렇지 않다고 하면 자신이 죄악의 상태에 있음을 인정하는 게 되었다. 그녀는 간악한 올가미를 가볍게 물리치는 유명한 답변을 남겼다. "내가 만일 은총의 상태에 있지 못하다면 하느님께 은총을 내려주십사 기도드릴 것입니다. 만약 은총의 상태에 있다면 하느님께서 계속해서 은총을 베풀어주시기를 바랍니다." 문맹으로 지식의 세례를 받지 못했던 어린 여자의 이 현명한 대답은 작금의 우리에게도 시사하는 바가 적지 않다.

잔 다르크를 화형에 처한 당사자들은 후에 잔 다르크가

죽지 않았다는 주장이 나올 것이고, 그녀를 순교자로 숭배하는 사람이 있을 것이라고 충분히 예상했다. 그래서 화형을 끝낸 시신은 잿더미에서 꺼내져 모여든 사람들에게 시신을 확인시킨 후 다시 불태워졌고, 남은 재는 또 한 번 불태워졌다. 그리고 나중에 뼛조각이 남아 성물로 돌아다닐까 봐 뼈를 부수어서 센 강에 흩뿌렸다. 그토록 악착스러운 처리에도 불구하고 아닌 게 아니라 가짜 잔 다르크가 나타나 행세하고 다니기도 했다. 그런 정황은 프랑스 사람들의 뇌리에 그녀의 부활을 바라는 잠재된 희망이 있었기 때문일 것이다. 앙드레 말로는 그녀를 사랑하고 존경하였던 국민의 정서를 다음과 같은 말로 표현하였다. "오! 잔이여! 그대를 기억할 무덤도 초상화도 없지만 영웅의 진정한 기념비는 살아 있는 사람들의 마음속에 있음을 알았던 이여!" 생전의 그녀는 과연 그러한 사후의 영광을 꿈꾸었을까?

그림 속의, 조각 속의, 동상 속의 잔 다르크는 오늘도 우리에게 진실이 어디에 있으며 정의는 누구의 편인지를 꾸준히 묻고 있다.

이 모순의 시대에

19공탄이 서울 주택의 주요 난방연료였고 석유곤로가 취사도구였던 시절, 70년대에 흰 상의를 입고 외출하면 목덜미가 닿는 곳과 팔목이 닿는 곳엔 까만 줄이 생겼다. 황사나 미세먼지라는 말이 없던 시절이었지만 공기 중에 석탄 가루와 석유 찌꺼기가 떠다니고 있었을 것이다. 서울은 붉은 민둥산에 둘러싸여 황폐한 잿빛이었고 덜덜거리는 시내버스는 매연을 내뿜었으며 스모그로 시야는 늘 뿌옇게 흐렸다.

그 시절에 미국에 갔다. 이곳이 바로 천국이구나, 살아서 천국에 온 것 같았다. 사철 늘 푸른 잔디밭에 담장 없는 그림 같은 주택가의 집들과 미끈한 색색의 자동차들이 그야말로 환상적이었다. 6월의 대기는 맑았고 어디를 가나 숲과 나무로 푸르렀다. 서부를 지날 때였다. 밭 한가운데 이상한 기계장치가 드물지 않게 서 있었다. 석유를 채취하는 설비라고 했다. 영화 자이언트에 나오는 장면이 생각났다. 땅속에는 석유가 있고 땅 위에서는 농사를 지으니 꿩 먹고 알 먹는 것이었다. 지평선을 향해 달리는 차 속에서 광활하게 펼쳐지는 대지에 압도당하며, 가난한 분단국에서 온 백성에게서는 이렇게나 세상은 불공평하구나 한탄이 절로 나왔다.

 그리고 몇십 년 후, 그런 미국도 이제는 점점 초라하다 못해 엉망진창으로 보인다. 나의 시각이 이렇게 변한 것에는 여러 이유가 있겠으나 서울의 자태가 몰라보게 변한 것도 일조한다. 도도하게 흐르는 한강 변에는 늘씬한 빌딩들이 멋있게 늘어서서 위용을 자랑한다. 도시는 바쁘고 활기차다. 무엇보다 이제 서울은 푸르름이 넘친다. 원망스럽던 붉은 민둥산도 없고 정말 오랜만에 전쟁의 위협도 현저하게 줄어들고 생활 환경도 좋아졌다. 사람 사는 세상이 이만하면 됐다 싶었던 만족감도 잠시, 그런데 이제는 대기질이 문제. 푸르러지기만 하면 될 것 같았건만 푸르름 만으로는 안 된다. 외출하려면 마스크가 필수품이 된 것이다. 그런데 그나마도 이제는 약과다. 코로나19의 팬데믹이다. 근본 원인은 온실효과에 의한 기후변화다. 그로 말미암아 생태계가 파괴되고 세균과 바이러스가 서식지를 인간에게로 옮겨 간 때문이다.

남북 대치 상황에서 북의 도발이나 미국의 개입에 의한 전쟁을 걱정하다가 농약과 항생제 범벅이라는 먹을거리를 걱정하다가 푸른 빛이 사라진 하늘 아래 미세먼지를 걱정하다가 하늘이 무너질까 봐 걱정하는 대신에 땅이 꺼질까 봐 발치를 살펴야 하는 싱크홀이라는 땅 꺼짐 현상을 걱정하다가 온갖 세균과 바이러스 변종의 공격을 어떻게 피하여 살아남을 것인가를 걱정하다가 이렇게 새록새록 생겨나는 걱정거리들 다음에는 또 무슨 걱정거리가 생겨날 것인가를 걱정하다가…. 과연 중생의 삶은 고해를 헤쳐가는 것이다.

　종교분쟁에 의한 자살테러는 남의 나라 일이라서 강 건너 불이고, 북한의 주민이 배를 곯는다고 하여도 당장 눈앞에는 안 보이니 속 편하게 있을 수 있고, 지진이나 화산폭발이 주기적으로 발생하는 나라가 아닌 것에 안도하고, 주변 국가로부터 난민이 몰려올 상황이 아니어서 다행스럽고, 그랬는데 이제 이 모든 것을 일시에 너무나도 공평하게 뒤덮은 코로나19의 위력이 전세계 방방곡곡을 뒤흔든다.

　요즘 기후가 이상하다. 전 세계에서 심상치 않은 현상들이 벌어지고 있다. 가뭄으로 7개월간 산불이 났던 호주와 시베리아의 폭염, 그리고 우리나라의 50일이 넘는 유례없는 긴 장마와 홍수 등 예상치 못한 기후 현상이 부쩍 증가하고 있다. 이처럼 코로나19나 기상이변 등 자연의 역습은 벌써 오래전에 예고된 것들이다.

빙하기와 간빙기를 거치며 지구 온도는 만년에 4도가 올라갔다. 그런데 인간이 불과 100년 동안에 지구 평균온도를 1도 상승시켰다. 온실가스라고 하는 CO_2의 누적된 배출량 때문이다. 이는 체온이 1도 상승한 것에 비유할 수 있다. 그러면 몸은 뭔가 이상하고 비정상이라는 것을 느끼게 될 것이다. 그와 같이 기후 위기에 대하여 위험성을 감지하는 단계에 이른 것이다. 그런데 이제야 그 심각성이 대두된 것은 잠복기가 있는 병의 증세 파악에 시간이 걸리는 것과 비슷하다.

만약 지금과 같은 상황이 계속된다면 1도가 더 올라가서 지구 온도 2도가 상승하는 시기는 2060년으로 예상한다. 금세기 말에는 3도 이상 오르게 된다. 그렇게 되면 상승 전의 지구 상태에 세팅되어온 우리의 모든 문명체계는 붕괴하고 말 것이다. 인류생존의 기반인 지구 조절 시스템이 무너진다는 것이다. 전쟁, 감염병, 금융위기는 회복이 가능하다. 그러나 지구 온도가 2도 상승하면 회복의 탄성을 잃어 되돌아올 수 없는 지점을 지나게 된다. 2℃의 공포다. 속도가 문제다. 시간이 없다. 당장 변해야 한다.

이와 같은 상황인식에서 2015년 12월 12일의 파리기후협약의 내용은 획기적인 변화를 통해 상승을 2도 이내로 낮추자는 것이다. 10년 안에 도달할지도 모를 1.5도 상승을 유지해서 파국적 상황을 피할 수 있게 조절한다는 약속이다. 우리나라는 '기후악당국'이라고 한다. 한국은 온실가스 배출량이 11위다. 다른 나라들은 탄소가스 10% 줄였는데 우리는 20% 늘렸다. 기후변화 대응지수는 61개국 중 58위다. 석탄 발전소를 퇴출하는 등으로 화석 연료를 줄여야 한다.

현재의 CO_2 배출량이 계속되면 바다 증발의 양이 늘어나서 공기 중의 수증기가 7% 증가하는데 이번의 긴 장마도 그 여파가 아닌가 한다. 그런가 하면 지구 한 편에서 시리아 방글라데시의 난민은 가뭄으로 인한 물 부족, 식량부족과 기아 등이 원인으로 기후 난민이라고 할 수 있다. 기후 위기가 곧 식량 위기인데 우리의 식량 자급률은 40%에 불과하다. 식물 다양성이 파괴되고 동식물 멸종위기가 가속적이며 해수면은 상승하고 해수의 산성화가 문제가 된다. 무수히 많은 문제가 줄줄이 발생하게 되는 것이다. 폭염과 장마 등이 번갈아 나타나는 기후 재난으로 항시적으로 고통스러운 암울한 미래가 기다리고 있다.

단 23년 만에 빙하 '28조 톤'이 녹아내렸다. 게다가 해빙의 속도가 빨라지고 있다. 온실가스 배출이 계속된다면 얼음이 녹는 속도는 계속해서 빨라질 것이고 이 때문에 세기말까지 해수면이 25~30cm가량 상승할 수 있다고 한다. 그러면 해양 순환에 변화를 일으켜서 기후에 영향을 미치게 된다. 민물인 거대한 얼음이 녹으면 바다의 염분도 달라질 수 있다. 얼어 있던 세균과 바이러스가 빙하가 녹으면서 전 세계로 퍼져나갈 수 있다. 무시무시한 이야기다.

영국을 비롯하여 많은 나라에서 모든 경제 전반이 그린으로 가고 있다. 농업 등 순환 경제를 경제발전으로 이끌 수 있다. 노르웨이는 피오르 지형이 수력발전에 유리한데 이러한 천혜가 우리에게는 없다. 대신에 우리는 에너지 위기의식으로 태양광과 풍력을 개발하여 3년 만에 기술력을 확보했다. '빨리빨리'는 이런 경우 우리의 능력이자 장점이 된다.

기후변화 대응이 제1 의제가 된 나라들이 많다. 유럽연합은 1,000조 원의 코로나 기금을 마련하였는데 많은 돈을 기후 대책에 할애한다고 한다. 코로나19와 경제위기를 녹색 전환의 계기로 삼는 것은 세계적 흐름이다. 후대의 지속 가능한 세상을 위한 것이며 인류의 미래는 여기에 있다. 이야말로 환경과 경제 문제를 두루 해결하는 것이며 덩달아 고용 문제도 해결할 수 있다.

팬데믹의 와중에 지구가 깨끗해졌다. 공장 가동이 여의치 않자 미세먼지가 줄었다. 인간이 잠시 움직임을 멈추니 인도 바다에 바다거북 80만 마리가 나타나고 대기가 맑아져서 히말라야산맥이 절경의 위용을 드러냈다. 위생수칙을 지킨 손 씻기 덕분에 호흡기질환 환자가 줄었다고 한다. 코로나 백신이 올해 안에 임상 실험을 거쳐 시중에 나올 것이라고 예측한다. 그렇게 되면 내년 여름쯤엔 예전 생활로 돌아갈 수도 있으리라고 조심스럽게 희망한다. 어쩌면 금지되었던 자유여행도 가능할 수 있다.

그동안 77억 인구는 지구에 무슨 짓을 해왔다는 것인가. 텅 빈 거리에서 생각해본다. 경제성장이 제일이라는 생각을 바꿔야 한다. 삶의 방식에 대전환이 이뤄져야 한다. 일회용품 등 플라스틱 사용 줄이기, 공장형 축사에서 가축들이 발생시키는 이산화탄소의 양을 줄이기 위해서 과도한 육식을 줄이고 채식 위주의 식생활을 할 것, 여행을 줄이고 비행기 탑승을 줄이고 차 이용도 줄이고 가급적 열차를 이용하기, 먹을거리도 줄이고 음식물 쓰레기도 줄이고… 소유욕을 줄이고 소비생활에 대한 욕망도 덩달아 줄이고 축소지향의 삶 속에 눈부신 푸르름을 간직해야지, 오히려 꿋꿋하게.

비대면 시대로 돌아선 낯설고 어색한 세상에서 인간은 지구의 역사상 가장 긴밀한 협력이 필요한 시대를 맞이하고 있다. 언택트를 지향하지만 상호협조는 어느 때보다도 효율적으로 이뤄져야 하며 진정한 연대는 흩어지는 것이라고 한다. 이 모순의 시대!

호의호식의 시대에 안녕을 고하며 지금보다 많이 가난해질 것을 각오하면서, 많이 불편해질 것을 감수하면서, 결핍을 견디면서, 이렇게 소극적으로 살아가는 우리 소시민의 삶이 더이상 고달프지 않기를. 그런데 이 부탁을 도대체 나는 누구에게 하는 것인가. 우리는 우리 각자에게 간곡하게 당부해야 하는 것이다.

성큼 다가온 미래

이즈음 해외여행을 못 해서 괴롭고 갑갑한 사람들도 많지만, 비행기 운항이 줄어서 파란 하늘이 찾아온 것이 더 반가운 나 같은 사람도 있다. 인간들이 생산과 이동을 줄이니까 하늘이 제 빛깔을 찾았다는 경이로움이 각성으로 이어지는 나날이다.

늘 찌푸렸던 서울에서 연일 파란 하늘 흰 구름이 시야에 가득하다는 것은 얼마나 감격스러운 일인가. 덩달아 노을까지 환상적인 붉음으로 매일 저녁을 다채롭게 장식하고 있다. 오늘도 나는 한강 물비늘에 스며드는 석양이 구름을 모아 드넓은 캔버스를 휘돌아 펼치는 저 지극히 아름다운 노을에 환호한다. 그러면서 과연 인류에게 보다 나은 삶이란 어떤 것인가를 생각한다.

베네치아에서 곤돌라가 멈추었더니 돌고래들이 찾아왔다.

공장들이 멈추자 중국과 인도의 하늘이 깨끗해져서 히말라야가 모습을 드러냈다. 서울의 이비인후과와 소아·청소년과의 환자가 급감했다. 맑은 공기의 소중함을 웅변하는 현장들이다.

비대면으로 사람들의 교류가 현격히 줄어들었다. 실상 스마트폰의 등장으로 세상은 이왕에 언택트로 가고 있던 길인데 하필 팬데믹 때문에 시기가 엄청 앞당겨졌을 뿐이다. 우리는 이미 일상의 대부분을 스마트폰에 의존하던 참으로 이는 AI, 빅데이터, 사물인터넷 등의 발달 덕분이다. 폰 안의 앱을 통해 배달, 쇼핑, 은행 일, 서류처리 등을 일사천리로 해결하는 우리의 일상은 현격히 변화를 맞았으니 불과 10년 전에는 없던 정경에 우리는 순식간에 적응해버렸다. 그러나 이런 일은 약과일 뿐이다.

수많은 미래 예측 관련어가 등장했지만, 그중에도 메타버스Meta+Universe는 아직 생소하다. 우리의 넘쳐나는 상상력이 기와집을 짓고 허물 때 그것은 머릿속에서 일어날 뿐이다. 그런데 가상현실과 증강현실 등이 업그레이드된 메타버스란 그러한 기와집을 직접 시뮬레이션하게 한다. 나아가 이 3차원 가상세계에서 실제와 같은 경제 사회 문화 활동이 이루어지므로 일상의 모든 것을 그 세계에서 해결할 수 있게 된다. 드론의 카메라가 육안과는 비교할 수 없이 시야를 확장해 주듯이 가상현실이 현실보다 더 생생하게 현란하게 눈앞에서 펼쳐지는 것이다. 이런 변화는 기존의 공간 개념을 뛰어넘는다. 과히 눈부신 신세계가 도래할 것이다.

도쿄올림픽 경기가 '무관중'으로 치러졌다. 매우 부정적으로 여겨졌지만 지나놓고 보니 미래의 모습이 투영된 것 같기도 하다. 애초에 스타디움에서 경기를 관람하는 이들은 극소수이고 온갖 매체를 통해서 올림픽을 관람하는 이들의 숫자는 천문학적이다. 메타버스가 일상화되면 직접 그 장소에 가는 것은 의미가 퇴색할지도 모른다.

불출호 지천하不出戶 知天下, 집콕하여 문밖에 나가지 않아도 천하를 알 수 있는 세계가 코 앞이다. 나의 사랑하는 유튜브 생활은 만사형통을 선사한다. 시간대별로 시사 음악 영화 교양강좌 등 박이불심博而不深의 세계는 무한하다. 이 폭넓은 서핑의 세계는 스피디하다. 그런데 신기한 일은 전자 미디어의 속도감에 반하여 책의 느릿한 세계가 뜻밖에 새롭게 각광을 받고 있다는 점이다. 쏟아지는 신간의 홍수 속에 빠른 유튜브와 느린 책이 펼치는 조화가 자못 흥미롭다.

그러면 활자매체는 왜 시들지 않는가. 사교 시간이 줄면서 대화도 줄었다. 쓸데없는 감정의 낭비도 줄어든 측면이 있긴 하지만 사람들은 표현 욕구를 대신 풀어낼 어떤 것이 필요하게 되었다. 줄어든 만남 덕분에 절약한 시간은 자신에게 하고 싶은 이야기를 풀어낼 시간으로 확보된다. 말을 하고 싶지만 여의치 않으니 글이 대신할 수 있다. 생각을 정돈하는 훈련도 가능하다. 이런 글쓰기는 다시 전자매체에 올려지고 이 자료들은 출판계를 노크하니 1인 1책의 시대를 기대하게 된다.

그러면 비대면 세상에서 인간관계는 어떻게 유지할 수 있을까. 그러나 이런 걱정은 기우에 불과하다. 성향이 비슷한 사람들끼리 모이는 앱도 많아서 새로운 사람과의 만남이 오히려 수월하다. 제삼자가 개입하는 소개팅보다 훨씬 간편하다. 다만 이즈음에 아쉬운 것은 축제가 사라진 것이다. 우리 안에 내재한 집단에의 향수를 달랠 길이 없다. 한편으로 구성원들이 밖으로 나돌 수 없으니 가족관계는 더욱 돈독해진다. 비대면의 원격사회에서 재택근무라든가 일인회사가 일상화되면 많은 활동이 거주지 중심으로 이뤄진다. 이제 집은 단순한 베드타운에 있지 않게 되고 그 비중이 커진다.

주거 문제에 이어 노동에 대해 생각해본다. 인간은 생계를 위해 꼭 돈을 벌어야 하는가. 꼭 취직해야 하는가. 그래서 하루에 8시간을 월급을 받기 위해 바쳐야 하는가. 일 중독에 걸린 이들이 일 속에 파묻혀 충만함을 누린다면 어떤 이들은 좀 더 한가한 삶을 누리고 싶다. 직장생활과 조직

생활이 생리에 안 맞는 자유로운 영혼도 있다. 또 어떤 이들은 '유노동 무임금'의 자원봉사의 삶을 꾸린다.

대부분은 돈을 추구하지만 그렇지 않은 사람도 많다. 돈이 삶의 목적이 아닌 사람들도 보람있게 잘 살 수 있는 길은 없을까. 기본소득은 자본주의의 한계를 극복하는 한 방법이 될 수 있다. 기본적인 생계 문제가 해결된다면 사람들은 필요한 여분의 돈을 벌면서 적은 수입에 만족하며 진정으로 자신이 하고 싶은 일을 할 수 있는 시간도 벌 수 있다. 스스로 주인이 되는 길이다. 평생을 직장에 매달려서 생계를 해결해야 하는 샐러리맨의 비애를 거부하는 파이어Fire족이 있다. '경제적 자립, 조기 퇴직Financial Independence, Retire Early'을 추구하여 조기 은퇴를 목표로 수입의 절반 이상을 저축한다. 돈에 얽매이지 않고 좋아하는 일을 선택할 수 있는 자유를 추구하는 것이다.

옛날 신분사회에서는 일 안 하고 놀고먹는 부류가 있었다. 지금의 계급사회에서는 부유층이 그 신분을 누린다. 거기에 따라오는 그들만의 자유, 이것이 공평한가. 우리는 재화를 쌓아 놓지 않고도 자유를 누릴 권리가 있다. 사르트르의 말처럼 우리는 자유를 누리지 않을 자유가 없다. 신분사회도 아니고 계급사회도 극복하는 것이 사회발전이다.

이렇게 노동과 직장 문제가 달라지면 교육 문제도 자동

적으로 해결된다. 독학의 시대는 눈앞에 와있다. 우리는 지식과 정보를 쉽게 미디어를 통해서 손에 넣는다. 인터넷 강의는 교실의 협소함을 벗어나 동시 접속 가능하여 수만 명이 같은 강의를 들을 수 있다. 대학을 비롯한 모든 학교는 재래의 형식에서 크게 탈피할 것이다.

그렇게 되면 교우관계 등의 '관계' 단절, 공동사회의 붕괴를 어떻게 해결할 것인가. 관계의 단절이 초래할 타자를 향한 무표정 무관심, 냉담 사회를 걱정하게 한다. 그럴수록 우리에게 보고 듣고… 오감五感이 살아있다는 것이 감사하다. AI가 인간의 지능을 능가한다고 하더라도 오감을 과연 인간만큼 지닐 수 있을지 의심스럽다.

오감을 느낄 수 있어서 얼마나 대단한지
생각할 능력이 있어서 얼마나 감사한지
읽을 책이 있어서 얼마나 다행인지
슬픔에 잠겨 흘릴 눈물이 남아 있어서 얼마나 기특한지
그래서 인간으로 살 수 있어서 얼마나 좋은지.

이 다음의 세상은

나를 감격시킨 두 가지 장면이 있다. 2016년의 촛불시위 현장과 2020년의 국회의원 선거를 위해 길게 늘어선 투표 행렬 장면이다.

국정농단을 저지른 정부를 비판하고 대통령의 탄핵을 요구하며 모였던 시민들은 특정 조직의 사람들이 아니었다. 그들은 밝은 표정으로 마치 축제를 벌이듯이 평화롭게 단 한 건의 불상사도 일으키지 않으면서 주말 집회를 차곡차곡 이어갔다. 드높은 시민정신으로 무장하고 광장민주주의의 가능성을 보여준 평화시위에 대해 김누리 교수는 "우리 국민이 이렇게 기품이 있었다니."라고 감탄했다.

그리고 '코로나19' 정국에서 치른 4월 15일의 투표일과 그 전에 이뤄진 사전 선거. '사회적 거리 두기'에 충실한 사람들은 일정 거리를 차분히 지키며 줄을 섰다. 진행은 다른 선거 때보다 약간 더뎠다. 체온을 재고 손 세정제를 손에 바르고 일회용 장갑을 받는 절차가 추가되었기 때문이다. 그도 거추장스럽지만 바뀐 선거법에 의한 비례 정당의 난립으로 투표용지가 길다는 등의 부정적 보도가 투표하러 가기를 꺼리게 할지도 모르겠다고 생각했다. 예상을 깨고 투표율은 사상 최고를 기록했다.

촛불 집회도 그랬지만 이번 선거에서 내가 느낀 것은 모종의 절박함이었다. 아무나 당선되건 상관없다는 무심함이 아니라 자기가 원하는 사람이 꼭 당선되기를 바라는 간절한 심정이 느껴졌다. 한국 총선에 대해 외국의 관심도 지대했다. 우리는 선거 결과를 궁금해했지만, 외신에서는 선거를 했다는 것만으로도 화제가 되었다. 이 판국에 선거라니, 소위 선진국이라는 나라들도 감히 실행을 못 하던 터였기 때문이다.

선진국이라니 말인데, 진정 이번의 코로나 사태에서 깨달은 바가 적지 않다. 우리가 흠모하고 선망하던 유럽과 미국은 생각보다 선진국이 아니었다. 우리는 국경 봉쇄나 외국인 차별이 아니라 불확실성에서 파급되는 불안을 투명한 방식으로 사실을 밝히는 전면적 공개시스템으로 해소하여 시민의 자발적 협조를 이끌어냈다. 비록 아직 복지와 평등사회구현의 측면에는 선진국이라 불리기 미흡하지만, 방역 선진국의 자부심은 가질 만하다. 적어도 시민의식과 방역체제에 있어서만은 제1의 선진국이라고 자타가 인정하는 바이다.

그런데 우리가 믿어 마지않던 선진국들의 현재 모습은 어떤가. 집 밖에 나와 자유롭게 걸어 다닐 수 있고, 어디든 여행할 수 있고, 카페 창가에 앉아 커피를 마실 수 있고, 음식점에서 식사할 수 있고, 1주일에 마스크 두 장이라도 살 수 있고, 마트에서 화장지를 살 수 있는 삶. 미국, 독일, 프랑스, 이탈리아 등에 사는 사람들이 지금 절실하게 원하는 삶이다. 반면에 한국은 글로벌 팬데믹global pandemic 속에서도 정상 생활이 가능하다는 시범사례를 보여주었다.

특수한 상황이긴 하지만, 우리 역사상 저들에게 '부러움'의 대상이 된 것은 이번이 처음이다. 우리 자신도 우리의 능력에 놀라고 이런 결과가 어리둥절할 지경이다. 집단을 위해 개개인이 희생할 줄 알고 양보에 순순히 응하는 동양적 미덕이 서구적 인권 중심사상과 결합하여 훌륭한 결과를 도출해냈다고 본다. 이번 사태가 정리되면 한국의 위상은 한결 높아질 것이다.

'사회적 거리 두기'에도 나름 긍정적인 점도 많았다. 그동안 너무 번잡하게 살아왔던 것은 아닐까 하는 반성 속에 너무 많은 사람을 만나고 너무 많은 말을 하고 너무 많은 걸치레를 위해 헛된 힘을 쓴 것은 아닐까도 되돌아봤다. 집에서만 머물며 생활의 폭을 좁히다 보니 나에게 진정 어울리는 나의 모습은 이런 것이 아니었을까 하는 각성과 만족감이 따라왔다. 시간은 여유롭게 느리게 흘렀다.

공장 문을 닫아 화석연료의 사용이 줄자 미세먼지도 줄었다. 여행길이 막히자 비행기가 운항을 대폭 줄일 수밖에 없었다. 그러자 푸른 하늘이 나타났다. 인간이 제반 활동을 중단하니까 지구가 깨끗해졌다고 한다. 이곳저곳 떠도는 노마드나 보보스가 가장 이상적인 삶의 형태로 각광받았지만 코로나의 만연은 이제는 제발 작작 좀 돌아다니라는 경고로 여겨진다.

지금과 같은 복합위기에서는 경제가 마비될 수 있다. 이럴 땐 항상 타격을 받는 계층이 더 타격을 받기 마련이다. 그렇더라도 인간의 삶은 계속될 것이고 계속되어야만 한다. 국민이 희망을 저버리지 않고 지쳐버리지 않도록 국가가 과감하고 획기적인 대책을 펼쳐야 한다.

미증유의 상황 가운데 사람들에게 피부로 다가온 것들이 있다. 가장 기본적인 인권이 '생명을 위협받지 않을 권리'라는 것, 코피 아난의 말처럼 '백성이 자유롭게 안전하게 건강하게 살 수 있는 나라'의 여부에 선진국의 기준이 있다는 것, 공공의료 체제와 공공부문의 복지는 확대하여야 한다는 것 등이다. 코로나가 새로운 생각을 할 기회를 던져준 셈이다.

요즘 한창 '포스트 코로나'에 대한 다양한 예측과 '뉴노멀 신인류의 시대'라는 표현들이 유행을 타고 있다. 이러한 시대적 소명을 관통하는 담론과 신조어들이 우리에게 변화한 미래의 모습을 제시한다.

신자유주의로 대표되는 시장자본주의는 종말을 예고한다. 시장 스스로는 마스크 문제 하나도 해결하지 못했다. 과학 발달과 자본주의는 현대를 이끈 두 개의 축인데 이제 이것들은 한계에 도달했다는 의미다. 인민의 삶을 보장하지 못한다면 국가의 의미도 퇴색할 것이다. 무한한 욕망을 무한히 추구한 문명은 생태계를 파괴하고 과잉생산 과잉소비의 악순환을 불러왔다. 이러한 자본주의의 무모한 질주가 지구 생태계의 붕괴를 가져올 수 있다. 인간의 과잉욕망을 끝내야 한다. 사람과 사회와 자연의 조화로운 삶은 무한한 경제성장에 있지 않다. 근본적 원인 해결 방법을 모색하여 분배의 문제가 거론될 시점이다. 기본소득제라든가 고용보장제를 비롯하여 구체적인 새로운 담론을 형성해야 한다.

문명의 산물로 여긴 지구화 도시화 금융화의 위기 앞에 겸허하게 생태주의적 삶으로 돌아가서 더 이상 자연을 건드리지 말고 제발 그대로 둘 것을 애원하게 될 것이다. 코로나 사태는 공연히 자연을 헤집은 업보다. 박쥐를 저희끼리 살게 내버려 두었더라면 이런 사단은 일어나지 않았을 것이다. 지구 온난화가 계속 진행되면 열대의 박쥐가 세계 곳곳으로 퍼질 것이고 그러면 새로운 형태의 바이러스는 주기적으로 인류를 침공할 것이다.

사람들 간의 직접적인 콘택트가 최소화하는 언택트언콘택트 사회가 뉴 트렌드, 뉴웨이브가 될 것으로 내다본다. FANGfacebook, amazon, netflix, google이 사회문화 전반을 흡수하고 SNS 등의 미디어를 통한 비대면—초연결사회가 도래한다. 사실 이런 조짐은 진즉부터 있어 왔지만 한결 강화되고 본격화할 것이다. 회사들은 재택근무에 의한 집콕을 장려하여 비대면의 화상회의가 일상화할 것이다. 코로나 사태가 역설적으로 이러한 효능을 증명하였다.

포노사피엔스phonosapiens, 포노-스마트폰·사피엔스-호모 사피엔스라는 말도 그럴듯하게 들린다. 스마트폰이 신체 일부처럼 필수가 되어 삶의 공간이 오프라인보다는 온라인 콘택트, 즉 디지털 플랫폼으로 옮겨간다. 또한 거리두기를 좋아하는 신인류는 전화 걸기를 두려워하는 콜 포비아의 증세마저 보일지도 모르고 주로 문자로만 의사소통을 하려는 경향이 심해질 것이다. 그러나 언택트가 파편화 개별화는 아니다. 과거에는 모든 걸 만나서 했다면 이제는 만나서 하는 것 따로, 안 만나서 하는 것 따로 이런 구분이 지어질 수 있다. 회식 등 소모적인 인간관계를 안 가져도 되니까 오히려 결혼이나 가족의 의미는 각별해진다.

자연을 벗하고 즐겁게 삶을 향유하자는 뉴히피제네레이션 탄생의 가능성도 점친다.

이 모든 예측을 내놓는 사람들의 공통된 중론은 이제 우리는 코로나 이전의 일상으로 완벽하게 돌아가는 것은 불가능하다는 것이다. 바야흐로 호모사피엔스를 넘어 코로나사피엔스의 시대가 되리라고 한다. 또한 종래의 자본주의는 위기를 맞고 있다는 지적이다.

한국은 공산주의도 알고 자유민주주의도 알고 자본주의도 알고 재난을 극복하는 DNA도 장착하고 있다. 그렇기 때문에 대한민국에서 새로운 시대에 맞는 새로운 체제를 만들고 다른 국가들이 한국을 롤 모델로 채택해서 신인류를 이끌 것이다. 대한민국의 사명이다.

한국은 이제 따라갈 모델이 없다. 선진국이라는 허상을 좇아가는 시기는 지나갔다. 우리는 포스트 코로나의 새로운 모델을 만들 충분한 능력이 있다. 우리가 스스로 좋은 나라, 행복한 나라를 규정할 수 있어야 한다. 남 흉내 내고 남한테 비교하지 말고 우리 내부의 독창적인 동력을 잘 찾아야 한다. 이미 글로벌 역량이 있는 우리나라의 기업들과

BTS와 영화 <기생충>이 우리 스스로의 창조력으로 세계를 제패하고 있는 것을 보여주고 있다.

우리 안의 독특하고 근본적인 장점을 찾아가면, 우리 방식대로 우리 갈 길 가다보면, 우리 길을 찾을 것이다. 공격적 진단, 투명한 공개, 정부 신뢰, 시민의 자발적 협력, 이 모든 연결고리는 결코 우연이 아니다. 우리는 지난 40년간 우리도 자각하지 못한 채로 엄청나게 변화를 만들어냈다. 그리하여 우리는 공동의 목적 달성 능력의 사회적 역량으로 참여민주주의의 효과를 향유하고 문화적으로 성숙하였다.

수필미학 편집장 이운경은 『코로나 일기 50일』을 제목으로 책을 출판하였다. 일기는 2월 22일에 시작하여 '대구 확진자 0명의 날' 다음날인 4월 11일에 끝난다. 그리고 이 책의 초판 발행일은 4월 23일이다. 집중력 지속과 순발력 발휘, 두 가지의 이질적인 능력이 조화를 이루었다. 놀라운 일이다. 이런 류의 저력이야말로 우리가 앞으로 새로운 롤 모델을 창출하는 힘이 될 것이다. "문득 우리나라가 선진국이란 생각이 들었다."라는 한 유튜브의 제목을 떠올린다.

목향나무에 꽃이 피더니

여유로움에 대해 생각한다. 물론 정신적 여유를 말하는 것이지만 물질적 시간적 여유도 누릴 수 있다면 좋을 것이다. 마음뿐만 아니라 생활에도 여유로움이 깃드는 가운데라야만 온전한 자유와 평화가 찾아들게 될 것이기에.

독서삼여讀書三餘는 『삼국지三國志』 위서魏書 왕숙전王肅傳의 주註에 나오는 표현이라고 하는데 공부하기에 가장 좋은 때를 세 가지 경우의 여가餘暇로 꼽는다. 한 해의 여가인 겨울과 하루의 여가인 밤, 그리고 농사일을 쉬게 되는 비 오는 날 등이 이에 해당된다. 여기에서 파생하여 삼여三餘를 세 가지 여유로움으로 풀기도 한다. 즉, 사람이 평생을 살면서 하루는 '저녁'이 여유롭고, 한해는 '겨울'이 여유로워야 하며 일생은 '노년'이 여유로운 것이 바람직하다는 것이다. 그런데 하필 내가 여유로움을 생각하게 되는 것은 요즘 나의 일상이

다소 번잡하다고 여겨지기 때문이다.

　새해에도 어김없이 줄줄이 할 일이 기다리고 있다. 이어지는 바쁜 일상에서 잠시 빗겨나고자 만사를 과감히 떨치고 새벽 비행기를 탔다. 제주도 겨울 바다의 한결 짙어지고 오묘해진 푸른색을 배경으로 모처럼 망중한에 잠겨 지난 한 해에 대한 회상에 잠긴다.

　지난해에는 몹시 분주한 속에서도 바쁜 만큼의 보람도 챙겼다. 유독 수필과 관련 있는 일이 많았다. 청탁을 받고 수필작품을 완성하는 일, 여러 권의 책을 편집하는 일, 평론에 입문하여 훈련을 쌓는 일, 이렇게 세 가지의 다양한 방면을 두루 체험했다. 글도 제법 많이 쓰고 작업의 진척을 위한 일정도 부지런히 소화했다. 특기할 일이라면 『좋은수필』에 미학에세이를 연재할 기회가 생긴 것과 '북나비' 출판사가 신청한 창작지원금을 받아 6번째 수필집을 기획하게 된 것이다. 미학에세이 류의 글은 평소에 하고 싶었던 작업이었기 때문에 기쁘게 정성을 기울이고 있다. 지원금을 신청하여 선택되는 것은 워낙 경쟁률이 높으니 뽑혔다는 것만으로도 대단한 영광이 아닐 수 없다. 작년의 준비작업을 거쳐 올해의 출판을 앞두고 기대를 잔뜩 품게 된다.

　늘 마음을 기울여야 하는 일은 역시 직함이 주어진 일들이다. '수필문우회'의 총무로서 한 달에 한 번 열리는 합평

회에 자질구레하게 챙겨야할 일에 대해 차질 없이 무난히 진행되도록 애를 썼다. 『수필미학』 편집장이라는 타이틀에도 원고청탁과 수납, 교정 등의 역할이 주어져 있다. 결코 소홀하게 할 수 없을뿐더러 수필에 기여할 수 있는 소중한 기회로 여겨 최선을 다한다는 자세를 견지했다. 또한 수필가 40인을 초대한 '수필실험 10주년 기념집'과 '그레이스문우회 제11집' 동인지의 발간 과정에서 역할을 하였다. 여러 수필인과의 교류로 이어지는 책 만들기는 나를 결코 침체의 지경에 놓지 않는다. 생동감을 살리기에 더할 나위가 없는 자극제가 되어준다.

『에세이포레』에서 문화비평으로 등단한 것2017은 나에게 새로운 시작을 의미한다. 여러 가지 사회현상에 대해 살펴보려는 의욕을 앞세우며 평론가라는 타이틀을 갖게 되었다. 창작과 비평이라는 표현에서 보듯이 어디까지나 창작이 비평에 우선한다. 비평은 사후적이기 때문이다. 그러나 창작물 중에서 선별하여 걸맞은 의미부여를 하는 것도 대단한 작업이라고 생각한다. 여러 사태나 예술에 대하여 종합하거나 분석 분류 정리하는 작업은 우리 시대를 이해하는 방향타가 되고 지름길을 알려주기도 한다. 이로써 삶을 이해하는 방식의 다양성과 가치를 추구하는 보람이 있다. 때맞춰서 수필지들에 계평을 쓸 기회를 가진 것도 의미가 크다.

공부가 많이 되었다.

    요즘 『사랑 다이얼로그』라는 책을 독파했다. 사회학자 두 명이 영화 10편을 선정하여 다양한 사랑의 형태를 대담형식으로 탐구한 책이다. 창작자는 한 편의 작품에 모든 종류의 사랑의 형태를 열거할 수가 없다. 그러한 창작의 한계에 비하여 비평가는 작품에 대한 구체화 작업을 통해 광범위하게 모든 것을 아우를 수가 있다. 종래의 많은 예에서 보듯이 평론가는 작품의 조명을 통해서 작가를 키운다. 나도 완성도 높은 글이나 새로운 시각을 제공하는 글의 선별작업을 거쳐서 필자들을 소개하고 나아가 그들에게 길잡이 역할을 했으면 하는 욕심도 가져본다. 우연히도 문학상 심사위원을 할 기회들도 있었는데 이도 역시 비평의 영역에 속하여 나의 선구안을 기르는 적절한 훈련의 장이 되어주었다.

    수필과 함께한 세월이 거의 20년이 되어온다. 2001년의 수필 등단이나 2017년의 평론 등단이 모두 인생의 새로운 도전이었다. 두 경우 모두 젊은 날에 생각도 못 했던 일들이 현실이 된 것이다. 수필 등단이라는 의외의 길에 이어 다시 평론이라는 안 가본 새 길에 접어들었으니 스스로도 얼떨떨하다. 많은 좋은 분들을 만나 도움을 받았으므로 운도 복도 넘친다는 생각이다.

    손자는 또래보다 말이 늦어서 은근히 걱정을 시키더니

지난봄에 드디어 '엄마'를 시작으로 입을 열었다. 이즈음은 큰 목청으로 수다스러워서 공공장소에서 곤란을 겪을 지경이다. 몇 년 전에 대학에서 정년을 맞이하여 명예교수가 된 남편은 카메라를 들고 열심히 풀꽃을 찍으러 다닌다. 직장생활을 무사히 마치고 취미생활에 몰두하고 있는데 그런 늦깎이야 나쁠 것이 없다. 그런데 작년에 여동생은 쉰이 넘은 나이에 대학원을 졸업했다. 1등으로 졸업하여 졸업식에서 대표로 단상에 나가 총장으로부터 졸업장을 받았다. 딸은 마흔에 박사과정에 들어가서 요 몇 년 공부하랴 강의하랴 사업하랴 아이 돌보랴 정신이 없다. 이렇게 나뿐이 아니라 내 주변 사람들은 다들 늦깎이다. 그러니 세상사 명리에서 멀리 떨어져 있을 수밖에 없다. 그래도 백세시대를 맞아 늦은 시작에서도 열린 가능성을 기대한다.

  지난해 봄에 목향나무가 꽃을 피웠다. 하얀 꽃잎에 노란 술이 어지간히 사랑스러웠다. 우리 집에 온 지 10년도 넘었건만 한 번도 안 보여주다가 어느 날엔가 베란다에서 온통 작은 꽃을 주렁주렁 활짝 피웠다. 화들짝 감격스럽게 살피며 전혀 예상 밖이라 기쁜 일이 생길 조짐인가 마음이 부풀었다. 후피향나무라고도 불린다는 이 나무는 이파리가 워낙 싱그럽게 반짝이는 광택으로 아름답고 봄의 새순도 사랑스러우며 가을 단풍도 엄청 예쁘게 든다. 그러니 비록 꽃을 보여주지 않았어도 만족스러웠다. 그런데 꽃까지 선물할 줄이야.

목향이 늦게 꽃을 피우듯이 나도 나름의 성취로 여섯 권의 책을 남겼으니 내심 흐뭇하다. 늦은 나이에 시작하여 이만한 결실이 스스로 대견하여 모처럼 뿌듯한 감회에 젖어본다. 앞으로도 한가한 때가 좀처럼 찾아오지 않더라도 마음의 여유만은 잃지 않으리라고 수평선으로 시야를 넓히는 푸른 바다에 말을 건다.

김민기의 〈늙은 군인의 노래〉를 흥얼거리며 행진곡풍의 노래와 애조를 띤 가사의 콘트라스트 속에 내 삶을 음미한다.

아, 다시 못 올 흘러간 내 청춘
푸른 옷에 실려 간 꽃다운 이 내 청춘

내 인생의 기후협약

요즘 선진국을 중심으로 위기의 기후변화에 대처하기 위한 다방면의 노력이 이어지고 있다. 인류의 존망이 달린 심각한 기후 문제에 대한 여러 가지의 해결방안을 지켜보는 나 자신도 한번 지켜볼 일이다.

탄소 중립과 탄소 포집

지구 온난화와 그에 다른 기후 위기의 주범인 온실가스 중에서 화석에너지에 의한 이산화탄소가 가장 많은 양을 차지한다. 우리나라는 특히 화석연료 의존도가 매우 높으므로 탄소 중립 개념을 적극 활용할 필요가 있다. 이는 효율적인 에너지 사용과 신·재생 에너지의 사용, 폐기물 재활용 등을 통해 탄소 배출량을 최대한 줄이고, 숲 가꾸기 활동 등을 통해 남아 있는 탄소를 나무의 광합성을 통해 상쇄함으로써 탄소 배출량을 '0'으로 만드는 것이다. 물론 완전한 탄소 중립을 바랄 수는 없고 그를 최대한 지향한다는 것이다.

발전소나 제철소와 같은 대형 이산화탄소 발생 시설에서는 이산화탄소를 대기 중으로 방출하지 않고 압축 또는 액화하여 토양 깊은 곳이나 해양 등에 저장하는 기술이 손꼽힌다. 그것이 탄소 포집이다. 저장과 처리 기술은 날로 발전하고 있다.

나의 포집 : 나는 무엇을 가둘 것인가. 밖으로의 표출보다는 안으로 지그시 눌러 가라앉히는 것이 좋은 경우가 많다. 행동에 신중하고 말을 줄이고 화를 삭인다. 그러나 때로 비겁한 자신이 가엾다.

그린 에너지(Green Energy)

공해가 없는 녹색 에너지는 친환경 청정에너지, 대체 에너지라고도 부른다. 화석연료와 달리 공해 물질을 배출하지 않는 태양광 지열 풍수력 조력 파력 같은 자연 에너지나 수소 에너지, 바이오매스bio-mass 따위가 해당된다. 전기차나 수소차의 개발도 박차를 가하고 있다. 그런데 태양광은 폐패널의 재활용에 대한 연구도 병행하여야 한다. 그래야만 무공해에 이를 수가 있다.

나의 그린 에너지 : 자연에 가깝게 다가가면 도시적 소비를 줄일 수 있다. 쓰레기를 만들지 않는 것은 중요하다. 그러려면 미니멀라이프를 지향해야 할 텐데 나의 넘치는 소유욕을 어떻게 조절할 것인가. 정작 나의 그린 에너지는 어린이들의 포동포동한 손을 잡아볼 기회를 갖고 새끼고양이가 하는 양을 바라보고 화초를 손질하는 데서 새록새록 생겨난다. 그럴 때면 완전 무공해의 긍정 에너지가 차분히 기쁘게 쌓인다.

자연보호와 과학적인 나무 심기

인류는 자연을 제발 있는 그대로 놔둬야 한다. 최대한 자연생태계에 대하여 인위적인 침범을 줄이는 것이 시급하다. 박쥐의 생태계를 교란시켜 코로나 팬데믹이 만연한 작금의 사례를 절치부심의 교훈으로 삼아야 한다. 인류의 미래가 여기에 달려 있다.

나무의 생태가치에 대한 연구에 따르면 한 그루의 나무는 약 196,000달러의 가치를 창출한다고 한다. 그리고 나무들이 삼림을 이룬다면 생태계통에 더없이 훌륭한 보호병풍이 된다. 1헥타르의 임지는 1헥타르의 민둥 땅보다 3천㎥의 물을 더 보존할 수 있고 1만 그루의 삼림 저수 능력은 100만㎥ 저수용량의 저수지와 맞먹는다. 전문가들은 만일 지구가 삼림을 잃는다면 약 450만 개 생물이 멸종하고 육지의 90% 담수가 헛되이 바다에 흘러들어 인류가 심각한 물기근을 겪게 되고 삼림의 상실로 인한 풍속의 증가로 사망자도 수억 명에 달할 것이라고 예측했다.

도시의 가로수 한 그루는 해마다 자동차 1대가 16Km를 주행하면서 방출한 오염물을 흡입할 수 있고 많은 나무들은 유해 기체를 흡입해 대기 중의 병균 함량을 약 80% 줄일 수 있다. 그리고 '도시삼림'은 공기의 습도를 높일 수 있다. 한 그루의 성년 나무는 하루에 400kg의 수분을 증발할 수 있어 공기의 습도를 높임과 아울러 도시의 온도를 낮추어 준다. 도시삼림은 또 풍속을 약화시키고 소음을 줄이는 역할도 한다. 그러므로 빅데이터 등 과학기술의 도입에 의한 국토 녹화는 국가의 생태 안전을 수호하는 하나의 중요한 조치이다.

나무를 심는 일이 국가적 당면과제인 중국은 삼림 피복률을 이번 세기 중간에는 세계 평균 수준에 이르게 한다는 목표를 세웠다. 중국은 대규모 국토 녹화에 성공하기 위해서 상당히 과학적인 방식을 도입하고 있다.

나의 식목일 : 나무는 인류에게 실질적인 도움도 주지만 심리를 안정시키는 커다란 역할을 하고 있다. 숲속에서 늠름

하면서도 잠잠한 나무의 자태에 전신을 기대면 세속과 세파와 풍진과 그에 따른 마음의 부대낌은 저만치 달아난다.

가축 발생 탄소 줄이기

무엇보다 중요한 일은 사람들의 육식 섭취를 되도록 줄여서 육류소비 패턴을 변화시켜야 한다는 것이다. 축산사업으로 발생하는 분뇨가 환경을 오염시키는 정도가 어마어마하기 때문이다.

가축 시스템에서는 순환 바이오경제 창출을 위해 재활용 기회를 적극 활용해야 한다. 도축과 폐기과정에서 회수된 부산물들은 영양 사료나 유기비료로 전환할 수 있다. 이로써 온실가스 배출량을 최대 25%까지 줄일 수 있으며, 바이오 가스 생산을 통해 2백만 톤 이상의 CO_2 절감 효과를 얻을 수 있다. 이러한 방식으로 음식물 쓰레기를 가축에게 급여하면 현재 사료 생산에 활용되는 수백만 헥타르의 농경지를 사용하지 않을 수 있다.

기존 가축 사료에 대한 대체재에도 수요가 증가하고 있다. 생명공학 혁신은 단백질을 생산하고 가축에게 급여하는 방식에 혁명을 일으키고 있다. 여기에는 해조류, 곰팡이류, 미생물 단백질과 곤충의 활용 등 새로운 접근법이 포함된다.

나의 소모 줄이기 : 엔도르핀과 세로토닌을 절묘하게 조절하여 쓸데없는 감정 소모를 막는 것이 좋다. 과도한 탐식이 해로운 것처럼. 대인관계에는 가급적 조심해야 한다. 나를 지키기 위해서. 만남 뒤에 앙금을 남기거나 상처를 주고 자존감을 헤집는 타인은 멀리하라. 소통이 힘든 사람들과는 서로 안 보고 사는 것이 피차 잘 지내는 방법이다. 되지도 않을 일에 과잉으로 힘을 쏟지 않도록 한다. 무모한 노력은 인생의 낭비다. 기왕에 부여된 인연에 연연할 필요가 없도록 세상은 넓다.

초지능

인공지능은 이미 인간을 뛰어넘었다. 초지능 사회가 되면 이로 말미암은 에너지 절약 효과에 의해 생태계와 기후변화 문제는 저절로 해결될 것이라고 기대한다.

구체적으로 기존의 2차전지의 저장용량을 혁신적으로 향상시키는 차세대 전기에너지 저장 기술에 의하여 고용량 장수명 배터리의 개발을 추진한다. 이로써 휴대용 스마트 기기나 에너지저장장치 등 전력을 필요로 하는 모든 분야에 활용 가능하며, 기기의 사용기간을 연장할 수 있어서 전기차 및 무선기기의 활용을 증가시킬 것이다.

또한 빅데이터에 의한 AI 기반 스마트 자연재해 예측에 능동적으로 대응할 수 있으며 그 피해 규모와 범위를 실시간 분석 및 사전 예측하여 맞춤형 대응으로 재난피해 최소화 및 국민 안전을 확보할 수 있다. 그리고 AI 플랫폼 구축 기술에 의한 머신러닝/딥러닝 모델 예측 결과의 효과적 활용으로 인공지능 모델이 산출한 결과에 대한 인과관계를 분석하여 적절한 판단의 근거를 찾으면 의사결정 프로세스 및 결과를 개선할 여지가 높다.

나의 지능지수 개선 의지 : 많이 읽고 많이 보고 많이 느끼는 것이 필요하다. 넷플릭스에서 영화와 드라마를 보고 교보에서 산 책을 읽으면서 진정으로 나를 사랑하는 사람을 골라 볼 줄 아는 혜안을 길러야 한다. 누군가가 들려준 "점점 더 중요해진다. 중요하지 않은 이야기를 나눌 수 있는 사람들이."라는 멋진 경구처럼 허심탄회하게 커피 한 잔을 나누며 시시하고 사소한 이야기로 꽃을 피울 수 있는 마음의 벗을 가진다면 나의 일상, 더하여 나의 인생은 그런대로 성공적이다.

오리무중, 인간의 정체

인공지능AI, Artificial Intelligence이 바야흐로 인간들의 시중꾼 신세에서 벗어나려 하고 있다. 이들은 인간이 인간적 존엄성으로 지키던 고유의 영역을 슬슬 차지하기 시작했을 뿐만 아니라 그 실력 발휘가 인간 능력을 훨씬 뛰어넘는 지경에 이르렀다. 동시통역으로 바벨탑의 저주를 풀었다. 의사와 판사 등 전문직을 차지하고 소설을 쓰고 작곡을 한다. 가히 전방위적이다. 이런 추세로 나아간다면 얼마 지나지 않아 인공지능의 자가복제에 의해 인간은 AI의 지배를 받게 될 것이라고 불길한 예측을 내놓는 이들이 많다. 심지어는 앞으로 인간은 주체성을 잃어버리고 인공지능의 애완물로 전락할 것이라고도 한다.

그러나 정재승 뇌과학자는 AI가 인간을 지배하지는 못할 것이라고 예측한다. 인공지능이 인간을 지배하기 위해서는 세 가지 주된 조건을 갖춰야 한다. 첫째, 자기 자신을 의식해야 한다. 둘째, 지배 욕망이 있어야 한다. 셋째, 인간에 대한 적대감이 있어야 한다. 그런데 인공지능은 자기 인식을 못 한다. 감정과 욕망, 살아야겠다는 의지를 AI가 장착하기는 거의 불가능에 가깝다.

그는 이에 대해 이렇게 설명한다. 오늘날의 인간이 이룬 문명이 업적의 기반으로 여기는 수학과 언어 등은 겨우 만 년의 진화과정을 거쳐서 형성되었을 뿐이다. 반면에 인간에게 내재한 감정, 의식, 욕구는 수백, 수십만 년의 진화과정을 거쳐 형성된 아주 고등한 기능으로 아직도 그 정체를 일목요연하게 파악하지 못하고 있다. 가령 무언가가 좋을 때, 그냥 좋거나 그냥 싫거나, 분명하게 대답이 어려울 때가 많다. 이러한 미묘하고 애매한 경지는 인공지능에 넣을 수가 없다. 또한 인간의 탁월함은 공감 능력에 있다고 덧붙인다. 공감이란 우리의 뇌의 리소스를 아주 많이 쓰는 일로서 이도 또한 매우 고등한 능력이다. 공감 능력을 포함한 추상적 개념들을 인공지능은 축적할 수 없다.

이를 거꾸로 이야기하면 감정, 의식, 욕망 추구, 공감 능력 등이야말로 인간 고유의 특성이다. 소위 만물의 영장이라는 의미도 이러한 마음의 작용에 의한 것이며 현재까지의 문화와 문명의 진행 과정도 그로부터 기인하는 것이다. 그런데 인류가 가열하게 추구하여 개발 발전시킨 AI라는 도구에 인간들이 되잡힌다는 역사의 아이러니는 또 무엇인가.

인간의 지닌 것, 인간이란 무엇인가.

헤르만 헤세는 1930년에 소설 『나르치스와 골드문트』를 출간했다. 그의 나이 50세가 넘어서였다. 이 소설은 오랜 기간 전 세계의 청년 독자를 매료시켰다. 두 주인공 중에 나르치스는 지성을, 골드문트는 사랑을 상징한다. 그래서 초기에는 한글 번역본의 제목이 '지와 사랑'이었다. 인간이 추구하는 궁극의 두 가지 가치를 지극히 대조적인 두 인물이 대변하는데 이를 통해 헤세의 내면 풍경이 그려진다. 이로써 젊은 날의 헤세의 정신적 방황을 이해하고 공감할 수 있다. 독자들 대부분은 영혼의 정체를 규명하고자 추구했던 젊은 시절 한때의 시간을 공유하기 때문이다.

수도사 나르치스는 이성적이고 합리적이다. 어느 날 수도원에 골드문트라는 감성적인 인물이 들어오고, 두 사람은 기질 차이를 넘어 우정을 쌓는다. 영성과 지성, 금욕의 화신인 나르치스에 비하여 골드문트는 자연과 예술, 감각과 열정에 몰입한다. 인간 본성의 극단적 양면을 철저하게 육화한 두 주인공이 정반대의 길을 가면서도 우정을 나누는 줄거리가 매우 흥미롭게 펼쳐진다.

소설은 지성과 감성, 종교와 예술, 학문과 자연, 아폴론의 코스모스적인 질서와 디오니소스의 카오스적인 열정으로 대립되는 세계를 나타내는 두 인물, 나르치스와 골드문트가 나눈 사랑과 우정, 이상과 갈등, 방황과 동경 등의 성장기 체험을 진지하게 추적한다. 이에 대해 헤세 스스로 '내 영혼의 자서전'이라고 이야기했다. 그러므로 이 작품은 자전적 소설이면서 성장소설이기도 하다.

그런데 헤세는 이성의 세계를 상징하는 나르치스보다 감성의 세계를 대변하는 골드문트에 더 애착이 있는 것처럼 보인다. 대부분의 우여곡절은 골드문트가 일으키는 것이고 나르치스는 당면한 문제들을 해결하는 일에 나선다. 골드문트는 방황과 방랑, 예술에 대한 동경, 여성과 관능에 대한 욕망으로 끊임없이 낯선 세계에 부딪히는 청년이다.

이 소설은 그러므로 헤세의 예술론이기도 하다. 골드문트가 세상을 인식하는 모든 과정, 여자들과의 관계에서 관능에 눈뜨고 감각을 발전시키는 모든 여정은 마침내 예술적 계기를 이끌며 창조라는 궁극의 지점을 향한다.

소설에서 이분화시켜서 두 친구의 성향으로 구축한 나르치스의 '이성'과 골드문트의 '감성'은 기실 인간 모두에게 내재된 성향이다. 우리는 대체로 이 두 가지의 속성을 함께 지니고 있다. 그러므로 이 책은 인간의 정신적 성장은 온갖 경험을 바탕으로 이루어진다는 성장소설이면서 인간이 추구하는 가치 영역에 대한 천착이기도 하다. 사상가로서 어떤 법칙을 탐구하고 생각을 정리하거나 예술가로서 어떤 형상을 창조하거나 이것들은 인간으로서는 가장 고등한 추구영역인 것이다.

인간만의 탁월한 제반 능력을 '지와 사랑'이라고 할 수 있다면 그에 대한 정의는 어떻게 가능한가. 노영덕 미학자의 말을 요약하여 인용해본다.

무지로부터 오는 존재 위협의 공포는 '앎'으로 해결할 수 있다. 인간이란 알아야 살 수 있는 존재다. 즉, 지성의 힘에 의존하여 살아간다. 반면에 고독에서 오는 공포는 사랑으로 극복 가능하다. 사랑이란 '관계'를 함의하기 때문이다. 무지와 고독은 지와 사랑의 대척점이다.

자기의 존재 보존은 지와 사랑으로 비로소 가능해진다. 그러므로 충만한 존재감을 위해서는 알아야 하고 사랑해야 한다. '지와 사랑'은 다른 말로 하면 '앎과 관계'라고 할 수 있다. 다른 말로 하면 '깨달음과 나눔'이 우리 인생의 목적이 된다.

만약 예술이 인간 마음의 투영이라고 한다면 아무리 보아도 추상과 자연주의라고 하는, 이 두 가지 예술 양식은 인류가 존재하는 한 어떤 식으로든 영원히 나타나게 될 것 같다. 추상은 사유에 의한 지성의 발로로서 앎을 기반으로 한다. 자연주의는 사랑에서 비롯하므로 가시적인 모든 것에 애정을 기울이는 관계 형성 과정이다.

  나는 그의 이러한 말들에서 희망을 발견한다. 무지와 고독으로부터 우리가 온전히 벗어날 수 있는 저 빛나는 세계, 지와 사랑의 경지로 다가갈 수 있다는 것은 얼마나 멋진 일인가. 오늘 내가 건진 일말의 깨달음이다.

독서의 즐거움, 철학의 즐거움

하면 할수록 즐거운 공부는 역시 철학이다. 철학을 통해 고립과 고독에서 벗어나 삶을 살아가는 힘을 얻는다. 철학 공부를 위해서는 존재, 실체, 무한, 인식, 진리, 필연 등의 주요 개념을 알아야 한다. 그다음에는 철학의 역사를 이해해야 한다. 우선 '고중세 철학'을 살펴본다. 고대철학에 있어서는 소크라테스의 언행을 기록한 플라톤의 저서에 『소크라테스의 변명』 『국가』 『향연』 등 여러 권이 있다. 아리스토텔레스에 대한 공부도 중요하다. 이어서 헬레니즘 철학의 스토아학파, 에피쿠로스학파, 회의주의 등을 알아봐야 한다. 고대와 중세를 잇는 철학자는 플로티누스와 보에티우스를 들 수 있으며 중세철학은 교부철학의 아우구스티누스와 스콜라철학의 토마스아퀴나스가 대표한다.

근대철학에 들어가면 『방법서설』의 데카르트가 대륙 철학을 대표하며 『에티카』의 스피노자를 꼽으며 라이프니츠의 '모나드'론이 흥미를 자극한다. 영국의 경험론은 토머스 홉스, 존 로크, 데이비드 흄으로 이어진다. 대륙의 합리론과 영국의 경험론을 칸트가 종합했고 뒤이어 헤겔이 관념론을 완성했다. 벤담과 『자유론』의 밀, 『의지와 표상으로서의 세계』의 쇼펜하우어, 『죽음에 이르는 병』의 키르케고르를 살핀다. 또 하나의 흐름은 『자본』으로 세상을 흔든 카를 마르크스의 사회주의다.

현대철학은 실증주의의 콩트, 분석철학의 화이트헤드, 비트겐슈타인이 중요하다. 그러나 뭐니 뭐니 해도 시대를 흔든 이는 니체다. 그의 『차라투스트라는 이렇게 말했다』 외 많은 저서가 번역서와 해설서로 나와 있다. 현상학의 후설, 존재론으로 회기하며 철학계에 바람을 일으킨 하이데거는 『존재와 시간』 등 수많은 저서와 명강의로 당대 독일 철학계를 이끌었다. 또한 베르그송을 빼놓을 수 없다.

철학의 존재론과 인식론을 관통하는 최종목표는 인간과 자연, 인간과 우주, 무엇보다 근본적인 것은 인간과 인간의 관계 맺기에 있다. 안과 밖의 소통이 원만할 때 사랑과 자유의 기쁨이 흐른다. 완전한 공동체를 꿈꾼 철학자에는 스피노자와 헤겔을 꼽을 수 있다. 헤겔은 가장 완전한 공동체를 향해 역사 과정이 나아간다는 진보 사관을 펼쳤다. 그의 철학은 과거가 발목 잡는 것을 경계하고 항상 미래를 향할 것을 요청한다. 그에 앞서 스피노자는 주장했다. "다른 사람들이 자기와 함께 최고의 선을 누리도록 충고나 행동으로 그들을 돕고자 하는 사람은 특히 그들의 사랑을 얻으려고 노력할 것이다." 요컨대 한 인간에게 최고로 이익이 되는 존재는 다름 아니라 다른 인간들이다. 그래서 스피노자는 "인간은 인간에게 신이다."라고 했다. 관심을 통해 사랑을 이루고 그리하여 우리는 진정으로 자유로운 존재가 될 수 있다. 철학에 관심을 갖게 하는 나의 소이연이다.

헤겔Hegel, 1770-1831은 시대를 개념적으로 파악하는 것이 철학이라고 했다. 존재와 인식의 문제를 말할 때, 개념적 언어에 기댈 수밖에 없다. 개념이 바로 우리의 삶을, 세계를 구성하기 때문이다. 시대의 흐름을 이해하고 의미를 찾는 과정에서 철학은 예술과도 서로 영향을 주고받아 왔다. 예술은 직관으로 철학을 내포하고 철학은 예술에서 영감을 얻는다. 예술가의 작품과 철학자의 사상은 공히 객관적인 가치와 인류의 이상을 지향하는 것이다. 그러나 철학과 예술과 과학과 인문학의 고군분투에도 불구하고 인간이 지니는 의식, 감정, 욕망의 정체는 아직도 오리무중이다. 개념어와 예술 사이에서 철학은 오늘도 길을 찾아 헤맨다.

우리의 의식은 어떤 경로로 형성되어 우리의 일상을 지

배하게 되는가. 마르크스Karl Marx, 1818-1883는 관습 등의 우리가 속한 사회의 구조에 의해서, 니체Friedrich Nietzsche, 1844-1900는 생명체로서의 몸의 상태와 그 자각에 의해서, 프로이드Sigmund Freud, 1856-1939는 무의식이라는 심연에 의해서 우리의 의식이 결정된다고 했다. 그러니까 마르크스와 사회, 니체와 몸, 프로이트와 무의식, 이렇게 선 긋기가 가능하다.

그러면 욕망에 대한 정의는 어떠한가.

마르크스 연구를 발판으로 하는 프랑크푸르트학파의 일원으로서 마르쿠제Herbert Marcuse, 1898-1979는 인간에게 내재하는 근본적인 활력, 에너지를 말한다. 이 힘은 타인과의 합일을 욕망한다. 이러한 욕망의 충족은 쾌감과 자유와 사랑을 동반한다. 그러나 이 원초적 욕망은 사회 구조에 의해서 줄곧 억압을 당해왔다. 우리는 이와 같은 인간소외를 극복하여 본연의 에너지를 찾아야 한다.

니체는 생명에의 찬가를 드높이 부른 사람이다. 삶을 한없이 긍정하는 니체를 이어받은 들뢰즈Gilles Deleuze, 1925-1995는 생명의 약동, 원초적 본능의 추구를 말했다. 인간의 욕망의 원동력은 자발적 생명력에 의해 생겨난다고 했다. 이는 "삶은 살기 위해 만들어진 것"이라며 삶을 긍정하는 스피노자Benedict de Spinoza, 1632-1677의 정신에서 연유한다. 가장 자발적이고 자유로운 운동인 내재적 생명력에 의해 욕망이 충족되는 과정은 쾌감, 자유, 유희를 불러온다. 우리는 단 한 번 주어지는 소중한 일회적 삶을 직시하며 그 어떤 형이상학적 허상에 매몰되지 않는 자유의 정신으로 삶의 유희를 즐겨야 한다.

인간이 원천적으로 지닌 생명력의 추구에 의해 욕망이 생겨난다는 들뢰즈에 반하여 라캉Jacques Lacan, 1901-1981은 결핍에 의해 욕망이 생겨난다고 했다. 프로이트의 '무의식'의 세계 안에서 인간은 본래적으로 결핍을 느끼는 존재다. "주체는 결핍이요, 욕망은 환유이다." 즉 "욕망은 결핍이다."라는 라캉의 개념에서 결핍은 욕망의 근원이 된다. 그런데 이 욕망은 주체가 아니라 타자의 욕망이다. 아무도 타자의 욕망에서 자유로울 수 없다. '나' 혹은 '자아'라는 주체는 어떤 중심성도 통일성도 갖지 않는다. 주체의 소외는 분리를 낳고, 분리는 결핍을 낳고, 결핍은 욕망의 근원이 된다. 인간의 행위의 본질은 결국 결핍을 채우는 일로 욕망을 해결하는 것이다. 결핍을 채우려는 욕망이 고도로 충족되었을 때의 쾌감을 주이상스Jouissance라고 명명하였다. 인간은 무기력성 때문에 사랑을 요구하고, 이 요구로부터 오는 생물학적 욕구가 리비도다. 주이상스는 프로이트의 리비도가 충족되는 상태를 이른다. 그러나 우리의 욕망은 타자의 욕망을 욕망하는 것으로 근본적인 결핍을 해결하지는 못한다.

인간의 '근원적인 욕망'에 대해서 20세기 현대철학을 이끄는 두 사람의 견해는 상반된다. 들뢰즈는 인간이 원천적으로 지닌 생명력의 추구에 의해 욕망이 생겨난다고 했다. 라캉은 '타자적 욕망' 때문에 생겨나는 결핍을 채우려는 것이 욕망의 정체라고 했다.

마르쿠제와 들뢰즈와 라캉은 각각 마르크스와 니체와 프로이트를 이어받았다. 이즈음에서 그들의 생각은 서로 대립하면서도 상호 보완적이다. 욕망의 근원이 합일에의 추구라는 마르쿠제의 말이나 원초적 생명력에 의한 것이라는 들뢰즈의 언명이나 타인의 욕망을 욕망하는 결핍에 의한 것이라는 라캉의 말이 모두 일리가 있기 때문이다. 그렇다면 그들의 견해를 종합해보면 해답이 나올 수 있을 것이다. 결국 사람의 욕망이란 사랑에 대한 갈망이다. 이러한 애착은 승화시키면 자존의 자기애와 이타심에 모두 적용된다. 이로써 개인의 정신적 삶과 공동체의 가치가 조화를 이룬다면 평화와 사랑이 찾아지지 않을까.

엘리어트T.S. Eliot, 1888-1965는 "시는 사상의 정서적情緒的 등가물等價物"이니 "사상마저도 장미의 향기를 지니는 것이어야 한다."고 했다. 이것은 단지 사색적이거나 단지 감상적이지 않고 이성과 감성, 지성과 감각이 조화로운 것을 의미하며 그것이야말로 진정한 감수성을 뜻한다는 것이다. 지성만으로는 건조하고 감성만으로는 눅진하다. 문학의 소이연이다.

  시와 소설이 압축과 은유로 철학을 전한다면 수필은 보다 직접적으로 메시지를 전할 수 있다. 수필이 추구하는 철학적 분위기는 정서적 감동을 바탕으로 생각의 폭과 깊이를 수반한다. 수필과 철학이 만나서 사회와 역사를 살피며 문학적 감수성으로 존재를 살피는 것으로 우리의 삶을 돌아보는 일은 향기롭고 가치 있는 일이다. 사색의 터, 수필은 시적 압축과 소설적 서사를 지니고 철학과 문학 사이에 놓인다.

3.
예술과 문화의 여러 모습들

오늘날에는 몹시 퇴락한 모습으로 폐가의 분위기를 풍기는 서원의 경관은 마치 유학이 처한 위상의 상징처럼 여겨진다. 세상은 변하고 그 시대를 대변하는 사상도 변한다. 지난날 민초들의 삶 구석구석과 생사관을 지배하던 유교적 가치관이 불과 100여 년을 못 가서 이렇게 시대의 유물로 몰락하였다. 저 쇠잔하게 허물어져 가는 서원의 모습이 기력을 다한 지배사상의 무상함에 대한 감회를 불러일으킨다. 어떤 사상도 이념도 영원한 것은 없다.

신을 닮고 싶었던 인간
달하 노피곰 도드샤
조선의 산하, 진경산수로 깨어나다
아름다움이 우리를 압도한다
햇살이 선사하는 따스한 푸른색 평화
복숭아꽃, 오얏꽃 흐드러진 곳에
여기는 도솔천이다
학사루와 공풍루가 선비를 말하다
대관령 굽이 너머 경포대 솔바람에 머물다
다향茶香의 해남海南, 늘 푸른 진도珍島
아름다운 능선과 수려한 계곡의 고장

신을 닮고 싶었던 인간

과학을 지식의 집합체로 봐서는 안 되고 오히려 가설 또는 추측의 체계로 보아야 한다. 과학 활동의 핵심은 과학 지식을 쌓아 놓은 것이 아니라 자연을 설명하기 위한 가설의 체계를 만들어나가는 것이다.

— 포퍼(Karl Raimund Popper 1902-1994 철학자)

영국 화가 조셉 라이트Joseph Wright of Derby, 1734-1797의 작품 〈현자의 돌을 찾는 연금술사〉는 연금술에 몰두하고 있는 한 주술사의 모습을 생생히 전한다. 연금술은 중세유럽의 한때를 풍미하였는데 훗날 이 18세기의 화가에 의해 그 광경이 재현되고 있는 것이다. 실험기구 앞에 꿇어앉은 노인의 시선은 둥근 플라스크에 머물지 않고 저 멀리 천상을 향하고 있다. 그가 바치는 간절한 기원의 음성이 들리는 듯하다. 그는 아마 이러한 기도를 올리고 있는 중일 것이다.

"신이시여, 평생을 바쳐 저는 신의 뜻을 알고자 하였나이다. 감추어진 비밀을 밝히려고 오래도록 전심전력으로 탐구하여 왔으니, 이제는 제발 응답하여 주시옵소서."

그의 염원과는 달리, 결국 수은을 끓여 금을 얻는 것은 불가능했다. 그러나 주술적 성격이 강했던 연금술alchemy은, 오랜 우여곡절 끝에 오늘날의 화학chemistry의 토대를 마련하였으므로, 그 결과는 금보다 훨씬 더 값진 것이 되었다.

그러한 연금술을 회화가 표현하고 있다는 사실은 의미심장하다. 회화로 대변되는 예술과 연금술로 발현된 과학은 둘 다, 신의 의지를 흉내 내고자 한 인류가 지닌 꿈의 원형이라는 것에서, 그 뿌리는 하나라고 할 수 있기 때문이다. 신이 이 세상을 위해 만든 것보다 더 완벽한 미를 창조하고자 고심했던 화가들. 신의 피조물들에 만족하지 않고 분해, 조합하고 섞어 이전에 존재하지 않던 완전히 새로운 것을 개발해낸 과학자들. 인류의 상상력이 꽃피워낸 이란성 쌍생아가 예술과 과학이다.

흙으로 아름다운 그릇의 형태를 빚는 것은 원시예술의 시초였으며 그를 불에 구워 단단하게 하는 것은 인류 초기의 과학 행위였다. 그 도기에 채색을 입히고 그림을 그려 넣는 작업은 예술이지만 그를 위한 안료의 개발은 과학이었다. 자연 속에 숨겨진 절대미의 비밀은 황금비율에 있다. 고대의 장인들은 힘들게 이 비밀을 찾아내어 황금비율을 절묘하게 응용하여 신전을 세웠다. 예술과 과학은 이미 오래전에 그런 식으로 미의 정점에서 만난 것이다.

신의 경지를 넘본 예술가들에게 역사는 비교적 관대하였으나, 자연을 제대로 보려고 시도한 과학자들에게는 비정하였다. 자연을 범신론적으로 이해하려 했던 브루노 Giordano Bruno 1548-1600는 소신을 굽히지 않은 죄로 종교재판에서 화형을 당했다. 코페르니쿠스의 천동설을 옹호했다가 종교재판에 회부되어 가까스로 위기를 모면한 갈릴레이 Galileo Galilei, 1564-1642는 평생토록 가택연금을 당했다. 어쨌든 과학적 사고라는 것이 르네상스 시절에만 해도 마녀재판을 피해갈 수 없는, 목숨을 건 모험이었다. 그렇게 눈물겹게 진리를 추구한 선각자들이 있어 오늘 우리가 무심히 과학발전의 산물들을 누린다. 이처럼 과학의 모든 분야는 일견 불가해해 보이는 사안에 대하여 골똘하게 몰두하여, 돌파구를 마련하여 왔다. 그렇게 인류의 인지認知는 발전하여 오늘날의 진일보를 가져왔으며 이러한 토대 위에 인간다운 삶의 지평이 확대일로를 걸어왔다고 볼 수 있다.

원시시대, 광야에 비바람 몰아칠 때, 하늘을 가르는 청회색의 번개와 고막을 울리는 천둥은, 벌거숭이의 나약한 인간에게 무시무시한 외경의 대상이었다. 이글거리는 태양 아래 알곡이 익을 때면 인류는 그 알 수 없는 힘을 어떤 절대자의 의지로 형상화하여 경배하였다. 그리하여 오랫동안 모든 불가항력 앞에서 무릎을 꿇었다.

이러한 긴 탐색기를 거쳐 드디어 근세 이후, 주로 세상의 주도권을 쥔 서양인들이 주축이 되어, 인류는 감히 자연을 정복의 대상으로 여기게 되었다. 그 성과는 눈부셔서 인류는 전대미문의 풍요를 누리기도 했지만, 그 와중에 씻을 수 없는 과오도 저지르고 재난을 불러일으키기도 했다. 그러면서 깨닫는다, 자연은 이제 우리가 공존과 상생을 모색해야 하는 대상이라는 것을. 동양에는 이미 수천 년 전에 있었던 이러한 무위자연에의 깨달음이, 셀 수 없는 시행착오와 우여곡절 끝에 이제야 인류 보편에 자기반성의 자세로 설득력을 지니게 된 것이다.

이렇게 지혜뿐이 아니라 성찰도 지닌 인간을 신도 또한 기특하게 여기지 않겠는가.

영국의 풍경화가, 풍속화가, 초상화가인 조셉 라이트는 네덜란드의 카라바조 화파카라바제스키 : 유트레히트파가 사용하던 인공조명에 큰 관심을 보였으며 1773년의 이탈리아 여행 후에 이러한 경향을 더욱 굳히게 되었다. 그는 카라바조의 극

조셉 라이트 〈현자의 돌을 찾는 연금술사〉
1771년 캔버스에 유채 127x101cm Derby Museum and Art Gallery

적인 명암 대비 기법으로 평생 빛의 효과를 추구하여 주제에 대한 몰입도를 높였다.

  고향인 더비Derby의 지명을 따서 '더비의 라이트'라고도 불리는 그는 과학에 대한 주제를 처음으로 다룬 미술가 중의 한 사람으로서 실험실의 광경 등 과학적인 일화에 대한 뛰어난 묘사로 널리 알려졌다. 당시 18세기 중반 계몽주의 시대에 더비는 영국 산업혁명의 중심지였다. 라이트는 과학적 인사들과 많이 교류하며 과학자로서의 정밀한 자세로 작품들을 제작하여 새로운 주제를 보여주었다. 한편 자연을 제재로 한 풍경화를 낭만주의 경향으로 극적 연출을 통하여 자연에 대한 경이감을 추구했다. 얼핏 어울릴 것 같지 않은 과학과 낭만주의는 그의 화폭들에서 이처럼 의미심장하게 변주를 펼친다.

연금술이란 무엇일까? 아리스토텔레스는 물 공기 불 흙의 네 가지 원소가 만물의 기본이라는 엠페도클레스의 4원소설 四元素說을 이어받았다. 물질이 서로 다른 성질을 나타내는 것은 물질을 구성하는 이 4가지 원소의 구성 비율이 다르기 때문이며 이 원소들이 차가움 따뜻함 건조함 축축함의 4가지 성질과 결합하여 세상의 모든 물질을 이룰 뿐만 아니라 상황에 따라 한 물질이 다른 물질로 변환된다고 생각했다. 이러한 아리스토텔레스의 자연관은 이슬람 세계에 계승되었다가 종래에는 유럽인의 사고를 지배하였으며 연금술은 그 바탕에서 이루어졌다.

연금술사들은 금이 모든 물질 중에서 가장 완벽한 물질이라고 생각했다. 철이나 납 등의 완전하지 못한 금속이 땅속에 오래 묻혀 있으면 금으로 변하며 이것은 완벽함으로 나아가는 과정이라고 믿었다. 그들은 연구와 실험에 의하여 이러한 변화 과정을 앞당길 수 있다고 생각했다. 따라서 수은이나 납을 잘 다루기만 하면 은銀이나 금金을 만들 수 있다고 생각했다.

그래서 금을 구성하는 원소들의 비율만 알면 금을 만들 수 있을 것이라고 확신했다. 그러나 아무리 노력해도 금이 잘 만들어지지 않자, 원소의 변환을 촉진시키는 신비로운 물질이 있을 것이라고 생각하게 되었다. 여기에 도교에서 파생한 중국 연금술에 의해 불로장생의 명약에 대한 희망이 덧붙여졌다. 연금술사들은 그 형통한 물질을 '엘릭시르elixir', 즉 '철학자의 돌현자의 돌, philosopher's stone'이라고 부르고, 이 돌을 찾아내기 위해 많은 노력을 기울였다. 게다가 천체와 연결된 점성술과 신비한 능력이 주어진 주술의 힘도 가미되어 복잡한 이론이 만들어지기도 했다. 그들은 금을 만들고 나아가서는 늙지 않는 영약靈藥을 만들려고 했다. 그러므로 연금술은 주술적呪術的 성격을 띤 일종의 자연학이었다.

생명의 근원인 '생명의 엘릭시르'로의 도달이야말로 연금술의 궁극적인 목적이었다. 연금술이란 일반물질을 '완전한'

물질로 변화, 정련하려 하는 기술로, 거기에 인간의 영혼마저 '완전한' 영혼으로 변성하려고 하는 의미를 가지기도 했다. 신에 가까워지고, 신이 되는, 신과 합일하는 방법이라고도 할 수 있다. 그리하여 갈수록 종교나 신비사상의 경향이 강해졌다.

그러나 18세기 말, 라부아지에Antoine-Laurent de Lavoisier, 1743-1794가 산소 등 원소를 찾아내고 '물질을 분해할 때 더이상 간단한 물질로 분해되지 않는 입자'라고 정의하면서 수십 가지 원소를 분류하고, 이어서 19세기 시작과 함께 돌턴의 원자설과 아보가드로의 분자 개념이 성립됨으로써 4원소설과 연금술은 막을 내렸다.

프랑스의 과학자인 라부아지에는 '질량 보존의 법칙'을 발표한 물리학의 뉴턴과 비교되는 위대한 화학자로서 '화학의 아버지'라 불린다. 그로 인하여 화학은 연금술에서 분리될 수 있었다. 그는 왕정의 세금 징수로 생계를 유지했는데 그 이유로 프랑스 대혁명 이후 자코뱅당의 공포정치가 절정에 달했던 1794년 5월 처형되었다. 정작 그는 프랑스 혁명에 적대적이지 않았고 상당히 자유주의적인 경향을 가지고 있었음에도 억울하게 목숨을 잃었다.

연금술의 영향력은 오늘날 우리가 상상하는 것보다 훨씬 컸다. 철학자 데카르트1596-1650나 만유인력으로 유명한 아이

작 뉴턴1643-1727도 연금술에 깊게 빠져 있었다. 뉴턴은 그에 대한 엄청난 기록을 남겼으나 비밀에 부쳐서 생전에는 출판하지 않았다. 그들은 연금술을 통해 우주의 기본원리를 찾아내려고 했으며 신의 창조의 비의秘意와 계획을 알고자 했다. 훗날 경제학자 존 케인스는 뉴턴을 가리켜 "최초의 근대 과학자라기보다 마지막 마술사"라고 평했다.

연금술은 결국 실패로 끝났으나, 그 과정에서 이루어진 여러 가지 물질의 발견과 각종 실험기구의 개발 등은 화학의 발전에 지대한 공헌을 하였다. 유리와 도자기를 재료로 하는 증류기蒸溜器가 발달하고, 금과 은의 분리 정제 기술이 고도화되었다. 이 시대에 연금술은 이론체계와 기술적 내용의 발달로 화학의 바탕이 되었으니 16세기의 연금술이 18세기의 자연과학을 낳았다.

1709년 중국의 청화백자를 재현하여 독일 드레스덴에서 마이센 도자기 개발에 성공한 요한 뵈트거1682-1719도 프로이센에서 잡혀간 연금술사였다. 그는 장기간 감금상태에서 개발에 성공했으나 힘든 과제에 지친 나머지 37세에 사망했다.

심리학자 C.G.융은 연금술의 표현형식이 된 상징주의symbolism에는 인간의 심리적 경향에 호소하는 것이 있고, 이것이 신비적 연금술을 성립시켰다고 했다. '현자의 돌을 만드는 노력'이란 '사람이 전일적 관점에서 대극 분열을 지양하여 융합 통일된 마음을 이루려는 자기조정의 과정을 제대로 이해하기 위한 노력'과 같은 것으로 보았다. 요컨대, '마음의 연구'를 '물질연구'에 비유한 것이다. 그러므로 연금술이란 고대의 화학이 아니라 고대의 심리학이라는 것이다. 코엘료의 소설 『연금술사』에서처럼 연금술이라는 말은 여전히 상징과 은유의 울림을 지니며 인류의 상상력을 자극한다.

다비드(Jacques-Louis David 1748~1825)가 그린 〈라부아지에와 부인 마리(Marie 1758-1836)〉

달하 노피곰 도드샤

회사후소(繪事後素)

그림을 잘 그리기 위해서는 우선 흰 바탕을 마련해야 한다.

—『논어(論語)』「팔일(八佾)」편 중에서

 2006년 7월에 삼청동 국제 갤러리에서 '구본창 사진전'이 열렸다. 달항아리 등 옛 조선백자의 숨겨진 아름다움이 현대 매체인 사진 작업으로 신선하게 주목받았다. 아무 무늬나 채색이 없는 무문백자만을 촬영하였는데 실제 도자기의 크기보다 훨씬 크게 확대된 사진이 전시장을 압도하였다. 예술에 대한 예술 대응의 마력, 흰 백자를 흰 배경에 앉혀서 미묘 섬세한 흰색의 다양한 톤으로 조성되는 간결한 화사함이 신비로웠다. 그 흰색의 몽환적 아름다움이라니. 예술에 의해 예술이 재해석되는 가능성이 빛났다. '작가의 말도 감동적이었다.

오스트리아의 유명한 도예가인 루시 리Lucie Rie 옆에 놓여 있는 조선 시대 백자를 본 순간 느낀 감동과 머나먼 고향을 떠나 낯선 외국인의 옆에 놓여있는 백자가 자신이 구원해 주기를 기다리는 것 같았다는 단순한 도자기 이상의 혼을 가진 그릇으로서, 우리의 마음을 담을 수 있고 만든 이의 마음을 담을 수 있는 용기容器로서 보이기를 기대한다고 했다.

그가 당시에 사진에서 본 달항아리는 지금은 대영박물관에 소장되어 있다. 그는 2004년부터 뉴욕 메트로폴리탄 박물관, 런던 대영박물관, 파리 기메박물관, 오사카 시립동양도자미술관, 동경 민예관, 교토 고려 미술관, 국립중앙박물관, 삼성미술관 리움, 호림박물관 등 국내외 11곳의 박물관을 찾아 백자를 촬영하여 작품을 완성하였다.

2015년에 그는 10여 년간의 백자 시리즈를 총망라하여 사진집 『白磁, White Vessels』을 펴냈다. 작가는 "조선시대 백자는 아름답게 표현하려는 욕망을 절제하고, 마음을 비워 아름다움을 성취한 작품"이라며 "바로 그 무욕의 마음을 사진으로 표현한다는 것은 쉬운 일이 아니었다."고 고백했다.

구본창보다 먼저 달항아리에 심취한 사람이 있었으니 그는 화가 수화樹話 김환기1913-1974다. 수화는 달항아리를 향한

진한 탐닉을 시로 에세이로 수많은 그림으로 풀어냈다. 그에게 달항아리는 늘 영감의 원천이었다. 또 다른 애호가인 화가 도상봉1902-1977은 '도자기의 샘'이란 뜻으로 호를 도천陶泉이라 지을 정도였다. '달항아리 작가'라 불리길 좋아했던 그는 조선백자가 일본으로 빠져나가는 것을 막아내는 일에 앞장서기도 했다.

이즈음 많은 화가의 붓끝과 사진가의 렌즈와 도예가의 솜씨에 힘입어 달항아리는 새롭게 태어난다. 신철 최영욱 등 많은 재현 도예가나 현대 작가들을 포함하여 조각가, 디자이너, 건축가 등도 달항아리를 통해서 영감을 떠올려 창작 아이디어를 얻는다. 특히 도예가라면 누구나 한 번쯤 '나만의 달항아리'를 꿈꾸는 것으로 여겨진다. 박물관과 미술관, 갤러리에선 여러 조합과 응용과 변주가 가미된 '달항아리전'이 끊이지 않는다.

이렇듯 달항아리는 여느 문화재처럼 박물관에만 머물지 않고 현대적 계승을 통해 300년의 간극을 뛰어넘어 다채롭게 새로운 모습으로 특별하고도 보편적인 아름다움을 자랑한다. 이쯤이면 달항아리는 우리의 민족 정서에 아주 깊은 호소력을 지닌 것으로 평가해야 할 것이다.

문화재로서의 공식 명칭 '백자 달항아리백자호'는 조선시대의 대표 도자기인 백자 중에서도 무늬가 없는 순백자 항아리로 높이가 40㎝는 넘어야 한다. 색감과 형태가 둥그런 보름달을 닮은 달항아리는 숙종 말부터 영조재위 1694~1776와 정조1776~1800 대에 잠시 제작되었다가 갑자기 끊겼다는 것이 학계 정설이다. 당시 왕실의 음식과 식기를 담당한 기구인 사옹원의 분원이 있던 지금의 경기 광주 일대, 특히 금사리 등의 왕실 전용 가마에서 만들어진 것으로 추정한다. 용도도 정확히 모른다. 음식 저장 용기인지, 사신 접견 등에 쓰인 의례용인지, 감상용인지 확실하지 않다. 화병, 제기, 또는 단순한 장식품이라는 의견도 있다.

현존하는 달항아리는 국내외에 20점 안팎에 불과한 것으로 알려져 있다. 드물다는 '고려 불화'도 세계적으로 160여 점 존재하는 것에 비하면 그 희귀성이 두드러진다. '국보'3점와 '보물'4점의 7점이 국가지정문화재다. 국보는 제262호우학문화재단 소장와 309호삼성미술관 리움, 310호개인소장다. 보물은 제1437호국립중앙박물관 소장와 1441호디 아모레 뮤지엄, 개인들이 소장한 1438호 · 1439호다. 모두 높이와 몸체 지름이 40㎝를 넘는다. 또 굽 지름이 입 지름보다 짧다. 국제적으로는 영국박물관 소장품, 300여 조각으로 박살 난 것을 복원한 일본 오사카시립동양도자미술관 소장품이 있다. 이들은 2005년 국립고궁박물관 개관 특별전에 초대를 받아 잠시 고국 나들이를 했다.

달항아리는 백자 중 가장 크면서도 어떠한 무늬장식이 없이 담백한데 조선백자의 미를 대표한다. 맑고 흰 달항아리는 둥그렇고 원만하여 부드럽고 여유 있는 모양이다. 그런데 물레를 돌려서 도자기를 빚던 시절 큰 달항아리를 만들기는 불가능했다. 그래서 반원 도자기 두 개를 만든 다음 하나로 붙였으므로 가운데 불룩한 부분에 아랫부분과 윗부분을 접합한 흔적이 있다. 보름달을 닮았다고 달항아리로 불리지만 대칭되는 완전한 원형은 아니다. 구워지는 과정에서 한쪽이 조금 내려앉기가 십상이기 때문이다. 어설픈 듯한데 온전하다. 혜곡 최순우1916~1984는 이러한 텅 빈 충만에 대해 "어리숙하고 순진한 아름다움, 무심한 둥근 맛, 원의 어진 맛"이라 표현했다.

도올 김용옥은 흔히 얘기하듯 조선에서 고려청자를 재현하지 못하여 백자로 간 것이란 설을 부인한다. "청자의 색깔이 세련되고 세련되어 백자가 나온 것이며 색깔이 없는 것이 색깔이 있는 것보다 후대의 것이다. 청자는 백자로 가는 과정의 한 단계이며 백자가 궁극의 도달점이다. 이는 공자가 말하는 회사후소의 경지다."라고 했다. 흰색은 바탕이면서 도달점인 것이다.

17~18세기 당시 백자 항아리는 도자기의 종주국인 중국과 유럽으로 이름을 떨치기 시작한 일본에서도 많이 제작됐

다. 이들은 삼채, 오채 등 화려한 색깔로 갖가지 무늬를 장식했다. 달항아리 같은 순백자 항아리는 조선에만 있으며 한국인의 정서와 삶, 가치관, 미적 감각이 잘 담겨있다. 가운데 이어붙인 흔적도 감출 수 있음에도 오히려 드러냈다. 그 흔적은 한국미의 하나로 꼽히는 자연스러움, 가리지 않는 솔직함이다. 이는 주춧돌을 자연 그대로 살린 그랭이 건축법과도 상통한다. 그만큼 자연 친화적이다.

좌우 대칭성이라든가 완벽한 마무리 등은 처음부터 의도하지 않은 것이다. 인위적으로 정교하게 만들어진 형태는 기피하고 오히려 자연스럽게 배어 나오는 모습을 보면 달항아리를 흔히 '자연이 빚는다'고 표현하는 이유를 느낄 수 있다. 이러한 억지로 꾸미지 아니하고 단순, 간결하고 소탈, 대담하며 너그럽고 단아한 매력에 대하여 한 서구의 미술사학자는 "서구인들이 조선백자가 지닌 미의 세계에 다가서기 위해서는 한국 그 자체와 문화사에 상당히 깊이 파고들어 가야 한다"고 말한다.

"달항아리는 가장 우아한 한국적 디자인이면서 세계적인 디자인"이라는 생각을 가진 디자이너 김영세에 의해 달항아리는 평창 동계올림픽 성화대로도 재탄생했다. 문명비평가인 프랑스의 기 소르망은 국내 특강에서 달항아리는 어떤 문명에서도 찾아볼 수 없는 한국만의 미적, 기술적 결정체로 한국의 브랜드 이미지를 정하라면 달항아리를 심벌로 할 것이라고 했다. 작가 알랭 드 보통은 그의 저서 『영혼의 미술관』2013에서 "달항아리는 쓸모 있는 도구라는 점 외에 겸손의 미덕에 최상의 경의를 표하는 작품이며 그로부터 보다 나은 자아로 거듭나라는 도덕적 메시지를 발견할 수 있다."고 피력했다. 완벽하지 않은 형상이 오히려 관용과 겸허의 미덕에 대한 최상의 오마주라는 것이다. 대영박물관이 소장한 달항아리moon jar에서 영감을 얻어 만든 미니 항아리 '불완전 단지Imperfection Pot'는 그가 영국에 세운 '인생학교'에서 팔고 있는 아이템이다.

달항아리가 300년의 세월을 건너뛰어 현대인에게 가닿는 이유는 고독한 군상에게 정신적 심리적으로 안정감과 휴식을 주고, 간소함이 주는 미니멀라이프의 인테리어 소품으로도 적합하기 때문이다.

조선 후기에 등장했다가 갑작스레 자취를 감춰버린 탓으로 달항아리에는 미지의 신비로움이 있다. 아름다움과 기품, 절제의 흔적을 통해 오히려 여유로운 빛을 발하는 문화유산인 달항아리가 지니는 신비의 분위기는 근거를 추출하기는 요원하다. 아무 채색이나 장식 없이 하얀 달덩이처럼 풍만하고 깨끗한 달항아리에는 계수나무 아래 옥토끼가 떡방아를 찧는 곳, 달나라에의 꿈이 서려 있다. 우리 민족의 숨결을 머금은 달은 오늘도 여기저기에서 두둥실 떠오른다.

달하 노피곰 도드샤 머리곰 비취오시라
어긔야 어강됴리 아으 다롱디리

조선의 산하, 진경산수로 깨어나다

진경산수의 대가들이 앞다투어 청간정을 묘사했다. 위로부터 겸재 정선, 표암 강세황, 단원 김홍도의 수묵화.

문화를 식물에 비유하면 사상은 뿌리이고 예술은 꽃이라 할 수 있다.

— 최완수

1996년 4월에 2박 3일 불탔던 강원도 고성에 2019년 4월에 다시 대화재가 발생하였다. 강풍을 탄 큰 화재였음에도 인명피해가 적었으며 2005년 낙산사 화재 때와 같은 문화재 소실이 없었던 점은 크게 다행스러운 일이다. 이번 화재 진압을 위하여 한밤중에 일사불란한 지휘체계에 의해 800여 대의 소방차가 서울양양고속도로 위를 일렬로 질주하는 보기 드문 장관을 펼치기도 하였다.

고성은 금강산 관광이 2008년에 중단되는 바람에 다년간 지역경제가 침체의 고통을 겪고 있는데 설상가상이라더니 주민들의 심려가 클 것이다. 사실 고성엔 금강산 건봉사, 왕곡마을, 석호潟湖, 바닷물이 모래톱 등으로 막혀 형성된 호수로 민물과 해수가 넘나든다.로 이루어진 화진포 등의 역사유적이 많다. 그중에도 특히 조선시대의 정자로 관동팔경의 하나이며 강원도 유형문화재 제32호인 청간정淸澗亭이 아름답다.

화진포처럼 석호인 송지호에 있는 청간정은 설악산 골짜기에서 흘러내리는 청간천과 파도치는 동해를 내려다본다.

정자에 오르면 예나 지금이나 드넓은 바다가 펼쳐지는데 바위섬에 높이 솟아 부서지는 파도가 압도하는 웅장한 경치는 과객의 정취를 한껏 자극한다. 청간정의 澗은 '시냇물 흐르는 모습 간澗'으로 이름마저도 시적 감흥이 도도하다. 맑은 날 정자에 오르면 설악산 울산바위의 전경이 눈에 들어오고 1953년에 이승만 대통령이 쓴 현판도 눈길을 끈다. 조선의 진경회화를 개척하고 발전시킨 주역인 정선 강세황 김홍도의 세 사람이 차례로 금강산을 유람하는 길에 이곳에 들러서 전경을 묘사하는 그림을 남겼다는 사실은 의미심장하다.

조선 초기의 지배사상인 이기이원론의 주자성리학은 '율곡 이이'에 의해 이기일원론의 조선성리학으로 심화 발전하였다. 이를 바탕으로 서서히 조선 고유 예술 양식도 생겨났는데 그림 분야에서는 겸재 정선謙齋 鄭敾, 1676-1759의 진경회화眞景繪畫라는 독특한 화풍이 나타났다. 겸재 이전의 화가들은 중국 그림을 본뜨거나 상상으로 그림을 그렸다. 그림들에는 관념화된 중국의 산수화에 인물들은 중국 의복을 입었다. 겸재 시절에 비로소 그림 속 풍경을 조선의 산천으로 하였을 뿐 아니라 그 산천을 거니는 사람들도 조선인으로 하였다. 겸재에 의해 촉발되고 시대사조로 자리 잡은 진경산수화는 18세기 영조 정조 시절에 풍미했다.

37세에 금강산을 유람하는 등 여행가였던 정선은 특히

금강산의 두드러진 산골山骨에 매혹돼 수직준법을 창시하였고 한국적인 송림松林도 자기 나름대로의 필치로 대담하게 표현하였다. 〈금강전도〉와 〈인왕제색도〉, 〈만폭동도〉 등의 걸작은 생동감 넘치는 화면 구성을 보여준다. 수직준법 외에도 특유의 소나무 묘사, 미점들의 힘차고 살아있는 듯한 필력이 시원스럽다. '퇴계 이황'이 등장하는 천 원짜리 지폐의 뒷면에는 정선이 그린 〈계상정거도溪上靜居圖〉가 실려 있는데 도산서원을 그린 것이다.

이후 백 년간에 진경회화는 산수화와 풍속화에 두루 토착화를 이루었다. 겸재 정선으로부터 시작된 진경회화는 현재 심사정玄齋 沈師正, 표암 강세황豹菴 姜世晃을 거쳐 단원 김홍도檀園 金弘道, 1745-?와 혜원 신윤복蕙園 申潤福에서 마무리된다. 그러나 진경산수는 조선 말기에 접어들자 쇠퇴하고 화단은 중국 남종문인화의 흐름으로 되돌아갔다. 어떤 문화든지 시작과 끝이 있게 마련이니 진경회화도 마치 꽃봉오리가 부풀어서 만개했다 떨어지듯이 초창기의 질박함과 절정기의 난만함, 쇠퇴기의 세련됨을 거쳐 소멸해 갔다. 겸재 정선의 시기가 초창기라면 단원 김홍도가 활동하던 시기는 진경문화의 쇠퇴기에 해당한다.

겸재는 직접 전국을 다니며 우리의 인물과 자연을 화폭에 담았는데 작품은 말년으로 갈수록 수묵의 구사나 필력이 활달해져서 더욱 완숙해지고 화면에 생기가 넘치게 되었다. 대상에서 받은 인상과 감명을 극대화하여 대담한 재구성에 의해 실제 장면보다는 극적이고 과장된 표현을 구사했다. 반면 겸재와 달리 단원은 실제 경치를 보다 사실적으로 그렸다. 두 사람의 청간정 그림을 비교해보면 그 차이가 선명하다. 정조로부터 묘사력을 인정받은 단원은 금강산을 그려오라는 명을 받들어 답사의 기회를 누리며 『금강화첩』을 남겼다.

단원의 〈마상청앵도馬上聽鶯圖〉 말 위에서 꾀꼬리 소리를 듣다 : 지본담채 52x117 간송미술관 소장는 조선 후기 산수인물화의 최고 걸작으로 꼽힌다.

말 탄 선비는 단원 자신의 모습이라고 하는데 꾀꼬리 소리에 이끌려 말을 멈추고 고개를 돌려 나무 위를 올려다보

고 있다. 선비와 말을 몰던 아이의 시선이 머무는 버드나무 가지 위에 꾀꼬리 한 쌍이 앉아 있다.

수직의 긴 화폭에 비스듬히 쏠리는 언덕과 길의 대각선 구도가 대담한데 꾀꼬리의 화답 장면과 넋 나간 선비의 모습을 돋보이게 하려는 듯 버드나무는 간결하게 처리하여 길섶 한 곁으로 몰아 놓았다. 선비 일행 위로 비워 둔 하늘이 시원하다. 선비와 동자의 의습선은 단원 특유의 부드러우면서도 강인한 철선묘로 처리하여 조선옷이 가지는 넉넉한 옷맵시를 잘 표현하였다. 반면에 갓과 말 그리고 길섶 풀들은 먹의 번짐만을 이용하여 철선묘와 대조를 이룬다.

화면의 위쪽을 비워서 얻어낸 왼쪽 넓은 여백에 '화제'가 버들가지처럼 드리워져 있다. 시는 그의 친구 이인문이 지은 것이라는데 말 그대로 화중유시畵中有詩, 그림 속에 시가 있다. 동양화에는 서양화에서 볼 수 없는 '화제'라는 것이 있다. 그림의 한 옆에 쓴 글로 그림의 격조를 높이는 기능을 한다.

佳人花底簧千舌
韻士樽前柑一雙
歷亂金梭陽柳崖
惹烟和雨織春江

어여쁜 여인이 꽃 아래에서 천 가지 가락으로 생황을 부는가
시인의 술상 위에 귤 한 쌍이 놓였다.
어지럽다, 황금빛 베틀 북이 실버들 물가를 오고가더니
보슬비 자욱하게 이끌어다가 봄 강에 고운 깁을 짜 놓았구나

청각과 시각을 동원하여 꾀꼬리를 묘사하였는데, 꾀꼬리 소리를 꽃그늘에서 미인이 부는 생황 소리에, 꾀꼬리의 매력적인 색감을 시인의 술동이 앞에 놓인 귤에 비유한 것이다. 안개와 봄비를 가지고 봄 강물을 짰다는 발상이 기가 막힌다. 그림과 시가 어우러져서 만연한 춘정이 화면에 가득하다.

아름다움이 우리를 압도한다

비너스의 모습을 감상하는 것은, 아름다움과 사랑에 대한 깊이 있는 성찰을 통해 인간의 마음을 한 차원 높은 초월적이고 형이상학적인 '정신적인' 세계로 끌어올리는 역할을 한다. 비너스는 우주의 조화에 대한 완벽한 인격화(Venus Humanitas)다.
─15세기 신플라톤주의

〈비너스의 탄생〉이라는 동일한 제목으로 보티첼리, 카바넬, 부그로 3명이 그린 그림들은 세 작품 모두 매우 아름다워 사람들의 시선을 사로잡는다. 비너스는 미와 사랑의 상징이다. 이 그림들은 비너스의 상징에 걸맞은 미적 성취에 대하여 감탄을 불러일으킨다.

"상상력과 지성을 통해 인간은 자연과 예술 앞에서 말한다.-아름다움이 나를 압도한다." 이 말은 칸트의 언명인데 감명을 주는 회화 작품 앞에 서면 사람들은 그의 말에 전적으로 수긍할 것이다.

그리스로마신화에 따르면 하늘의 신 우라노스Uranos와 대지의 신 가이아Gaia 사이에서 최초의 인간인 티탄족이 탄생하였다. 그런데 하늘의 신 우라노스는 왕의 자리를 탐내는 자신의 자식들에 의해 죽임을 당할 것이라는 운명을 알고는 자식들을 모두 살해했다. 가이아는 아들 중 하나인 크로노스Kronos에게 복수를 명했다. 이에 크로노스는 낫으로 아버지의 생식기를 잘라 바다에 던져버렸다. 바다에서는 이내 하얀 거품이 피어나고 그 거품 속에서 아름다운 여신 비너스Venus가 태어났다. 비너스는 라틴어 이름인 베누스를 영어식으로 발음한 것이고 그리스 이름은 아프로디테Aphrodite인데 그 어원인 아프로스aphros는 '거품'을 뜻한다.

르네상스 여명기 화가 보티첼리Sandro Botticelli, 1446-1510의 〈비너스의 탄생〉은 〈봄Primavera〉과 함께 그의 대표작이다. 비너스는 지중해 푸른 바다의 거품으로부터 태어나 조개를 타고 바다 위에 서 있다. 그림 왼쪽에는 서풍의 신 제피로스와 그의 연인인 바다의 님프 클로리스가 있는데, 제피로스는 비너스를 향해 바람을 일으켜 그녀를 키프로스 섬의 해안으로 이끌고 있다. 비너스의 오른쪽에 펼쳐진 해안에서는 계절의 여신 중 봄의 여신인 호라이가 육지로 올라오는 비너스에게 망토를 덮어주려고 기다리고 있다. 망토는 데이지와 수레국화 등 봄꽃들로 화려하게 장식되어 있다. 주변에는 장미 꽃잎이 바람에 흩날린다. 10등신 비너스의 모델은 당시 피렌체의 최고 미인이었던 시모네타로 전해진다.

보티첼리, 〈비너스의 탄생〉 1485~1490년, 캔버스에 템페라, 180×280cm, 피렌체 우피치 미술관

고전미술에서 그림은 시와 소설과 철학과 과학을 전방위적으로 설파한다. 그처럼 〈비너스의 탄생〉에는 비너스와 등장인물들의 회화적 요소에 의한 신화적 서사와, 고전적 아름다움의 이상을 그대로 보여주며 육신과 정신의 세계를 아우르는 신플라톤주의적 상징과, 수레국화 데이지 아네모네 장미의 여러 가지 꽃무늬의 세밀묘사가 식물도감을 방불하는 사실주의와, 정형화된 V자 형태 패턴화에 의한 파도의 쐐기형 그래픽 조형미의 장식효과 등 살펴볼 내용이 많다. 풍부한 상징과 장식 그리고 시적인 느낌을 동시에 선사하여 다양한 구성이 그림 한 폭에 어우러져 거장의 솜씨를 뽐내며 작품의 위상을 높였다. 물론 그의 그림은 배경지식이 없어도 충분히 아름답다. 우아한 색과 공간의 조화 그리고 세밀한 세부 처리는 여러 색실로 그림을 짜 넣은 듯한 태피스트리tapestry 효과를 주었다.

〈비너스의 탄생〉은 세속적이고 신화적인 주제만을 다룬 최초의 회화일 뿐만 아니라 옷을 일부 또는 전부 벗은 고대 신들의 모습을 묘사한 최초의 그림이다. 비너스의 자세는 유명한 로마의 조각상을 모방하여 양손으로 몸을 가리는 '베누스 푸티카겸손한 비너스'의 형태를 취한 탓에 조각처럼 느껴지는데 꿈속에 잠겨 있다가 방금 깨어난 듯한 표정으로 신비로운 미의 여신을 효과적으로 표현해 내고 있다. 보티첼리 특유의 부드러운 곡선과 섬세한 세부 묘사가 탁월하다. 반면에 비례나 자세가 왜곡되어 있는 것 또한 보티첼리 작품들의 일반적인 특징이다. 목이 기형적으로 긴 데다 어깨선도 지나치게 좁고 처져있는데 이런 특징이 오히려 독특한 미감을 자극한다.

카바넬Alexandre Cabanel, 1823-1889의 〈비너스의 탄생〉은 1863년 살롱전에 출품하여 대상을 받은 작품이다. 그때는 바로 마네Édouard Manet, 1832-1883의 〈풀밭 위의 식사〉가 살롱 전에서 낙선한 해였다.

카바넬은 당대 최고의 화가로 평가받으며 살아 있는 동안 화가로서 누릴 수 있는 영예를 다 누렸다. 40대 중반에 '아카데미'라고 불리는 에콜 드 보자르École des Beaux-Arts의 원장이 되어 죽을 때까지 그 자리에 있으면서 세 번의 레종 도뇌르Legion d'Honneur 훈장을 받았다.

〈비너스의 탄생〉을 발표했을 때 대부분은 비너스의 아름다움을 격찬했다. 그럼에도 에밀 졸라의 비난은 신랄했다. "그녀는 살과 뼈로 만들어지지 않고 주로 분홍색과 흰색으로 되어있으며 케이크 위에 부드러운 장식으로 사용되는 마지르팡 종류로 만들어진 듯하다."

그러나 결과적으로 이 그림은 묘하게 에로틱함과 신성함이 얽혀 사람들에게 많은 호응을 얻었다. 크림같이 희고 부

카바넬, 〈비너스의 탄생 Naissance de Vénus〉 1863년, 캔버스에 유채, 130x225cm, 파리 오르세 미술관

드러운 살결의 표현이 대리석 조각처럼 우아하고 아름다운 느낌으로 이상적인 미의 세계를 느끼게 한다.

사실 이 시기에는 카바넬 뿐만 아니라 많은 화가가 신화 등을 핑계로 엄청난 누드화를 그렸다. 그림 속의 여성들은 대부분 신화, 그중에서도 비너스라는 핑곗거리를 옷 대신 걸치고 있었다. 고티에Théophile Gautier, 1811~1872라는 미술평론가는 1863년의 살롱 전을 "비너스의 살롱이다. 벗고 벗기고, 또 훔쳐보는 누드들로 가득 차 있다."고 야유하였다. 많은 비평가도 그 의견에 동조하여 외설이냐 예술이냐의 갑론을박을 펼쳤으나 이 작품을 나폴레옹 3세가 구입하여 모든 논란을 불식시켰다. 외설을 운운했던 평가는 '선의 아름다움', '형태의 완성미', '수학적으로 잘 계산된 완벽한 인체의 비례', '경지에 이른 채색' 등의 말들로 가려졌다.

카바넬과 같은 시기에 비슷한 화풍을 지녔던 부그로William-Adolphe Bouguereau, 1825-1905도 프랑스의 전형적인 아카데미 회화를 고수하는 화가였다. 에콜 데 보자르에서 그림을 배워 로마상을 수상했고, 수많은 후학을 양성했다. 수십 년 동안 '살롱전'에 정기적으로 작품을 전시하며 당대의 가장 유명한 프랑스 살롱 화가가 되었다. 프랑스와 미국에 폭넓은 영향을 미치며 상당한 인기를 얻었고, 작품에는 최고의 가격이 매겨졌다.

부그로 〈비너스의 탄생(Naissance de Vénus)〉 1879년 캔버스에 유채 300x215cm, 파리 오르세 미술관

부그로의 작품은 매우 정교하고 나무랄 데 없는 사실적 표현 위에 감상적인 분위기가 현저하여 사람을 반하게 하는 마력이 있다. 후기에는 라파엘 전파의 양식으로 종교화를 그려서 파리의 여러 교회를 장식했다.

부그로는 회화에서 정통성을 주장하며 살롱전에서 인상파를 비롯한 실험적인 화가들의 작품을 몰아내는 데 앞장섰다. 그러나 고도의 인내력이 빚어낸 완벽한 기교의 화풍은 반아카데미파의 진보적인 젊은 화가들에게 진부함으로 비추어졌고, 조롱의 대상이 되기도 했다. 그의 제자였던 마티스가 그에게 등을 돌렸으며, 드가나 모네 같은 화가들은 별 개성 없는 그림에 대해서 "꼭 부그로 같네."라는 식으로 비아냥대곤 했다.

아카데미의 권위가 높던 시절에 부그로는 영화를 누릴 만큼 누렸지만, 인상파 등 근대미술의 변곡점에서 신고전주의는 명맥이 끊어졌다. 화단의 분위기가 바뀌면서 마치 타파해야 할 고루한 보수가 오로지 부그로 한 사람뿐인 양 가혹할 정도로 그의 그림은 비판의 대상이 되었다. 독창적 시각과 기법상의 대담성을 갖지 못하고 매끈하고 판에 박힌 그림이라고 평가절하당하며 잊혔다. 그에 대한 재조명이 이루어진 것은 1960년대 이후 경매 시장에 그의 그림이 다시 등장하면서부터이다.

부그로가 평생 그린 그림들 중 누드화가 차지하는 비율은 10%도 되지 않는다. 그러나 고전적 아름다움과 낭만적 정서를 담뿍 안은 그의 누드화가 워낙 유명해져서 그를 누드화가로만 기억하는 이도 적지 않다.

카바넬의 그림처럼 이 그림도 적나라하다. 여성의 누드가 노골적으로 표현되었다. 그러면서 그림 속의 비너스는 자신의 눈을 가리거나 고개를 돌려 외면한다. 이 그림들은 보티첼리 그림에서의 수줍으면서도 정숙한 자태와 마네의 〈올랭피아〉에서의 노골적인 시선 사이에 있다. 카바넬과 부그로는 고도의 숙련 과정을 거친 고전주의 화풍을 추종하여 다비드와 앵그르의 뒤를 잇는 완벽한 고전주의 기교를 구사하며 전통을 유지 계승하는 마지막 세대였다.

그들의 그림들은 인체를 통한 아름다움의 정수를 보여준다. 순결과 관능 사이에서 인체의 아름다움에 대한 이상화가 자아내는 동경의 분위기 가운데 사람들은 이제는 사라져 간 그들의 정련된 솜씨를 그리워한다.

햇살이 선사하는 따스한 푸른색 평화

오지호 〈남향집〉 1939. 65cm×80cm 국립현대미술관 소장

오지호吳之湖, 1905-1982가 1939년에 그린 〈남향집〉은 우리에게 어떤 의미를 지니는가. 덕수궁의 국립현대미술관은 많은 소장품 중에도 이 그림을 상설로 전시하다시피 자주 내건다. 그림에 다가간 사람들에게 문득 평화로움을 누리게 해주는 〈남향집〉은 지난 시절을 회상하게 하면서도 정서적으로는 매우 미래지향적이다. 우리가 궁극에 가닿고 싶은 마음의 안식처에 대한 지향점을 가리키고 있기 때문일 것이다.

근대문화재로 지정되었다시피 초창기 서양 회화의 대표작으로 꼽을 수 있는 이 그림만큼 우리나라의 서양 회화사에서 한국의 고유한 정서를 체화하여 표현한 작품은 많지 않다. 그림 속의 초가집은 크지 않은 규모에 조촐한 살림살이지만 누추하지 않게 밝은 톤을 유지하여 우리로 하여금 포근한 동경의 염을 품고 고요히 풍경 속에 잠길 수 있는 여지를 마련한다. 그리하여 그 집의 툇마루에 걸터앉아 맑은 우물물 한 사발을 대접받는 환상에 기꺼이 잠겨볼 수 있다.

햇살 가득한 양지쪽의 초가집은 화가가 젊은 시절 개성에서 거주했던 집이다. 그는 그곳 송도고보에서 광복 전까지 10년간 교사로 재직하였다. 문설주에 기댄 빨간 옷을 입은 소녀는 화가의 둘째 딸 '금희'이고 담 밑에서 조는 듯 엎드려 있는 흰 개는 그의 애견 '삽살이'다.

오지호는 1935년부터 서구의 인상주의 화풍에 심취하여 이를 우리 민족의 고유한 감성에 도입시키고자 새로운 길을 모색하고 있었다. 〈남향집〉은 그러한 한국적 토착 정서를 성공적으로 구현했다. 꿈틀거리는 고목의 청색 그림자와 토담의 보라색 그림자가 그러한 특징을 여실히 보여준다. 그는 어둠이란 빛의 소멸이 아니라, 빛의 중첩으로 봤다. 빛의 눈으로 보면, 그림자에도 색이 있다. 푸른빛 그림자는 오지호를 '한국적 인상주의'의 선두주자로 자리매김하게 했는데 청명한 공기와 어우러진 한국의 자연과 초가집과 토담은 투명하고 밝은 색채감각으로 빛난다.

인상주의 토착화의 기수로서 1937년에 그린 또 다른 걸작 〈사과밭〉은 5월의 태양 빛 아래 만개한 사과밭의 아름다움을 수려하게 보여주고 있다.

훗날 모후산인母后山人, 모후산은 화순에 있는 산으로 불리며 호남 화단에서 거목의 자리를 누렸던 오지호는 전남 화순의 부유한 지주 집안에서 태어났다. 부친은 보성 군수를 지낸 오재영이다. 오지호는 휘문고보를 거쳐 일본 도쿄미술학교에서 프랑스 정통 인상파의 기법을 익혔다. "회화는 빛의 예술"이라는 선언은 일본 인상파 미술 교육의 소산이고, "조선 사람이 요구하는 것은 명랑하고 찬란한 색채"라는 말은 조선의 주체성을 의식한 말이었다. 이는 당시의 '향토색' 논란과 관련이 있다.

당시 조선미전의 일본인 심사위원들은 조선인의 기개를 저하시키려는 식민지 문화정책의 일환으로 심사의 요건에 소위 '지방색地方色'을 제시하였으며, 그 결과 초가집, 장독대, 흰옷, 빨래하는 아녀자, 아이 업은 여자, 담뱃대를 문 노인 등의 풍속적인 소재들을 다룬 그림들을 우대하였다. 교묘하게 무기력한 정서를 조장한 것이다. 이러한 일제의 계략을 간파한 '향토색' 논란은 후에 윤희순, 김용준, 김복진 같은 한국인 평자들에 의해 본격적으로 제기되었다.

인상주의의 길을 같이 걸었던 월북화가 김주경1902-?과 함께 1938년에 자비로 출판한 『오지호·김주경 2인 화집』은 한국회화사의 이정표가 되었다. 해방 후 김주경은 월북하여 평양미술대학에 자리를 잡았고 오지호는 광주로 내려가 조선대학교에 터를 잡았다. 미술사가 최열은 이를 일러 '북엔 김주경, 남엔 오지호'라고 했다.

민족주의자였던 그는 6·25때 부역자, 빨치산의 전력 등으로 고초를 겪다가 동복 오씨 집안에서 백방으로 노력한 덕분에 무죄 방면되었다. 이후 1961년에도 전력을 문제 삼아 체포되었으나 이때에도 집안의 옹호 덕분에 무죄로 풀려났다. 이러한 시대의 우여곡절을 겪어내면서도 그는 무등산

자락의 초가에 줄곧 기거하며 호남의 정감 어린 시골 풍경과 산야, 바다의 풍광을 캔버스에 담았다. 1982년 교통사고 후유증으로 사망한 뒤 그의 부인이 작품 34점을 국립현대미술관에 기증하였다. 화가의 거처는 지방문화재 제6호로 지정되었다.

그는 이론에도 고집 센 일가견을 밀고 나아가며 「구상회화선언」 「현대회화의 근본 문제」 등의 논문을 발표하여 색채와 빛의 표현을 본질로 한 순수 회화론을 주장하였다. "비구상 미술은 미술이 아니다."로 피카소를 비판하고 "회화는 빛의 예술이고 태양에서 생겨난 예술이므로 그림은 생명력을 지닌 순수미술이어야 한다."며 자신의 예술이념과 사상을 펼쳤다. 그는 국어교육에도 지대한 관심을 갖고 「국어교육에 대한 중대한 오해」 「알파베트 문명의 종언」 등의 글을 발표해 한글전용을 비난하면서 국한문 혼용을 주장했다.

"회화란 자연이면서 현실의 자연과는 다른 자연 즉, 현실의 자연에는 없는 새로운 자연을 만드는 일"이라고 한 오지호는 자연, 그 자체를 사랑한 철저한 심미주의자였다.

격랑의 세월 속에 투철한 민족주의자로서 15년간 생사를 넘나드는 고초를 겪고도 그는 화폭에 공포와 기아와 학살을 담지 않았다. '자연과 단둘이 있을 때 살고 있다는 행복을 느낀' 오지호의 작품들에는 오로지 세상과 자연에 대한 따스한 사랑만이 가득하다.

복숭아꽃, 오얏꽃 흐드러진 곳에

 구미시 선산읍의 유적지들은 각별하게 고즈넉하다. 별스럽고 유난스럽지 않은 가운데 옛 시절로 이끄는 분위기는 우리의 자세를 저절로 가지런하게 한다. 쟁쟁한 유림의 무리를 배출하여 자긍심 드높은 선산은 선조들의 정신을 이끌었던 구심점을 돌아보며 사색에 잠기게 한다.
 낙동강 변 굽이도는 고즈넉한 산골 마을은 따스한 봄볕 아래 푸른색이 완연하다. 이렇듯 새로운 봄은 세세연년 찾아드니 말 없는 산천의 넓은 가슴은 천년의 영고성쇠를 고스란히 품고도 넉넉하다. 나그네를 반겨 흐드러진 꽃 치레를 펼쳐주는 금오산 기슭 여정의 발걸음이 선계를 드나든다.

금오서원

금오서원

포은 정몽주, 목은 이색과 함께 '고려삼은三隱'의 한 명인 야은 길재1353-1419는 여말선초麗末鮮初, 두 왕조를 섬길 수 없다 하여 관직을 버렸다. 그리고 고향인 선산의 금오산金烏山에서 은거하며 오로지 학문에 매진하여 후학양성에 전념했다. 금오산은 끝이 뾰족한 붓 모양을 닮은 전형적인 필봉인데 이런 지역에서는 대대로 문장가가 많이 배출된다고 한다. 실제로 야은의 학통은 훗날의 김종직, 정여창, 김굉필로 이어지는 영남학파 사림의 기반을 이루었다.

훈구와 사림이 오랫동안 대립하다가 선조의 즉위로 사림정치의 장이 열리면서 사림들은 김굉필·정여창·조광조·이언적·이황을 오현五賢으로 추존하였는데 그중에 조광조 외의 4명이 영남 출신이다. 그러므로 "조선 인재의 반은 영남에 있고 영남 인재의 반은 선산에 있다."는 말이 나왔다.

읍청루　　　　　　　　　　오세창의 현판 글씨

　금오서원金烏書院은 길재의 충절을 기리기 위해 선조 3년 1570에 금오산 자락에 세웠으며 선조 8년1575에 사액서원이 되었다. 임진왜란 때 소실된 것을 선조 35년1602에 지금의 선산읍으로 자리로 옮겨 다시 지었다. 또한 흥선대원군의 서원철폐령에도 철거되지 않았다. 서원의 입구에 읍청루가 높다랗다. 경내에는 위패를 모시고 있는 상현묘를 비롯하여 정학당, 동재와 서재 등이 있다.

　오늘날에는 몹시 퇴락한 모습으로 폐가의 분위기를 풍기는 서원의 경관은 마치 유학이 처한 위상의 상징처럼 여겨진다. 세상은 변하고 그 시대를 대변하는 사상도 변한다. 지난날 민초들의 삶 구석구석과 생사관을 지배하던 유교적 가치관이 불과 100여 년을 못 가서 이렇게 시대의 유물로 몰락하였다. 저 쇠잔하게 허물어져 가는 서원의 모습이 기력을 다한 지배사상의 무상함에 대한 감회를 불러일으킨다. 어떤 사상도 이념도 영원한 것은 없다.

죽장동 오층석탑

국보 제130호인 죽장동 오층석탑은 선산 시내에서 서쪽으로 약 2㎞ 떨어진 죽장사 터에 있다. 바닥돌에서 머리 장식에 이르기까지 100여 개가 넘는 석재로 짜여 있으며, 전탑형의 5층 탑으로는 국내에서 가장 높은 탑으로, 높이가 10m에 이른다.

탑은 2단의 기단 위에 5층 탑신을 세우고 그 위로 머리장식을 얹고 있는 거대한 모습이다. 탑신부 1층 몸돌 남쪽 면에는 불상을 모셨던 것으로 보이는 감실龕室이 마련되어 있으며, 그 주위로 문을 달았던 흔적이 남아 있다. 지붕돌의 아래 윗면은 전탑에서와 같이 계단 모양으로 이루어져 있다.

통일신라시대 전형적인 양식인 2단의 기단을 형성하고 있지만, 기둥 조각을 새기지 않은 탑신의 모습도 또한 전탑의 양식을 모방하고 있다. 안동과 의성지역에서 유행했던 모전석탑계열로 보이며, 웅장하고 세련된 통일신라 석탑의 우수한 조형미를 잘 보여주는 작품이다.

이밖에도 선산은 신라에 불

교가 처음 전파되었을 때와 인연이 있는 곳이므로 거대한 석탑이 많이 남아 있다. 고분군에서 멀리 보이는 낙산동 삼층석탑도 유사한 석탑의 하나다. 폐사지의 한 가운데 신라 시대 이래 유구한 불교 역사의 자취를 보여준다.

도리사

고구려의 승려 아도화상이 신라 19대 눌지왕417 때, 불교가 없었던 신라에 포교를 위해 왔다. 그가 불교 전파를 위하여 서라벌에 갔다 돌아오는 길에 한겨울인데도 복숭아꽃과 오얏꽃이 만발한 곳을 발견하여 절을 짓고 도리사桃李寺라 하였다. 이곳이 해동불교의 발상지인 태조산 도리사다. 아도화상이 신라에 불교를 전하러 올 때 모셔온 세존 진신사리가 발견된 곳으로 적멸보궁이 있다. 사리탑에서 나온 금동육

도리사석탑

아도화상이 참선했다고 하는 좌선대

대둔사의 꽃살문이 내소사와 닮은 것으로 미루어 건축연대가 비슷한 것으로 여긴다.

각사리함은 8세기 중엽통일신라에 만들어진 것으로 추정하는데 국보 208호로 지정되어 직지사가 소장하고 있다.

그밖에도 울창한 소나무 숲을 배경으로 해동최초가람답게 소중한 유물이 많다. 그중에 보물 470호로 지정되어 있는 고려시대 석탑인 도리사석탑이 특별하다. 일반적인 탑들과는 다른 특이한 형태로 몸돌과 지붕돌 윗부분의 층단 구성이 모전석탑으로 보인다. 탑신부의 1층과 2층 몸돌은 작은 정사각형의 돌을 2~3단으로 쌓아 마치 벽돌을 쌓아 올린 것처럼 보인다. 이처럼 희귀한 모습을 한 탑은 유례를 찾아보기 힘들다.

아도화상과 관련하여 도리사가 위치한 해평면과 이웃한 도개면에 모례장자의 자취가 있다. 아도에게 가해지는 탄압이 심해지자 모례가 그를 자기 집의 머슴으로 위장하여 3년 동안 숨겨주었다고 한다. 그곳의 우물터가 모례장자샘傅 毛禮

복숭아꽃, 오얏꽃 흐드러진 곳에

家井으로 불리는데 신라 불교의 전파를 알려주는 유적이다. 낙동강을 건너는 도개교가 있는 도개면 도개리라는 지명은 '불도가 열렸다'는 의미로도 '복숭아꽃이 피었다'라는 의미로도 해석이 가능하다.

이밖에 옥성면의 대둔사를 신라 눌지왕 30년446에 아도화상이 세웠다는 설이 있다. 대웅전은 양식으로 미루어 17세기의 건축물로 추정한다. 뜰의 천리향과 명자나무, 홍매가 인상 깊다.

수다사

도리사는 그 이름 자체에 꽃 경치를 펼치지만 수다사水多寺로 향하는 길도 경관이 아름답다. 도화, 이화뿐만 아니라 끝물의 매화며 한창인 벚꽃이며 꽃구름 속에 아기자기하게 예쁜 동네가 화창한 봄날에 평화롭다.

수다사는 통일신라 후기에 진감국사가 연악산 상봉인 미봉에 하얀 연꽃 한 송이가 피어있는 것을 보고 절을 세워 연화사라고 했다. 조선 선조 5년1572에 사명대사가 수리 보완하고 이름을 수다사라 하였다. 절 이름의 水는 감로수를 뜻하는데 감로수로 중생의 번뇌를 씻어낸다는 의미다.

명부전의 내부 벽에 그려진 〈지옥도地獄圖〉가 유명하다. 영조 42년1771의 제작 시기를 기록하고 있고 상태가 거의 완벽한 귀중한 작품이다.

낙산동 고분군

3세기에서 7세기 중반기의 가야와 신라의 무덤들로 총 205기에 달하며, 낙동강 동쪽에 인접한 해발 700m 내외의 광범위한 구릉지대에 분포한다. 무덤을 덮은 봉분은 원형과 표주박형으로 되어있고, 내부는 널무덤토광묘, 독무덤옹관묘, 돌덧널무덤석관묘으로 되어있다. 여기에서 많은 유물이 출토되었다. 이 무덤들은 당시 이 지역에 존재한 세력의 크기와 문화를 알 수 있는 중요한 자료다.

여기는 도솔천이다

경기도의 끝자락에서 서울과 충청북도를 잇는 안성安城은 오랫동안 교통의 요지였다. 자연스레 팔도의 농산물과 생활 수공예품들이 집결되는 문화의 접경지대가 이루어졌다. 그런 연유로 높은 예술성을 지닌 '안성맞춤'의 유기와 민초民草들의 유랑극단인 '남사당패'의 고장으로 자리 잡았다. 역사적 인물들과의 관련에 따라 『허생전』, 『임꺽정』, 『장길산』 등 소설의 무대가 펼쳐졌으며 현대의 배출 문인으로는 박두진 조병화 등이 있다. 그러므로 오늘날 모두가 평안한 마을, 안성시는 장인정신과 문화예술이라는 키워드로 '장인의 혼이 살아있는 예술도시'를 표방한다.

안성의 가장 큰 자랑거리는 이 지역의 특산품인 유기鍮器, 놋그릇다. 안성유기는 구리와 주석의 월등한 합금 기술에 힘입어 견고하고 광채가 우수했으며 정교한 제작기법은 작고 아담한 그릇을 만드는 데 적합했다. 품질이나 모양이 서울 양반들의 마음에 꼭 들었는데 바로 여기서 안성유기를 일컫는 '안성맞춤'이란 말이 생겨났다.

안성의 들판에는 유독 석불입상이 많다. 미륵불로 불리는 16개의 불상들이 너른 들녘 여기저기에 우뚝하다. 가히 유례를 찾기 힘든 '미륵의 고장'이라 불릴만하다. 이는 화순의 벽나리 민불처럼 불상이 사찰을 벗어나 마을로 내려온 경우로 불교가 민간신앙의 선돌문화와 결합하여 토착화된 것이다. 매산리 미륵입상태평미륵, 죽산리 석불입상, 아양동 석불입상과 보살입상, 기솔리 쌍미륵, 국사암 석조여래입상궁예미륵불의 삼존불, 대농리 석불입상 등의 돌미륵들은 민중의 고단한 삶을 묵묵히 지켜보며, 새 희망을 붙잡으려는 간절한 희원을 오늘도 열심히 듣고 있다.

미륵彌勒불은 대승불교의 대표적 보살 가운데 하나로 천상天上의 정토淨土인 도솔천兜率天에서 보살菩薩로 정진하며 56억7천만 년 뒤에 이 세상에 나타나 용화수 아래에서 3회의 설법으로 모든 중생을 구제하고 성불한다는 미래불未來佛이다. 기독교에서 말하는 천년왕국을 가져다줄 메시아와 같은 맥락이다.

안성장場은 충청, 전라, 경상의 물산들이 서울로 올라가는 길목이라서 조선에서 가장 번성한 곳의 하나였다. 박지원朴趾

매산리 미륵입상(태평미륵)   죽산리 석불입상

국사암 석조여래입상(궁예미륵불의 삼존불)

아양동 석불입상

대농리 석불입상

源, 1737-1805의 『허생전』에서 허 생원이 한양의 제일 부자인 변 진사로부터 일만 냥을 꾸어 안성유기와 과일 장사를 하여 큰돈을 번 곳이 바로 여기다. 번화한 곳일수록 민초들의 삶에 그늘은 더 짙었을 것이다. 그러므로 언젠가 미래에 미륵불이 나타나 모두가 평등하고 고루 행복을 누리는 살기 좋은 세상을 만들어 줄 것이라는 염원의 미륵사상이 안성의 민중에게 보다 더 간절했으리라.

경기도 최대의 돌미륵은 죽주산성 아래에 있는 매산리 석불입상으로 높이가 5m가 넘는다. 안성에서 가장 대표적인 미륵불로서 태평미륵으로 불린다. 보관을 쓴 얼굴이 몸 전체의 1/3 이상을 차지하고 있어 균형이 잡히지는 않았다. 크기에 비해 위압적이지 않고 투박하지만 친근한 모습이다. 다른 불상들과 달리 미륵당이라고 불리는 누각 안에 있다.

죽산리 석불입상은 연꽃 대좌 위에 놓인 높이 3m 남짓한 석조여래입상으로 죽주산성 아래 쓰러져 있던 것을 이곳으로 옮겼다. 손바닥이 밖으로 보이는 여원인與願印, 중생의 소원을 다 들어준다는 수인이 의미심장하다.

아양동 석불입상과 보살입상은 할머니, 할아버지 미륵으로 불린다. 논이었던 곳에 아파트 단지가 들어서는 바람에 불상이 시내의 건물들 사이에 서 있게 되었다. 왼쪽 불상은 하체는 땅속에 묻혀 있고 오른쪽 불상은 전신상이다.

삼죽면 기솔리 쌍미륵은 원래는 삼존불이었던 것으로 추측한다. 마치 한 쌍의 부부 장승처럼 긴 자태로 서 있다.

쌍미륵 근처에 있는 국사암 석조여래입상은 일명 궁예미륵으로 본존과 양옆에 보살을 배치한 삼존불 양식이다. 불상이라기보다는 문인석처럼 생겼으며 발목 이하는 땅에 묻혀 있다.

안성에는 돌미륵에 못지않게 칠장사 청룡사 석남사 등의 천년고찰도 많다. 그래서 제2의 경주라고도 한다.

칠현산 칠장사七賢山 七長寺는 선덕여왕 5년636에 자장율사가 창건했다고 한다. 고려 현종 5년1014에 혜소국사가 크게 중수했다. 조선 후기의 건물인 대웅전은 맞배지붕에 다포多包 양식으로 칸마다 2개의 공포拱包를 설치했다. 내부 천장은 우물천장으로 불화와 연꽃무늬로 채색되어 있으며 당시 소규모 절의 대웅전 건물의 특징을 잘 보여준다. 수리를 하지 않아서 빛바랜 단청이 허공을 휩쓴 바람과 서리의 역사를 들려준다.

이 절은 유독 궁예, 임꺽정, 박문수 등의 역사 인물들과 얽힌 일화를 많이 갖고 있다. 후고구려의 궁예弓裔, ?-918 고려태조 원년가 활쏘기를 하며 10살까지 여기에서 지냈다고 한다. 궁예가 스스로 미륵불로 칭했으니 국사암 삼존불을 궁예미륵으로 부르는 연유가 되기도 한다. 혜소국사가 일곱 명의 도적을 제자로 삼아 교화하여 7나한의 현인으로 만들었다고 하여 산 이름이 칠현산이다. 나한전에 혜소국사와 제자들의 석상이 사이좋게 둘러앉아 있다. 조선시대 암행어사 박문수朴文秀, 1691-1756가 이곳 나한전에서 묵다가 꿈에 나한들로부터 과거 시제를 얻어 장원급제를 하였다는 '몽중등과시夢中登科詩'의 이야기가 전한다. 나한전은 그 후 3차례의 화재에도 무사한 행운의 장소이기도 하다. 덕분에 경산의 팔공산 갓바위처럼 각종 시험을 앞두면 붐비는 기도처가 된다.

홍명희의 소설로 유명한 의적 임꺽정林巨正 ?-1562. 명종17의 스승은 이곳 갓바치 출신 스님인 병해대사다. 임꺽정이 스승을 위해 세웠다고 전하는 불상이 '홍제관'에 있으며 '꺽정불'이라고 한다. 인목대비가 아버지 김제남과 아들 영창대군의 영혼을 달래기 위해 원찰로 삼았던 곳이기도 하다.

이곳의 사천왕상四天王像은 진흙으로 빚은 소조塑造작품으로 우리나라에서는 드문 경우다. 부처님의 연화대좌와 달리 사천왕들은 마귀들을 짓밟고 있는 모습의 생령좌生靈座를 하고 있다. 마귀들은 불법을 해치는 존재다. 그러나 불법을 접할 행운을 얻은 자이기도 하다. 그래서 사천왕 발아래에 있으면서도 그다지 괴로운 표정이 아니다.

국보 296호의 오불회괘불탱화五佛會掛佛幀畵는 야외 의식용의 대형 불화로, 우리나라에 현존하는 괘불 중 3번째로 오래됐다. 나한전 옆에 있는 혜소국사비碑, 1060는 보물 제488호로 지금은 비와 받침돌, 몸돌, 머릿돌이 각각 따로 놓여있다. 특히 몸돌은 검은 대리석으로 만들었는데 양 측면에 두 마리의 용의 새김이 예사롭지 않다.

대웅전 옆에는 봉업사지奉業寺址에서 옮겨온 석조여래입상石造如來立像, 보물983호이 있다. 불상과 광배光背가 하나의 화강암으로 만들어졌다. 불꽃무늬와 부처가 새겨진 광배의 조각 기법이 매우 우수하며 부처는 연꽃이 아닌 구름에 앉은 화불化佛이다. 고려시대 작품이지만 통일신라시대의 화려한 조각 솜씨를 보여준다.

이 외에도 칠장사는 삼불회괘불탱보물1256호 1710 인목대비1584~1632 친필 칠언시보물 1627호 철당간지주와 청동범종 등의 여러 문화재를 간직하고 있다.

서운산 남쪽 기슭에는 청룡사가, 그 너머 동북쪽 기슭에 석남사가 있다.

서운산 청룡사瑞雲山 靑龍寺, 원종 6년인 1265년에 창건는 나옹

칠장사 오불회괘불탱화 국보296호

여기는 도솔천이다 223

왕사懶翁王師가 공민왕 13년1364에 크게 중창하여 절 이름을 청룡사라고 하였다. 조선 인조의 셋째 아들인 인평대군의 원찰이었다.

고려 시대의 건축 양식을 보여주는 대웅전보물 824호은 기둥으로 쓴 느티나무괴목를 구불구불한 아름드리나무의 껍질만 벗긴 채 본래의 모습 그대로 기둥으로 세웠다. 인위의 손질을 자제한 심미안에 더하여 자연 친화적 슬기가 감동으로 다가온다. 기둥으로서의 역할을 다하여 때가 되면 스스럼없이 자연으로 돌아가리라는 나무의 여정을 읽는다.

대웅전 4줄의 주련이 『금강경』의 구절을 전한다.

古佛未生前凝然一相圓釋迦猶不會迦葉豈能傳
부처 이전에도 둥근 상이 있었으니
석가도 모르는 법을 가섭이 어찌 전할 수 있으랴

승산선사의 '오직 모를 뿐'이라는 화두가 떠오른다. 결국 언어도단의 경지에서 누구나 스스로 도를 통해 깨달아야 하므로 치열한 정진의 길은 고독하고 고독하다.

청룡사는 조선 말기에 안성장터를 중심으로 전국을 떠돌면서 공연했던 남사당패의 근거지다. 경기도 무형문화재 21호인 안성 남사당 풍물놀이는 조선 후기 서민층에서 자연발

생적으로 생겨난 민중놀이 집단이다. 웃다리농악 등이 전래되며 경기농악의 중심적인 역할을 하고 있다. 바우덕이_{金巖德, 김암덕을 풀어 바우덕이라 함}는 15세에 우리나라 최초로 여자로서 남사당패의 우두머리 꼭두쇠가 된 천재 예인이다. 줄타기, 춤, 노래 등에 두루 능했던 그가 이끄는 남사당패가 대원군의 주선으로 경복궁 중건에 지친 노역자를 위로하는 공연을 했다. 그 공로로 고종으로부터 정3품에 해당하는 옥관자를 하사받기도 했다. 청룡사 근처에 바우덕이 사당과 묘가 있으며 안성시가 바우덕이 축제를 열고 있다.

대웅전 안에 동종_{銅鐘, 보물11-4호 1674}이 있으며 영산회괘불탱_{靈山會掛佛幀畵, 보물1257호 1658} 감로탱_{보물1302호, 1692} 등의 문화재가 있다. 사찰 숲길을 찾아 오르면 '적요함에 숨는다'는 은적암_{隱寂庵}이 아늑하다.

황석영의 대하소설 『장길산』에서 청룡사는 장길산의 스승인 운부대사가 "미륵의 세상은 민중의 힘으로 만드는 것"이라는 혁명사상을 설파하는 장소로 비중 있게 등장한다.

서운산 석남사_{瑞雲山 石南寺}는 통일신라 문무왕 20년₆₈₀에 창건하였으며 조선의 자복사찰_{왕실의 안녕을 비는 절}이었다. 조선조의 억불정책에도 복을 비는 사찰로 남겨둔 것으로 미루어 당시 안성에서 가장 큰 규모의 사찰로 추측한다. 조선시대에 세워진 영산전_{靈山殿, 보물 823호}은 석가모니불상과 그 생애를 여덟 가지로 나누어 그린 팔상도가 외벽에 그려져 있고 석가삼존불의 불단 좌우에는 16나한상이 있다. 조선 초기에서 중기 사이의 건축 양식을 갖추고 있는 균형 잡힌 건물로서 건축사 연구에 소중한 자료다. 팔작지붕에 다포 양식인데, 공포의 끝이 짧고 약간 밑으로 처진 곡선을 이루며 조선 초기 건물에 공통으로 나타나는 기법이다.

석남사의 마애여래입상은 앞으로 향하는 발 모양이 고려시대 양식이고 'U'자 옷 주름은 신라양식을 보여주므로 고려 초기 작품으로 추정한다. 석남사 대웅전에는 삼존불이 모셔진 수미단 뒤로 공간이 있어 법당을 한 바퀴 돌 수 있는데 이는 고려조 사찰의 특징이다.

통일신라 때 건립된 죽산리 봉업사는 고려 태조 왕건의 진영을 모신 사찰이었다. 현재 폐사한 봉업사지奉業寺址에는 보물435호인 오층석탑을 비롯해 당간지주 등 많은 석조문화재들이 남아 있다. 2004년 10월 3차 발굴에서 범종을 제작할 때 사용한 유구들을 찾아냈다. 이런 발견은 처음 있는 일로 전통 범종의 주조 방법을 알 수 있는 유적으로 고고학적 의미가 크다.

성벽을 따라 걸으면 안성 벌판을 볼 수 있는 비봉산 죽주산성은 서울과 충청북도를 왕래하는 길목에 있다. 고려시대에는 몽고와, 임진왜란에는 일본과 전쟁을 벌인 곳이다.

이진터죽산성지는 병인박해1886 때에 수많은 천주교 신자들이 목숨을 잃은 곳이다. 당시 "이곳으로 끌려가면 죽은 사람이니 잊으라."는 의미로 '잊은터'라 불렸다고도 한다. '이진터'라는 이름의 유래다.

기독교문화재로는 프랑스 보르도 출신인 꽁베르 신부가 우리나라에 와인용 포도를 처음 심었다는 구포동성당이 있으며, 김대건金大建 신부 묘가 있는 양성면의 유서 깊은 미리내 천주교 성지는 아름답게 조성되어 안성시의 정신적인 휴식처가 되어주고 있다.

봉업사지 오층석탑

'적요함에 숨는다'는 은적암(隱寂庵)

안성에는 크고 작은 저수지와 호수가 많은데 특히 고삼호수는 10월의 환상적인 물안개로 유명하여 전국의 사진작가들이 몰리는 곳이다.

경기도 무형문화재 제34호인 안성 향당무香堂舞는 서민적 정서와 나라의 안녕을 표현한 안성 지방의 전통춤이다.

학사루와 광풍루가 선비를 말하다

 최치원과 정여창을 만나는 곳, 경남 함양은 '좌안동 우함양으로 불릴 만큼 유학과 사림과의 인연이 깊은 곳이다. 한림학사 최치원에서 그 이름이 연유하는 학사루가 있고 정여창이 광풍제월光風霽月, 소나기 한번 지나간 후 말쑥한 경치에서 이름을 딴 광풍루가 있다시피 이곳은 누각과 정자의 고장이다. 자연과 어우러진 정자와 누각은 선비들의 풍류와 한유한 삶을 대변한다. 김종직이 함양 현감을, 정여창과 박지원이 안의 현감안의현은 1914년 없어지고 현청이 있었던 곳은 함양군 안의면이 되고 한 부분은 거창군이 되었다.을 지냈는데 세 사람은 사림의 역사에서 중요한 위치를 점한다.

 함양 태수 최치원이 조성하였다는 상림에서 그의 일생을 더듬고 정여창의 고택에서 사림파의 부침을 회고하고 박지원을 겨냥한 문체반정을 생각하며 이 나라 천오백 년 역사를 돌아본다.

최치원(崔致遠)과 상림

함양을 흐르는 하천인 위천渭川은 남강南江으로 흘러든 뒤 낙동강에 합류한다. 9세기 말 통일신라의 진성여왕 때 함양 태수로 온 최치원857~?이 홍수 피해를 줄이기 위해 하천을 따라 10리에 걸쳐 숲을 조성하였다. 우리나라 최초의 인공 숲으로 대관림大官林으로 불렸으며 상림과 하림으로 나뉘어 현재는 상림만 남아 있다. 천년이 넘는 역사적인 조림으로 천연기념물 154호다.

또한 함양의 학사루는 최치원이 이곳에 올랐다는 구전으로 미루어 통일신라시대에 창건된 것으로 추정된다.

일두(一蠹) 정여창(鄭汝昌)의 고택과 남계서원

정여창1450-1504의 성리학은 정몽주, 김숙자, 김종직으로 이어지는 조선 전기 사림파의 주자학적 학문을 계승하였으며 훗날 조광조를 거쳐 퇴계 이황의 영남학파와 율곡 이이의 기호학파로 체계를 이루므로 그의 유학에서의 위치는 매우 중요하다.

역성 혁명파였던 이성계가 온건 혁명파였던 포은 정몽주를 제거한 후 정몽주에게 동조하던 선비들은 고려 멸망의 한

일두고택

을 품고 은둔의 삶을 택했다.

경북 선산으로 간 야은 길재와 함께 도은 이숭인, 목은 이색이 그들이며 개성의 두문동 72인도 끝내 은둔처에서 밖으로 나오지 않았다. 이렇게 중앙 정계에는 현저하게 선비의 수가 줄었다가 세종 조에 이르러 정인지 성삼문 신숙주 등으로 간신히 늘기 시작했다. 그러나 세조 때에 문종의 편에 섰던 선비들이 또 많이 죽거나 사라져서 선비의 씨가 마를 지경이었다.

가까스로 성종 때에 김종직에 의해 사림의 중앙 정계 진출의 길이 마련된다. 정몽주를 이은 길재의 학풍은 김숙자를 이어 김종직으로 이어진다. 유학의 기틀을 마련한 김종직은 함양 현감으로 재임 시 정여창과 김굉필 등의 제자를 길렀다.

  사림의 거두인 김종직이 함양 현감 시절 학사루에 걸려 있던 유자광의 글이 쓰인 현판을 떼어내 그의 앙심을 샀다. 연산군 시절 제자 김일손이 스승 김종직이 지은 조의제문을 사초에 실어 훈구파가 사림파를 제거하는 무오사화의 빌미를 제공하였다. 이미 고인이었던 김종직은 부관참시를 당하고 정여창, 김굉필 등은 귀양을 갔다. 김굉필은 유배지에서 조광조에게 학문을 전수했다. 개혁을 꿈꾸다가 스러져간 조광조로부터 이황과 이이의 학문이 이어진다. 이렇듯 정여창은 주자학을 전수하는 역할을 했음에도 불구하고 그의 이름은 오늘날 그다지 부각되지 못하고 있다. 부인이 사화의 와중에 그의 저서를 모두 불태워버리고 말았기 때문이다. 갑자사화에 다시 부관참시를 당하였던 정여창은 훗날 동방 5현 김굉필, 정여창, 조광조, 이언적, 이황에 들었으며 문묘18인에 배향되었다.

  정여창의 호 일두一蠹는 '한 마리의 벌레'라는 뜻으로 이를 보더라도 자신을 지극히 낮춘 그의 우주관을 짐작할 수 있다. 그는 주자학적 세계관의 논리적 핵심 부분인 이기론理氣論과 함께 인仁의 보편적 가치를 지향하여 개인의 실천을 위한 독서와 도덕성 확립을 위한 지행일치知行一致를 강조했다.

경남 함양군 지곡면 개평(介坪)마을은 하동 정씨의 집성촌으로 굽은 돌담길의 정취가 고즈넉한 기와집 백여 채가 모여 있는 마을이다. 이곳의 위세가 당당한 일두고택은 정여창 사후, 임란 전에 그의 후손에 의해 지어졌다. 정여창의 학덕을 기리는 남계서원은 소수서원에 이어 두 번째로 창건되었으며, 흥선대원군의 서원 철폐 때 훼손되지 않은 47개 서원 중 하나다.

연암(燕巖) 박지원(朴趾源)과 물레방아

박지원1737-1805의 고향은 서울 서대문 근방이지만 생가의 위치가 불분명하고 그가 홍국영의 세도를 피해 살았던 황해도 '연암협'과 묘소가 있는 '장단'은 북한 지역이다. 그러므로 연암이 5년간 안의 현감을 지낸 함양에서 그를 돌아봄은 뜻 깊은 일이다. 안의초등학교 안에 있는 '연암박지원사적비'는 그의 생애와 함께 18세기 영·정조시대의 조선 지성사와 사회사도 보여준다.

1792년부터 5년간 안의 현감 시절에 연암은 큰 힘을 들이지 않고 물을 이용해 쌀을 찧을 수 있는 '물레방아'를 이곳에서 처음 실용화했다고 한다. 용추계곡 언저리에 자리 잡은 연암물레방아공원은 박지원을 기리기 위한 곳이다. 이는 그의 이용후생(利用厚生)을 통한 개혁사상가로서의 면모를 살

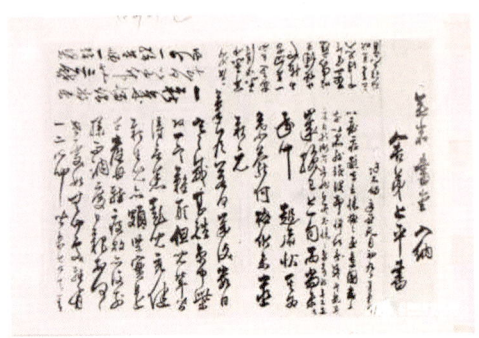
박지원의 필적

필 수 있는 일화다. 그는 다산 정약용과 더불어 실학사상의 중심인물이며 이에 동조하는 일군의 북학파를 이끌었다.

연암이 44세에 북경을 다녀온 내용의 『열하일기』는 최고의 기행문학이자 사상서다. 청나라의 우수한 문물을 적극적으로 받아들여 낙후한 조선의 현실을 바꾸어서 백성들의 삶을 이롭게 하자는 주장은 당시에 매우 급진적인 것이었다. 그는 또한 『양반전』, 『호질』, 『허생전』 등을 통하여 양반들의 허위의식을 통렬히 풍자, 비판하였다. 연암의 작품이 모두 실린 『연암집』은 그가 18세기 조선이 낳은 위대한 문장가일 뿐만 아니라 탁월한 학자이며 사상가였다는 것을 여실히 보여준다.

『열하일기』 등의 박지원을 선두로 정조 때 구어체의 참신한 문장이 유행하기 시작했다. 문체반정이란 그와 같은 문장을 패관소품이라 하여 멀리하고 한문의 문장 체제를 순정고문으로 회복하자는 주장이다.

정조는 성리학의 대안으로 여러 학문들을 접하며 새로운 사상을 모색하고 있었다. 그래서 청의 학문세계에 매료된 북학파를 받아들이고 서학에 대해서도 관심을 갖고 연구를 하고 있었다. 유득공, 이덕무, 서얼 출신인 박제가 등 북학파는 정조의 개혁에 많은 도움을 주고 있었다. 한창 개혁정책을 펼치며 신선한 바람을 몰고 온 북학파를 아꼈던 정조가 문체반정책을 썼던 이면에 국왕으로서의 정조의 고민이 있다. 정조는 새로운 시대를 열어갈 것을 원했지만 한편으로는 전통적인 가치관과 질서도 지켜야만 했다.

서학을 받아들여 전통질서를 파괴한다는 이유로 남인들에 대한 노론의 공격이 강화되자 왕은 곤경에 처한 남인들을 보호해야만 했다. 순정치 못한 문체를 쓴다며 문체반정을 통해 노론을 역공하려 한 것이다. 마침 박지원은 야인이었음에도 불구하고 엄연히 노론 집안사람이었다. 이는 정조가 추구했던 탕평책을 위한 고심에서 나온 계산된 정책이라고 여길 수 있다. 아무튼 순정고문의 문체로 반성문을 써오라는 명에도 박지원은 끝내 말을 듣지 않았으며 정조가 그에 대해 혹독하게 다루지도 않았다. 문체반정이후에도 여전히 패관소품류의 글들은 서울의 경화사족京華士族들에 의해 쓰여졌고, 시대의 대세가 되었다.

화림동(花林洞)계곡

옛 안의현을 굽이쳐 흐르는 화림동계곡은 덕유산에서 흘러드는 물결이다. 안의의 사대부들은 화림동에 많은 정자를 세웠는데 이는 수려한 자연을 즐기고자 하는 풍류와 함께 은둔하여 조용한 삶을 살고 싶은 소망을 보여주기도 한다. 주로 경륜이 높은 선대를 추모하는 마음으로 후손이나 후학들이 추모의 뜻을 담아 세웠다. 자연에 머문다는 거연정居然

亭, 밤에 달과 노닌다는 농월정農月亭, 군자정君子亭, 동호정東湖亭 등을 세웠다. 푸른 숲, 맑은 물, 흰 바위가 어우러진 수려한 풍광이 선계가 펼쳐진 듯하다.

교산리 석조여래좌상

보물 376호인 이 여래상은 충주 미륵리 석조여래입상보물 96호이나 안성 죽산리 석불입상처럼 고려 초기에 많이 만들어진 일련의 커다란 불상들과 양식적 특징을 같이한다. 이들은 새로 일어난 나라의 국력을 배경으로 나라의 힘을 과시하여 규모가 매우 크다. 반면에 크기에 비하여 세련되거나 정교하지는 못하다.

대좌의 높이까지 포함하여 4m가 넘는 거대한 조각이 법당 안에 들어있었던 것으로 미루어 법당의 규모도 대단했을 것이다. 지금은 함양중학교 안에 있으며 항마촉진의 수인으로 여래상임을 알 수 있다. 이 불상의 가장 큰 특징은 대좌가 보통 팔각인데 사각 대좌라는 것이다. 같은 솜씨에 불상과 대좌를 서로 다른 돌을 쓴 것으로 미루어 워낙 크다 보니 같은 돌 구하기가 어려웠으리라 짐작된다.

여성 중심의 저택 허삼둘 가옥

함양 허삼둘 가옥은 1918년 일제 강점기에 당시 토호 윤

대흥의 부인인 허삼둘이 지은 집으로 특히 안채의 구성이 특별하다. 당시의 시대상에서 과감히 탈피하여 여성 중심의 공간배치를 하였다. 갑오경장 후 모든 제도가 무너지는 영향으로 여성 중심의 주택 구조의 설계가 가능했을 것이다. 특히 부엌의 위치와 구조가 매우 현대적이다. 외부로 직접 통하도록 한 안채 중심의 가옥구조에 사랑채는 누각을 세우듯 높이 설치하였고 난간을 만들었다. 특히 '눈썹기와'라고 불리는 이중의 처마가 특이하여 눈길을 끄는데 이는 빗물이 스며들지 못하도록 하는 역할을 한다.

눈썹기와

대관령 굽이 너머 경포대 솔바람에 머물다

하늘의 달과 호수의 달, 바다의 달과 술잔의 달, 그리고 임의 눈에 비친 달의 다섯 개의 달을 볼 수 있다는 경포대. 바다에 면한 호수가 이채로워 생겨난 풍류다. 경포호숫가에는 해당화가 아련하고 해변에는 약 4㎞에 이르는 백사장에 송림이 병풍을 쳐서 모래바람을 막아낸다. 여름엔 태양이 눈 부시고 겨울에는 설경에 파묻히는 강릉은 산과 바다, 숲과 계곡으로 천혜를 입은 고장이다. 경치가 빼어난 이곳에 한 가지 아쉬운 점은 큰 강이 없다는 것이다. 그러나 그 덕분에 오히려 도시의 팽창을 막아 풍광이 훼손되지 않았다고 볼 수 있다. 드라마 〈모래시계〉의 촬영지로 알려진 정동진역은 세계에서 가장 바다와 가까운 기차역으로 기네스북에 올라 있다.

유구한 역사를 바탕으로 지정된 문화재만도 100여 개에 달

하는 강릉은 예전에는 대관령 아흔아홉 굽이를 넘어야 다가갈 수 있는 땅이었다. 강릉의 인물인 신사임당은 친정을 떠나는 길에 대관령에 올라 '돌아보니 북촌은 아득히 먼데 저무는 산에는 흰 구름만 나네'라는 사친시思親詩를 남겼다. '몸은 비록 한양으로 향하지만 마음만은 백발의 어머니 곁에 머물고 싶은 마음身向長安獨去情'이 간절하다. 그러나 지금은 화전민의 후예가 땀과 눈물로 가꾼 마을이며 'CNN선정 한국에서 가장 아름다운 곳 40선'에 뽑힌 경치를 자랑하는 '안반

경포대 해변의 솔밭

데기'에도 단숨에 도달할 수 있다.

2005년에 유네스코 무형문화유산에 등록된 강릉단오제는 이제 명성이 드높다. 강릉은 부족국가인 동예東濊의 땅으로, 천신에게 제사를 드린 후, 가무음곡을 즐기던 무천舞天이라는 축제의 본향이다. 오늘날의 강릉단오제중요무형 문화제 13호는 그러한 전통의 맥을 이은 것이다. 무속巫俗과 유불선儒佛仙이 섞여 전해온 단오제는 음력 4월 5일 '신주빚기'를 시작으로 5월 7일 저녁 '송신제'까지 한 달 넘게, 대관령에서 남대천까지 두루 펼쳐진다. 이는 민속극과 놀이, 무가巫歌 등에 음악과 춤이 어우러져 한국 민속의 전통 예술이 종합적으로 연행되는 축제다.

고랭지 배추로 유명한 '안반데기' 마을

단오제와 관련하여 강릉의 역사에서 시조 김주원과 범일국사, 왕순식김순식과 김시습으로 이어지는 강릉김씨의 명맥이 화려하다. 김주원은 신라 태종무열왕의 5대손으로 신라 왕이 될 뻔했다가 명주군왕에 봉해졌다. 명주지금의 강릉는 고구려 시대 하슬라로 불리다가 신라 땅이 된 곳으로 서라벌과는 해안을 따라 쉽게 이어질 수 있었다. 김주원의 후손인 범일국사梵日國師는 847년 굴산사를 세우고 신라 선종 사상의 구산선문九山禪門 중 하나인 사굴산문闍崛山門을 개창하였다. 그의 후예로 고려 중기에 선禪을 크게 중흥시킨 보조국사 지눌이 있다. 고려의 개국공신 왕순식의 본명은 김순식인데 나말여초羅末麗初에 명주의 강력한 호족의 수장이었다. 궁예의 부하였다가 후에 왕건의 협력자가 되었다. 호족연합정책을 펼친 왕건은 그에게 왕씨 성을 하사하였으며 그의 딸을 왕비로 삼기도 했다. 후에 왕순식의 군대는 후백제의 신검 세력을 무찌르는 데 큰 공을 세웠다. 명주에서 무술을 익혔던 김유신 장군을 대관령의 산신으로 모시고 범일국사를 성황신으로 모시는 '강릉단오제'의 유래는 그의 공적 덕분이다. 세종 17년에 태어난 매월당 김시습梅月堂 金時習, 1435-1493은 3세에 시를 지었으며, 5세에 『중용』과 『대학』에 능했다고 한다. 그러나 수양대군의 왕위찬탈 후에 경주의 남산일명 금오산에 금오산실金鰲山室을 짓고 은둔하였다. 그곳에서 우리나라 최초의 한문 소설로 알려진 『금오신화』를 완성하였으며 그가 펼친 기氣철학은 서경덕에서 최한기로 전승되었다. 불의의 체제를 거부했던 천재지식인 김시습은 후세에 길이 존경을 받았다. 선조 때 『매월당집』이 발간되었고, 정조는 청간공淸簡公이란 시호를 내렸다.

강릉의 유서 깊은 역사의 자취는 한 점의 국보와 16점에 이르는 보물이 증명한다. 강원도의 전통 건축물 중 유일하게 국보로 지정된 임영관臨瀛館 삼문三門은 고려 태조 19년936에 창건된 강릉부 객사客舍, 중앙의 관리나 손님들이 오면 묵게 하던 여관 구실을 하던 곳의 정문이다. 총 93칸이었던 객사인 '임영관'의 원래 모습은 지금은 남아있지 않다. 객사문국보51호에 걸려 있던 제액題額 글씨 '臨瀛館'은 공민왕의 친필로 전해지고 있으며 지금은 복원한 객사정청인 전대청에 걸려 있다. 객사문은 1308년에 건립한 수덕사 대웅전국보 49호보다 건축연대가 앞선 것으로 추정되는데 규모도 현재 남아 있는 목조건축 문화재 중 가장 크다. 정면 3칸 측면 2칸이고, 지붕은 주심포계의 맞배지붕이며 기둥의 강조된 배흘림이 인상적인 가운데 간결하면서도 웅장한 외관이 시선을 압도한다.

범일국사가 창건한 굴산사의 옛터에 있는 굴산사지당간지주崛山寺址幢竿支柱, 보물 86호는 높이 5.4m로 우리나라에서 제일 높고 크다. 지대석의 하부는 땅속에 묻혀 있어 마치 선돌 2

객사문 국보51호

기가 서 있는 것 같다. 먼 산을 배경으로 논 한가운데 거대하게 우뚝 서 있는 모습은 별다른 가공이 없어서 웅대한 조형미를 이루며 힘차고 장엄하고 당당하다. 당간지주는 불교 행사를 알리는 큰 깃발을 걸어놓기 위한 것인데 강릉에는 대창리당간지주보물 82호와 수문리당간지주보물 83호도 있다. 전체적인 양식으로 보아 통일신라 하대에 세워졌다고 추정되며 경주 망덕사지당간지주보물 69호와 거의 같은 계통으로 여겨진다.

굴산사지승탑보물 85호은 범일국사의 부도탑浮屠塔이다. 고려시대에 만들어진 것으로 추정되는데 팔각원형부도의 완성형인 여주 고달사 부도국보 4호의 전 단계를 보여준다고 할 정도의 섬세함이 돋보인다.

굴산사지당간지주

굴산사지승탑

신복사도 850년통일신라 문성왕 12에 범일국사가 창건한 절로 신복사지神福寺址 삼층석탑보물 87호은 탑의 기단과 탑신의 각 층 밑에는 널돌껌돌로 괴임을 넣고 하층 기단에 안상을 새겼으며 지붕돌 밑면의 받침수가 3단으로 되어있는 점 등으로 고려 전기의 전형적인 석탑 양식을 잘 나타내고 있다. 그런데 석탑의 앞쪽에는 한쪽 다리를 꿇은 자세로 두 손을 가슴에 모아 무엇인가를 잡고 있는 모습으로 석탑을 향하고 있는 신복사지석조보살좌상보물 84호이 특별하다. 여러모로 월정사月精寺 팔각구층석탑국보 48호 앞의 석조보살좌상보물 139호과 유사하다.

대관령을 분기점으로 하여 '내內문수도량 월정사, 외外보현도량 보현사'의 명성을 이어온 고요한 산중 사찰인 보현사에는 범일국사의 제자인 낭원대사834-930의 낭원대사오진朗圓大師悟眞탑, 보물 제191과 탑비보물 192호가 있다. 940년고려 태조 23에 건립된 것으로 보인다. 비석의 내용에 경애왕景哀王이 등장하는 탑비는 귀부와 비신과 이수의 원형이 모두 잘 보존되어 있다. 여의주를 다투는 두 마리의 용을 힘차게 조각해 놓은 이수의 상륜부相輪部는 석탑에서처럼 복발覆鉢과 보륜寶輪, 불꽃무늬에 싸인 보주寶珠를 얹고 있어 매우 특이한 모습이다.

또 하나의 국보인 한송사지寒松寺址 석조보살좌상국보 124호은 강릉시 한송사지에 있던 보살상으로 지금은 국립춘천박물관

신복사지 석탑과 보살좌상

에서 보관하고 있다. 1912년 일본으로 옮겨졌다가 1965년에 돌려받았는데 원숙하고 정교한 조각 솜씨가 단연 월등하다. 원통형의 보관이나 약간 오른쪽으로 기울인 얼굴에 입가의 미소가 지어내는 풍만한 표정이 매우 아름답다. 옷 주름 등에서 세련된 솜씨를 보여주고 있으며 만든 시기는 고려 초인 10세기로 추정된다. 오른쪽 다리를 안으로 하고 왼쪽 다리를 밖으로 하고 있어서 같은 곳에서 발견된 강릉 한송사지석조보살좌상보물 81호, 강릉시립박물관과 반대이다. 둘은 조각 수법이 흡사하여 짝을 이루었던 것으로 아마 어느 본존불을

한송사지석조보살좌상(국보124호)   한송사지석조보살좌상(보물81호)

모시던 협시보살이었을 것으로 보인다. 시립미술관의 보살상은 아쉽게도 머리와 오른팔이 없어진 불완전한 보살상이지만 그로 인해 오히려 신비로운 분위기를 느끼게 한다. 아마도 한국 석불상의 재료가 거의 화강암인데 비하여 두 보살상은 흰 대리석이어서 재료에서 오는 질감이 색다른 부드러움을 느끼게 하기 때문일 것이다.

강릉 오죽헌보물 165호은 신사임당申師任堂, 1504-1551과 그의 아들 율곡 이이栗谷 李珥, 1536-1584가 태어난 유서 깊은 집이다.

오죽헌은 조선 때 문신이었던 최치운崔致雲이 지었고, 몇 대 후에 그 집안의 사위였던 사임당의 부친 신명화申命和가 물려받았다. 조선시대 상류주택의 정면3간, 측면2간의 팔작지붕으로 된 별당 사랑채로, 우리나라 주거 건축 중 가장 오래된 것의 하나다. 오죽헌은 뒤뜰에 이 지방의 명물인 검은烏대나무竹가 자라고 있어 붙여진 이름으로 주심포집 가운데 익공집공포의 날개 모양이 특징으로의 변천 과정을 보여준다. 시화詩畵에 두루 뛰어난 예술가였던 신사임당의 아들 이이는 이기이원론理氣二元論에 있어 기발리승일도설氣發理乘一途說의 주기론을 근본사상으로 하는 기호학파의 맹주로 주리론主理論의 영남학파 퇴계 이황退溪 李滉, 1501-1570과 쌍벽을 이루었다. 또한 대동법의 시행 등 민생문제에 대해서도 깊이 관여하였다.

신사임당과 이율곡, 그리고 최초의 한글 소설『홍길동전』洪吉童傳의 저자 허균許筠, 1569-1618과 여류시인 허난설헌許蘭雪軒, 1563~1589 등, 거의 동시대에 걸출한 인물이 한 지역에서 태어났다는 것은 대단한 일이 아닐 수 없다. 그들은 모두 조선의 학문과 예술 세계에 있어서 일가를 이루었으니 강릉을 돌아보매 이들의 생애를 더듬는 일은 그것만으로도 보람 있는 공부가 될 터이다.

용이 되지 못한 이무기를 뜻하는 교산蛟山이라는 호를 지닌

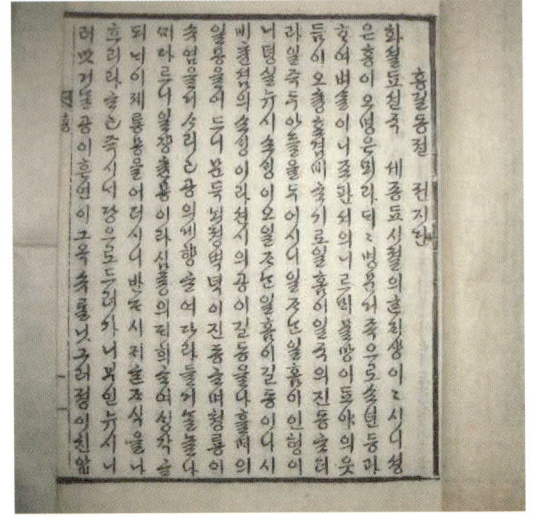

홍길동전 목판본

허균과 난설헌 허초희許楚姬, 1563~1589는 문향文鄕 강릉이 낳은 오누이 문인이다. 이단아 기질이 농후하였던 허균은 우여곡절의 생애에 역모로 몰려 능지처참을 당했지만 방대한 독서

로 형성된 허균의 사상과 지식 세계는 임진왜란 이후 조선 지식인 지형도 형성에 적지 않은 영향을 미쳤다. 그의 문집은 조선 후기 학자들에게 널리 읽혔다. 또한 오늘날 27세의 짧은 생애를 비운 속에 살다간 난설헌의 시가 전해오는 것은 동생 허균 덕분이다. 그는 선조 39년1606 명나라의 사신 주지번朱之蕃을 영접하는 종사관이 되어 누이 난설헌의 시를 중국에서 출판하는 계기를 만들었다.

조선 말 전형적인 양반가의 고택으로 사랑채인 열화당悅話堂과 정자인 활래정活來亭 등으로 유명한 선교장船橋莊은 중요민속자료 5호로 지정되어 있다. 열화당은 도연명의 작품인「귀거래사歸去來辭」에서 따왔다.

歸去來兮	나 돌아왔도다
請息交以絶遊	세상과 사귀지 않고 속세와도 단절하리라.
世與我而相違	세상과 나는 서로 인연을 끊었으니
復駕言兮焉求	다시 벼슬길 나가 무얼 구할 게 있겠는가.
悅親戚之情話	친지들과 정담 나누며 즐거워하고
樂琴書以消憂	거문고 타고 책 읽으며 시름 달래리.

연꽃으로 뒤덮인 연못 위의 활래정은 짜임새 있는 규모와 자연과의 절묘한 조화를 보여주면서 아름다운 정자의 면

모를 과시한다. 활래정의 어원이 된 주희朱熹, 1130~1200의 「관서유감觀書有感」의 자연을 향유하는 의미가 심장하다. 변화를 통해 살아 있는 자연을 통해 고착화된 지식의 세계를 경계하는 사색의 계기를 건넨다.

> 問渠那得淸如許　　연못이여, 어찌하여 그렇게 맑을 수 있을까.
> 爲有源頭活水來　　살아있는 물이 나오는 원천이 있는 때문이라오.

「파초」, 「수선화」, 「내 마음은」 등의 시인 초허超虛 김동명金東鳴, 1900-1968은 강릉이 낳은 현대의 문인이다. 그는 일찍이 보들레르의 영향을 받았으며 식민지 상황의 민족적 슬픔과 고뇌를 전원시와 저항시로 표현하였다. 광복 후에는 사회참여의 경향을 보였으며 군사정권에는 지식인의 자세로 저항하였다.

이밖에 강릉에는 대관령박물관이나 참소리박물관, 커피박물관 같은 크고 작은 규모의 사설 박물관이 산재하여 강릉을 방문하는 이들에게 다채로운 역사의 향기를 선사하고 있다.

다향(茶香)의 해남(海南), 늘 푸른 진도(珍島)

반도의 끝, 완도莞島와 진도가 넓은 몸을 견주며 해남의 땅끝마을을 좌우에서 지켜본다. 해남 달마산은 완도와 지척인데 미황사美黃寺와 도솔암兜率庵을 품고 있다. 깎아지른 절벽을 병풍으로 두른 미황사의 고적한 모습은 독특한 아름다움을 지녔다. 드라마 〈추노〉에서 수려한 비경을 한껏 과시한, 숨은 듯 우뚝한 도솔암의 주위는 삐죽삐죽 바위산으로 높이 솟아 너른 바다와 평야를 내려다본다.

두륜산頭崙山 대흥사大興寺와 인근의 해남윤씨海南尹氏 고택의 사랑채인 녹우당綠雨堂에는 다산茶山 정약용丁若鏞, 1762-1836과 추사 김정희秋史 金正喜, 1786-1856, 소치小癡 허련許鍊, 許維, 1808-1893의 인연이 얽혀있다. 이들 학문과 글씨와 그림의 예술지식인들의 연결고리에 초의선사草衣禪師, 1786-1866와 차茶문화가 있다. 다산은 남인, 추사는 노론, 초의는 천민이다. 유학자와 선승

도솔암 전경

의 만남도 그렇거니와 사색四色의 구분이 엄연하여 의복조차도 달리했던 시절이고 보면 노론과 남인의 교류는 상당히 조심스러웠을 것이다. 시대를 앞서가는 열린 지성의 자각이 없으면 불가능한 일이다. 이들의 신분과 세대를 뛰어넘는 우정과 정신적 교류가 해남에서 빛난다.

녹우당은 집 뒤 비자나무 숲이 바람에 흔들릴 때마다 쏴아 하는 소리가 마치 비가 내리는 것처럼 들린다고 해서 붙여진 이름이다. 윤선도1587-1671의 증손이며 〈자화상〉으로 유명한 공재恭齋 윤두서尹斗緖, 1668-1715는 다산의 외증조부다. 해남 근처 강진康津에 유배 온 다산은 외가의 도움으로 거처인 다산초당茶山草堂을 마련할 수 있었으며 녹우당은 그에게 도서관 역할을 하였다. 유배 생활 중에도 학문을 일궈 방대한 저술을 할 수 있었던 밑바탕은 비교적 자유롭게 들릴 수 있었던 녹우당의 장서들 덕분이었을 것이다.

윤씨 고택 인근의 대둔사大芚寺, 대흥사의 당시 이름에서 수도하던 초의선사는 23세 때인 1809년 47세의 다산과 만났다. 조선 후기 대표적 실학자이며 그의 호가 말해주듯이 차를 무척 사랑했던 다산은 젊은 초의스님에게 『시학』과 『주역』을 가르쳐주었을 뿐만아니라 거의 맥이 끊어져 가던 우리 茶문화를 부활, 계승토록 하였고 초의는 그의 충실한 제자였다. 초의가 26세, 다산이 50세 되던 해 가을에는 월출산에 동행

미황사

녹우당

한 후 함께 시화첩인 『백운첩』을 엮기도 했다.

동갑내기인 초의와 추사는 둘 다 다산의 아들들과 친분이 있었던 연고로 1815년 처음 만난 후, 우정을 이어갔다. 추사체라는 전대미문의 예술세계를 완성한 추사는 일찍이 24세 되던 해에 청나라에 가서 당대의 석학들인 옹방강翁方綱, 1733-1818, 완원阮元, 1764-1849 등과 교류를 맺으며 금석학과 실학 등을 받아들였다. 또한 청나라 상류사회에서 배운 차 문화에 심취하게 되었다. 초의차에 그토록 추사가 매료되었던 연유다. 초의가 만든 곡우차를 추사는 특히 좋아하여 제주 유배지에서 차를 보내라고 재촉하고 답례로 글씨와 그림을 보내곤 했다. 그가 써준 글씨 중에 '명선茗禪'은 초의선사의 또 다른 호가 되었다. 茶에 매료된 두 사람은 종교와 신분을 초월한 금란지교金蘭之交를 보여준다.

다산으로부터 茶문화를 전수받은 초의는 이를 정립하여 차를 제조하고 유명인이었던 추사가 초의차를 열렬히 애호하여 널리 퍼뜨렸으니 조선의 茶문화는 다산과 초의, 추사로 이어지는 계보를 형성한다. 차를 매개로 이뤄진 조선 후기 지성사의 한 장면은 당대의 문화계를 완상玩賞할 수 있도록 한 장의 지도를 펼쳐놓는다.

초의의 「동다송東茶頌」은 茶의 효능과 역사, 마시는 절차와 방법까지의 다도茶道를 일목요연하게 정리한 한 편의 장시長詩다.

沆瀣漱清碧玉條　　朝霞含潤翠禽舌
밤이슬에 씻기어 푸른 가지 벽옥 같고
아침 안개 촉촉이 젖어 푸른 싹 새 혀 같고

—「동다송」제2송

　초의와 추사의 우정은 시서화선다_{詩書畵禪茶}의 세계를 펼치며 다선삼매_{茶禪三昧}의 경지에 도달하였으니 선_禪, 학문과 예술의 수행 그리고 다도_{茶道}는 말 그대로 일상의 일[日常茶飯事]이었다. 추사가 즐겨 썼던 '정좌처_{靜坐處}' 시구는 선여다_{禪如茶}의 경지를 음미하게 한다.

靜坐處茶半香初
妙用詩水流花開
고요히 앉은 자리 차를 반 넘게 마셔도 향은 처음과 같으니
오묘한 시간의 흐름이여
물은 저절로 흐르고 꽃은 저만치 홀로 피니

　이런 우정을 바탕으로 초의선사는 1839년 진도 출신의 신진 화가인 소치 허련_{小痴 許鍊 1808-1893}를 발굴해 추사문하로 들여보내 서화를 배우도록 했다. 소치는 추사가 가장 사랑한 제자로 추사의 제주 유배 기간에는 여러 번 찾아가기도 했다.

추사 대표작 '명선(茗禪)'은 초의선사에게 준 號

정민교수, 문헌 고증 통해 주장

추사 김정희(1786~1856)의 대표작으로 꼽히는 서예 작품 '명선(茗禪)'은 추사가 다명(茶茗)으로 불린 초의선사(1786~1866)에게 선사한 호(號)라는 사실이 밝혀졌다.

정민 한양대 국문과 교수는 최근 '문헌과 해석' 2008년 겨울호에 기고한 '차를 청하는 글: 다산의 걸명(乞茗) 시문'이라는 논문을 통해 이러한 사실을 입증했다.

실마리가 된 대목은 다산 정약용(1762~1836)의 제자 황상의 시 '걸명시'에 나온 구절 '명선가호사옹(茗禪佳號士翁)' 옆에 항상이 작은 글씨로 적은 '추사증명선치호(秋史贈茗禪之號)'라는 주. '추사가 명선이란 호를 주었다'는 뜻이다.

정 교수는 이 시의 수신인이 초의선사라는 점을 들어 '명선'은 추사가 초의선사에게 준 호가 확실하다고 분석했다.

또한 정 교수는 이 편지글이 몇 해 전 위작시비에 휘말렸던 '명선'의 뜻을 이해하는 데도 명확한 자료가 된다고 설명했다.

학계에 처음으로 공개된 이 시에 대해 정 교수는 항상의 글을 모은 문집 '치원유고(巵園遺稿)'에서 발견했으며 원로학자 이우성 선생이 창원 황씨 집안을 통해 복사본으로 구해 문 자료를 활용했다고 밝혔다. 그러나 원본은 현재 소재를 알 수 없는 상태다.

진도의 운림산방

추사와의 인연으로 소치는 시서화詩書畵의 삼절三絶로 칭송받으며, 조선 후기 전통 문인화인 남종화를 마지막으로 꽃피웠다. 남종화, 南宗畵는 문인화라고도 불리는데, 기교와 사실성이 강한 북종화 北宗畵에 비해 작자의 교양과 정신을 중시하는 경향을 띠며, 추상성이 강하다. 소치가 그린 추사의 초상화 2점이 있다.

진도의 운림산방雲林山房은 소치가 철종 8년1857에 귀향하여 지었다. 본채와 사랑채인 화실, 신축된 유물보존각 건물과 연못이 있다. 말년에 머물면서 조용하게 살면서 그림을 그리고 글을 썼으며 몽연록夢緣綠, 꿈속에서 만난 인연, 후에 소치실록이라 개칭을 남겼다.

학문이 얕으면 결코 붓을 들지 말라고 한 소치는 학문적 소양이 바탕이 되어 고매한 정신세계를 구축하여 품격 있는 문인화를 구현하는 것이 예술의 궁극적 경지라고 하였다.

소치의 가문은 손자인 남농 허건南農 許楗을 포함하여 화가로서 5대에 걸친 200년 동안 면면히 이어지고 있는데 운림산방에서 이러한 발자취를 잘 살펴볼 수 있다.

진도는 남도석성, 용장산성, 왕온 묘 등의 고려시대 삼별초의 유적을 가지고 있다. 고려는 고종 18년1231부터 침략해 오던 몽골 때문에 수도를 개경에서 강화로 옮겼다. 그리고 40여 년 동안 무신정권의 삼별초가 중심이 되어 전쟁을 벌였다. 원종 11년1270 고려 정부가 몽골과 강화를 맺고 개경

환도를 강행하자 배중손이 이끌던 삼별초군이 이에 불복하였다. 군내면의 용장산성사적 126호은 삼별초군이 원종의 6촌인 승화후承化侯 온溫을 왕으로 추대하고 강화도에서 진도로 남하하여 이곳 용장사 주변에 궁궐과 성을 쌓고 대몽항쟁의 근거지로 삼았던 곳이다. 관아를 세우는 등 제법 도읍지의 면모를 갖추어 삼별초는 진도 주변의 남해안 일대에서 위세를 떨쳤다. 성이 만들어진 연대가 확실하고, 고려의 왕실과 대립되는 궁궐이 만들어진 점에서 역사를 살펴볼 수 있는 유적이다.

1271년 여몽麗蒙연합군이 조직되어 진도를 공격해왔다. 지휘자 배중손과 승화후 온은 살해되고 성은 순식간에 무너졌다. 혼란에 빠진 삼별초는 제주도로 후퇴하였으나 1273년 여몽 연합군 1만여 명 앞에 40년에 걸친 삼별초의 항전은 막을 내렸다.

삼별초의 반란을 촉발시킨 직접적인 원인은 원종이 삼별초의 해체를 명한 데 있다. 따라서 삼별초 항쟁은 무신정권의 잔여 세력들이 왕권 강화와 친정체제 구축에 대하여 도전한 것이었으므로 순수한 민족정신에 바탕을 둔 것으로만 해석할 수는 없다. 그러나 왕권 강화가 몽골의 후원으로 이루어진 것이었으며, 따라서 그 반대편에서 움직인 삼별초는 자연히 반몽反蒙적인 민족 항쟁으로서의 성격을 가지게 되었

남도석성

다. 그러므로 몽골군에 대항한 삼별초의 항쟁에 농민들이 적극 호응하게 되는 배경이 되었다.

임회면에 있는 남도석성은 삼국시대부터 있던 성인데 삼별초가 진도에서 몽골과 항쟁을 벌일 때 해안지방을 방어하기 위해 쓰였다. 의신면의 운림산방에 이르는 고갯길에 있는 왕온묘로 추정되는 전왕온묘傳王溫墓는 삼별초군이 용장성에서 쫓겨 여몽연합군과 격전을 벌였던 곳이다.

명량대첩鳴梁大捷, 선조 30. 1597. 9. 16은 정유재란 때 충무공 이순신忠武公 李舜臣 장군이 이끄는 조선 수군 13척이 명량에서 일본 수군 130여 척을 물리친 해전이다. 바다가 운다는 의

미의 명량으로 불리는 울돌목은 해남군과 진도 사이를 잇는 가장 협소한 해협으로 넓이 325m 굴곡이 심한 암초사이를 소용돌이치는 급류가 흐른다. 이 물살 위에 지금은 해남과 진도를 잇는 진도대교가 위용을 자랑한다.

벽파진은 명량해협의 길목으로 진도의 관문 역할을 하였던 나루터다. 이곳 벽파항 언덕에 서 있는 거대한 이충무공

이충무공벽파진전첩비

의 벽파진전첩비^{李忠武公碧波津戰捷碑}는 명량대첩 승리를 기념하기 위하여 1956년에 거대한 바위 위에 세운 비석으로 크기가 주변을 압도한다. 비는 또한 해전에서 순절한 진도 출신 참전자들을 기린다.

금골산 오층석탑^{보물 529호}은 부여 정림사지 오층석탑^{국보 9호}을

모방한 백제 양식이 국토의 최남단 섬에까지 퍼졌다는 점에서 의의가 크다. 금골산 깊숙이 있는 석굴의 벽면에 새겨진 금골산 마애여래좌상은 고려시대 널리 퍼진 마애불의 지방화된 양식을 보여주고 있다.

의신면의 첨찰산 쌍계사 시왕전목조지장보살상1666은 조상기彫像記가 있을 뿐 아니라, 좌우 보처와 시왕 등을 포함하여 33구의 조각상을 갖추어 이 무렵의 불상에 대한 계보의 연구에 중요하다. 쌍계사雙溪寺 계곡의 상록수림, 임회면의 비자나무와 진돗개 등의 천연기념물과 〈강강술래〉, 〈다시래기〉, 〈씻김굿〉, 〈진도아리랑〉 등 중요무형문화재 등 진도는 이곳을 특징짓는 상징물이 유독 다른 지역보다 다양하다.

아름다운 능선과 수려한 계곡의 고장

　영동永同군은 지도에서 보면 남한의 중앙에 있다. 북쪽에 옥천군과 접해 있으면서 충청북도 최남단이므로 동쪽은 경상북도 상주시와 김천시, 서쪽은 충청남도 금산군, 남쪽은 전라북도 무주군 등, 드물게 3개의 도에 둘러싸여 있다.

　소백산맥과 노령산맥이 갈라지는 곳에 있는 영동에는 수많은 산이 있어서 자연 풍광이 매우 아름답다. 소백산 준령의 기암괴석이 병풍처럼 드리워져 있고 금강 상류지역으로서 곳곳에서 발원한 지류의 맑은 물이 계곡에 굽이쳐 흐른다. 마치 곳곳에 보석을 숨겨놓은 듯 아름다운 능선과 수려한 계곡이 많다. 예전부터 교통로로 이용되어 온 북동부의 추풍령秋風嶺과 괘방령掛榜嶺에 지금은 고속도로와 지방도로가 지나간다.

　깊은 내륙에 위치하여 한서의 차가 심한 대륙성 기후의

특징으로 일교차가 크고 일조량이 풍부하다. 따뜻한 기후 덕분에 '과일나라'라고 불릴 만큼 감, 포도, 사과, 배 등 생산되는 과일이 많고 매우 맛이 좋다.

군청 소재지인 영동읍에는 주곡천主谷川과 양정천楊亭川의 이수二水가 합류하여 영동천永同川을 이루는데, 이 '二水'를 한 글자로 표기하면 '永'자가 된다. 신라시대의 지명인 길동吉洞의 '吉'도 이두문에 따라 발음하면 '길=永'이 되어 '永同'은 이 '二水'와 '吉同'에서 유래되었다.

금강 줄기를 따라 금산으로 향하는 지방도로는 강변을 따라 펼쳐지는 벚꽃길이 특히 환상적인데 이 길에서 북으로는 옥천, 남으로는 무주로 연결된다.

거문고를 창제한 고구려의 왕산악, 가야금을 창제한 신라의 우륵과 더불어 우리나라 3대 악성의 한 사람인 난계 박연蘭溪 朴堧, 1378-1458의 탄생지가 영동으로 그를 기리는 문화유적이 많다.

영국사(寧國寺)

양산면 천태산에 있으며 법주사法住寺의 말사이다. 신라 문무왕文武王 8년에 원각국사圓覺國師가 창건하였다. 고려 공민왕이 홍건적의 침입으로 몽진蒙塵하였다가 개경開京으로 떠나며 절 이름을 영국사로 새로 지었다고 한다.

보물 532호인 부도浮屠, 533호인 삼층석탑, 534호인 원각국사비, 535호인 망탑봉삼층석탑望塔峯三層石塔 등 무려 4가지의 보물이 있는 곳이다.

영동 영국사에 있는 천년 넘은 은행나무 (천연기념물 223호)

 영국사의 부도는 여주고달사지부도국보 4호와 함께 4대부도에 드는데 고달사지의 부도가 화려하기 그지없는 모습인데 반해 이곳의 부도는 마치 단아하고 음전한 시골 색시의 자태다.

 보물 535호인 망탑봉삼층석탑은 절에서 동쪽으로 약 500m 떨어진 작은 봉우리 위에 세워져서 3m 높이의 탑이지만 멀리에서도 시야에 우뚝 들어온다. 특이하게도 기단석은 거대한 자연석 화강암반이다. 오래된 민간신앙 기도터의 표식으로 알터, 북두칠성과 북극성을 새긴 윷판의 형상, 남근을 상징하는 탑, 여근을 상징하는 갈라진 바위 등이 모두 모여 있으며 금기禁忌의 거북 세 마리의 형상을 갖춘 바위들은 삼신당의 역할을 한다. 외래종교가 들어오기 전의 원형을 보여주는 주요한 유적이다.

남근의 상징인 탑과 조화를 이룬 여근의 상징 바위, 이러한 음양의 조화는 효험이 있는 기도터의 조건이 된다.

반야사(般若寺)

영동군의 북동쪽 황간면 우매리 백화산의 반야사는 신라 성덕왕 시기인 720년 상원 스님이 창건하였다. 절 이름 '반야'는 지혜를 뜻하며 이는 문수보살을 의미한다. 신미 스님이 절을 중창하였는데 그의 청으로 세조가 이 절에 왔다가 문수동자의 인도로 절 뒤쪽 명경대 영천靈泉에서 목욕을 하여 피부병을 고쳤다고 한다.

극락전 앞에는 삼층석탑이 있고 탑 양쪽에 500살 먹은 배롱나무 2그루가 나란히 협시하고 있다. 높이 335㎝의 석탑은 지대석 위에 1층의 기단을 이루고 그 위에 3층의 탑신몸돌을 올렸다.

문수도량답게 이곳의 문수전은 아주 각별하다. 절 좌측으로 뱀처럼 휘감아 도는 석천계곡 아래 맑은 물이 흐르는 가파른 오솔길을 따라 올라가다 보면 깎아지른 절벽 꼭대기에서 문수전을 만난다. 깊은 협곡과 울창한 산림이 어우러진 풍광이 일품이다.

신항리삼존석불(新項里三尊佛立像)

마을 입구의 언덕에 남향으로 서 있는 이 불상은 보물 984호다. 긴 4각형 거대한 반석 전면에 마애불 형식의 조각이 섬세하다. 중앙의 본존불을 중심으로 좌·우에 보살입상이 배치된 통일신라시대의 형식을 갖춘 삼존석불 입상이다.

태안마애삼존불상과 서산마애삼존불상 등 7세기 석불의 양식을 계승한 것으로 7세기 후반 내지 8세기 초기의 작품으로 크게 주목받는 삼존불상이다.

본존은 반듯한 어깨와 중후한 체구 등 신체 각 부분에서 옛 형식을 보여주고 있는데, 표정이 풍부하고 이목구비의 윤곽이 뚜렷하며 오똑한 콧날이 인상적이다. 두 귀는 짧고 목이 긴 편이며, 삼도三道 : 煩惱道, 業道, 苦道를 상징하는 세 겹의 목주름은 없다. 대신에 이중의 원형 머리 광배가 특별하다. 안에는 연꽃무늬, 밖에는 확대하여 꿴 구슬무늬가 호화롭다.

마을의 수호신으로 여겨지며 해방 전까지 동제洞祭를 지내왔다.

월류봉(月留峰)

 반야사 근처의 해발 400m의 봉우리인 월류봉은 지나던 달도 이곳이 너무 아름다워 그냥 지나치지 못하고 잠시 머물며 쉬다가 아쉬움을 남기며 능선 모양 따라 서쪽으로 흐르듯 진다는 곳이다. 봉우리에 달이 걸려 있는 정취가 유장하다.

 깎아 세운 듯 우뚝 서 있는 월류봉 밑을 맑은 물이 휘감아 돌고 있어 한 폭의 산수화를 보는 듯 정경이 수려하다.

 금강 상류에 있는 이 일대의 절묘한 산수를 동국여지승람에서 영동 한천팔경이라고 하였는데 월류봉은 제1경이며 8경은 우암 송시열尤庵 宋時烈, 1607-1689이 월류봉을 감상하며 머물렀다는 한천정사를 말한다.

4.
뮤즈를 찾아서

캐나다의 경우엔 여성참정권을 획득하려면 우선
"여성은 인간이다. Women are Persons."라는 판례를 얻어야만
했는데 1929년에야 비로소 5명의 용감한 여성들의
고투 덕분에 관철되었다. 그 이전에는 여성은 '인간'이
아니었던 것이다. 흑백평등보다 훨씬 뒤진 남녀동등의
법적 지위는 이렇듯 피와 눈물로 점철된 지난한
굴곡의 역사 위에 이룩된 것이다.

'꽃과 사막의 화가' 조지아 오키프—현대의 갈라테이아
광기를 지닌 천재 달리와 그의 뮤즈 갈라
마네의 파격과 모리조의 조응
벨 에포크의 코르티잔, 쉬잔 발라동
세기적 지성들의 영혼을 두드린 루 살로메
알마, 바람의 신부
조르주 상드, 낭만주의를 통째로 살다
코지마 바그너, 복종과 지배의 두 얼굴로 바이로이트에 군림하다

'꽃과 사막의 화가' 조지아 오키프
―현대의 갈라테이아

　확대한 꽃 그림으로 유명한 미국의 화가 조지아 오키프 Georgia O'Keeffe, 1887~1986는 살아생전에 이미 20세기 미국을 대표하는 중요한 화가로서 평가받았다. 살아서 신화가 된 그녀의 99년 긴 생애는 그대로 한 편의 대하드라마다.

　시대를 풍미한 예술사진의 모델이면서 가장 위대한 미국 화가 중의 한 명이라는 이중의 영광은 길이 그녀의 생애를 반추하게 한다. 오키프의 누드를 발표하여 센세이션을 일으킨 알프레드 스티글리츠 Alfred Stieglitz, 1864~1946의 사진전시회가 열린 1921년은 여성들이 마침내 참정권을 획득하여 미국 대통령 선거에 처음으로 투표한 해이다. 말하자면 여성에게 간신히 투표권이 주어지던 척박한 시절에 오키프는 뮤즈에서 화가로의 전환점을 도는 대단한 성취를 이룬 것이다. 모델로서의 오키프와 화가로서의 오키프의 겹침은, 여자는 남성 예술가의 뮤즈 노릇만 하던 시절에 여성 스스로 예술가의 위치에 서서 당당히 그 지위를 누리게 된 시대변화를 상징적으로 보여준다.

오키프는 20대부터 생계를 위해 삽화를 그리고 미술 교사직을 얻기 위해 여기저기 옮겨 다녀야 했다. 그 와중에 틈틈이 화가의 꿈을 키우며 부지런히 습작을 했다. 색채주의자로서의 천부적인 자질을 지닌 오키프는 일찍이 칸딘스키와 일본 미술 등의 영향으로 장식 속에 깃든 추상미술의 세계를 실험했다. 아직 추상화는 생소한 장르였던 시절이었다.

그녀의 인생은 당대 사진계의 거장인 스티글리츠를 만나면서 전환기를 맞았다. 1916년의 어느 날 스티글리츠는 자신이 운영하던 진보적인 화랑인 '291갤러리'에 그녀의 그림을 전시하였으며 이듬해 4월에 그는 그녀의 첫 개인전을 열어주어 화단의 주목을 받게 했다. 현대 추상조각의 선구자 브랑쿠시는 "그녀의 작품이 휘두르는 매력은 힘, 해방, 자유"라는 말로, 간단하게 본질을 꿰뚫었다.

이즈음 그녀는 평생 트레이드마크가 된 꽃 그림을 그리기 시작했다. 사진기법과 색채연구, 그리고 디자인 이론을 연결하여 추상과 구상의 경계에서 자기만의 그림 양식을 추구하고 발전시켰다. 사실 오키프가 추상 수채화에서부터 거대한 꽃 그림에 이르게 되기까지에는 291갤러리에서 만나게 된 폴 스트랜드의 사진 스타일은 결정적인 영향을 끼쳤다. 불필요한 부분을 과감하게 생략하는 방식으로 사물의 진수를 끌어내어 깔끔하게 보여주는 그의 사진은 오키프를 충분히 자극했다.

당시 불어닥친 뉴욕의 자유연애의 분위기 아래 나이 많은 유부남 스티글리츠와 오키프는 1918년부터 동거에 들어갔다. 동년배인 스트랜드 대신에 돈 많고 유명한 스티글리츠를 택한 31살의 오키프는 지극히 현실적인 필요에 의한 이 결정에 대해 일말의 주저함이나 가책을 드러내지 않았다. 드디어 1919년은 오키프의 해가 되었다. 오키프는 맨해튼의 뛰어난 추상미술 작가 중의 한 사람이 되었다.

스티글리츠는 오키프를 향한 열정을 수백 점의 사진에 담았다. 두 사람의 친밀감의 정도는 작품 속에 고스란히 반영되고 있다. "우리는 사랑을 나눴다. 그러고 나면 그는 내 사진을 찍었다." 비좁은 작업실에서 그는 정사 후에 오키프가 나른하게 누워 있는 모습을 카메라에 담는 일에 몰두하였다. 1918년에서 1921년 사이에 찍은 사진을 보면 그는 마치 갈라테이아를 빚은 피그말리온처럼 보였다. 그는 자신이 이상형으로 삼았던 여자의 이미지를 오키프를 통해 구현해

냈다. 현대판 피그말리온 신화라고 할 수 있다.

1921년의 사진전에 오키프를 모델로 한 사진 46점이 걸렸다. 그중에도 부분 누드를 찍은 선정적 사진이 센세이션을 불러일으켰다. 몸체만 찍은 〈토르소〉나 화면 가득 손이나 엉덩이 등 신체의 일부에 렌즈를 들이대고 찍어서 확대한 사진들은 그 시절에는 감히 생각할 수 없었던 촬영 작법이었다. 사진에서 오키프는 거의 웃지 않고 있다. 대리석처럼 차갑고 진지하고 거리감 있는 듯한 표정과 자세는 시간이 많이 흐른 이즈음에도 여전히 신비로운 분위기를 풍긴다.

예술가의 영감을 불러일으킨 뮤즈로서 오키프는 단숨에 유명해졌다. 한 비평가는 오키프의 사진들에 대해 "엄숙하고 섬뜩하며 수수께끼 같은, 신비스러운 아름다움과 이상하고 음침하며 젊은지 늙었는지 나이를 짐작할 수 없는 여자의 이미지"라고 했다.

하지만 진지한 예술가로 인정받고 싶었던 오키프는 스티글리츠가 창조해 내는 자신의 수동적 이미지와 반대로 자신을 능동적이고 이성적인 사람으로 그리기 위해 오랫동안 외로운 투쟁을 해야 했다. 그녀를 사랑했던 스트랜드는 추상과 구상 사이를 오가는 그녀의 구성에 대해서는 피카소를, 색에 대해서는 마티스를 견주는 최대의 찬사를 바쳤다. 또한 남성 동료들의 양식에 지배당한 메리 카셋이나 베르트 모리조와 달리 오키프는 자신만의 언어를 창조했다고도 했다.

한편으로는 자신과 외모가 너무도 흡사한 스트랜드의 아내 레베카를 모델로 하여 스티글리츠가 사진 작업을 하는 미묘한 상황이 벌어지고 있었다. 오키프는 스티글리츠를 뜻대로 움직일 수 없었다. 한편 스티글리츠는 오키프가 점점 갈망하는 고독이 두려웠다. 이런 가운데 그녀는 모든 열정을 그림에 쏟아부었다. "일하고 또 일해요. 그러고는 이렇게 일하는 것이 어리석다고 느끼다가 다시 더 일한답니다."

이윽고 스티글리츠는 오랜 세월 원만하지 못했던 결혼생활을 청산하고 3년 후인 1924년 오키프와 결혼했다. 이때 둘의 나이는 37살과 60살로 스티글리츠가 23년 연상이었다. 결혼식은 어떤 의례적인 형식도 갖추지 않았다.

"나는 색이나 형태로 모든 것을 말할 수 있지만 그밖에 다른 방법으로는 말할 줄 모른다."며 색채의 향연을 펼치는 그녀의 그림을 좋아하는 애호가들은 점점 더 늘어갔다. 그녀는 〈검은 붓꽃〉 시리즈 등 창조력의 절정에서 해마다 최상의 작품을 그려 내었다. 그녀의 꽃 그림은 흔히 여성의 성기처럼 보인다. 꽃을 확대해서 들여다본다는 것은 곧 꽃의 생식기를 확대하는 것으로 여자의 몸과의 묘한 일치점이 우연히 드러난 것이다. 그러나 오키프는 자신의 그림이 그런 식으로 보이는 것에 대해 그리 신경 쓰지 않았을뿐더러 그렇게 보이기를 원하지도 않았다. 하지만 그런 성적인 요소가 그녀를 더욱 유명하게 한 것도 사실이다.

이즈음 스티글리츠에게는 새로운 영감을 불러일으킬 대상이 필요해졌는데 때마침 나타난 젊고 당차고 아름다운 유부녀 도로시 노먼과 사랑에 빠졌다. 그녀는 스티글리츠를 열렬히 숭배하였다. 오키프보다 열여덟 살이나 어린 21살의 그녀는 부자이며 예술에 대한 동경이 강하고 틀에 얽매이지 않는 자유로운 이상을 추구하여 여성의 평등권을 옹호했다. 오키프는 남편과 노먼의 공개적인 애정행각을 견뎌야 했는데 이들의 관계는 평생 오키프에게 깊은 상처를 남겼다. 스티글리츠는 노먼에게 심취하고 있으면서도 한편으로는 오키프를 잃을까 봐 겁냈다. 그는 끝내 두 여인을 포기하지 않았다. 노먼은 1997년에 죽을 때까지 그를 띄우는 활동을 지속했다. 1933년, 오키프는 드디어 정신적으로 완전히 붕괴되어 병원에 입원하고 말았다. 상심으로 신경쇠약에 걸린 오키프는 가슴절제 수술을 하고 대상포진과 심장병을 차례로 앓으며 수시로 우울증에 빠졌다. 그렇지만 오키프는 작가로서의 자신을 존중해준 스티글리츠라는 존재의 중요성을 고통과 절망 속에서도 인정했다. "비록 한 인간으로서 그를 사랑하기는 했지만, 나를 그와 함께하게 만든 것은 예술이었다고 믿는다." 둘 사이의 동반자 의식과 애정은 이토록 깊었지만 그들의 최대문제인 스티글리츠와 노먼의 관계도 그대로 이어졌다.

오키프는 자신에게 고독이 필요하다는 것을 깨달았다. 그녀가 서른 살 때인 1917년에 기차여행 중 우연히 발견한 뉴멕시코를 떠올렸다. 뉴욕을 떠나 그녀는 원시적 자연 풍경에 묻혀 끝없이 펼쳐진 황량한 사막의 강렬한 빛과 색을 찾았다. 뉴멕시코에 정착하면서부터 꽃과 도시의 마천루 그림에 이은 그녀의 후기 작품은 사막과 맞닿은 맑은 하늘과 광활한 평원 풍경을 보여준다. 특이한 산과 바위들, 야생동물의 골반 뼈와 뿔, 두개골, 조개껍데기, 앙상한 고목 등의 자연물들로 소재가 변모한다. 사막의 부드러운 언덕, 버려진 흙벽의 교회 건물과 그 위에 우뚝 솟은 십자가, 페더널 산의 전경, 이들은 그녀가 특히 사랑한 풍경으로 자신의 작품에 등장시켰다. 또한 일본의 목판화와 르네 마그리트 류의 초현실주의, 스티글리츠가 찍은 구름 사진들에 대한 그녀의 관심이 작품에 반영되었다. 그런가 하면 바넷 뉴먼과 마크 로스코의 거대한 화폭을 염두에 두고 캔버스의 크기를 늘려 대작들을 쏟아내기 시작했다.

오키프의 열정적인 창작 활동은 작품의 양만으로도 능히

짐작할 수 있다. "인생에 대한 내 느낌은 별난 승리감 같은 거예요. 미래가 좀 쓸쓸하게 보이겠지요. 그러리라는 것을 알아요. 하지만 선택의 여지가 없으니 나는 두려워하지 않고 그 속으로 걸어 들어가겠어요. 그런 깨달음을 즐기면서 말이죠." 오키프는 결국 자신만의 세계를 찾았다. 쓰라린 시련을 예술로 승화시킨 것이다.

1946년에 스티글리츠가 사망한 후 타오스로 돌아온 오키프는 슬픔과 안도감 사이를 오갔다. 62세 때인 1949년부터는 아예 이곳에 정착해 은둔생활을 시작했고 1986년 산타페에서 숨질 때까지 '애비큐'의 집과 '고스트 랜치' 목장을 오가며 작품 활동에 전념했다. 스콧 피츠제럴드의 아내 젤다는 오키프의 전시회를 보고 말했다. "너무 외롭고 장엄하고 비통했어요. 그 작품들은 누군가와 말하고 싶다는 욕망을 불러일으키더군요."

"나는 텅 빈 공간을 좋아한다. 벽이 텅 비어 있으면 벽에 대해 더 깊이 생각할 수 있다." 오키프는 미니멀리스트였다. 애비큐의 집은 장식이 거의 없다. 꾸밈없는 간결한 방이 그녀의 삶의 스타일을 말해준다. 그 집에서 맞이한 말년에 오키프는 처음 스티글리츠의 시선을 사로잡은 추상 수채화로 돌아갔다. 부드러운 곡선의 윤곽선으로 형태를 잡고 그 위에 생생하고 선명한 색채의 얇은 물감으로 강약을 부여했다. 그녀의 그림엔 원근법적 공간이 없다. 평면 위에서의 정밀, 간결, 소박함은 정밀주의 회화에서 많은 영향을 받았지만 생물 형태적 형상에 추상적인 아름다움을 부여하는 능력은 그녀 고유의 것이다. 사물의 지극한 단순함을 포착하여 집중의 아름다움을 일깨움으로써 그녀는 추상 환상주의 이미지로 20세기 미국 미술계에서 독보적 위치를 차지했다.

자신의 작품에 사인을 남기지 않고 결혼한 뒤에도 자기 성을 그대로 쓴 것은 오키프의 강인한 의지와 독립 정신을 보여주는 일화다. 그녀는 포드와 레이건 대통령으로부터 자유와 예술 훈장을 받았으며 수많은 명문 대학에서 그녀에게 명예박사 학위를 수여했다. 이제 '꽃 그림 화가'라는 타이틀로 미국의 전역에서 유명해진 오키프는 은둔과 명성을 동시에 즐겼다.

그녀는 고집스럽게 허리선을 드러내지 않는 단순하고 긴 검은 원피스를 입었다. 장식 없이 빗어 넘긴 머리에서부터 굽이 낮고 튼튼한 신발에 이르기까지 어떤 형태의 구속도 받지 않았다. 마른 몸매의 그녀의 모습은 우아하고 아름다웠는데 자신도 외모에 대한 자부심이 강했다. 그녀는 『보그』나 『라이프』 등의 특집기사에서 단골 주제가 되어 여러 명의 사진작가가 그녀의 모습으로 잡지의 표지를 장식했다. 젊고 연약하며 병적인 모습의 스티글리츠의 사진에서와는 완연히 다른 이미지였다. 당당하고 초연하고 태양과 고된 작업으로 주름진 얼굴에 긴 머리를 검은색 터번으로 감싸고 어도비 벽돌집 밖에서 탈색된 해골과 함께 포즈를 취한 모습은 그녀가 세상에 보여주고 싶어 하는 모습이었다. 사막에서 홀로 멋진 그녀의 모습은 그 자체가 완성된 예술품으로 여겨졌으며 이런 사진들이 그녀를 더욱 유명하게 만들었다. 사막의 신비스러운 존재인 오키프는 종종 독자들에게 그녀의 미술보다 더 많은 관심거리가 되었으며 사진작가들의 작품으로 인하여 그녀는 이제 스티글리츠의 뮤즈를 떠나 세상의 뮤즈가 되었다. 이렇듯 자신의 이미지와 분위기를 만드는 일에도 철저한 자기관리가 있었다.

그녀는 인생과 예술을 하나로 만들었다. 자신의 작품뿐만 아니라 일상 자체도 예술적으로 만들었으니 이보다 더 적극적으로 자신과 자신의 삶을 사랑할 수가 있을까.

1973년 86살의 오키프의 삶에 또 한 명의 중요한 남자가 나타났다. 26살의 젊은 예술가 지망생인 후안 해밀턴Juan Hamilton 1946~ 이었다. 그는 무작정 오키프 집을 찾아와 "도울 일이 없겠느냐."는 말로 인연을 맺었다. 오키프는 얼마 지나지 않아 그에게 베토벤의 소나타를 들으며 저녁마다 자신과 함께하지 않겠느냐고 물었다. 그녀의 새 조수 겸 비서가 된 해밀턴은 같은 곡을 여러 번 반복해서 듣는 것에 익숙해졌다. 오키프는 자기의 인생에 그의 등장은 정말 신비하고 큰 행운이라고 생각했다.

오키프는 이제 시력을 거의 잃어가고 있었다. 그녀는 조각가인 해밀턴의 도움을 받아 시각 대신에 촉각에 의지한 도예와 도기 등에 관련된 일을 하기 시작하였다.

해밀턴과 오키프는 어떤 면에서 기질이 비슷했다. 그는 결코 고분고분하지 않았다. 둘 다 자기중심적이라서 다투기도 잘했다. 그렇지만 해밀턴의 전적인 보살핌이 없었다면 그녀는 애비큐에서 생애 마지막 13년을 제대로 품위를 유지하며 흐트러짐 없이 지낼 수 없었을 것이다. 그가 말년에 그녀 곁을 지켜 생을 아름답게 마감할 수 있었다. 그는 오키프의 예술을 이해했고 그녀가 죽을 때까지 곁에서 지켜주었다.

재산을 축적하고 세계 곳곳을 여행하고 그림을 전시하고 때로 자신조차 이해할 수 없는 유명세를 즐겼던 그녀는 생애 마지막까지 한 청년의 전적인 이해와 사랑을 누렸다. 그의 도움으로 그녀는 자서전 『조지아 오키프』Georgia O'Keeffe, 1976를 내고, 다큐멘터리 영화를 찍고, 도록을 출간했다. 그림값은 거의 폭등했다.

조수이자 비서로서, 친구 또는 정신적인 애인으로서 오키프를 돌보면서 1980년 34살의 해밀턴은 결혼하여 아이도 낳고 안정적인 생활을 꾸려갔지만, 오키프는 그의 결혼을 인정하지 않았다. 오키프로서는 해밀턴의 인생에 여자란 단 한 명뿐이었다. 오키프는 죽을 때까지 그가 자기와 결혼할 것이라고 믿었다. 그 때문에 그녀는 자신이 평생에 걸쳐 작업한 모든 작품과 재산을 해밀턴에게 물려주는 유언장을 작성했다.

오키프는 1986년 99세를 일기로 생을 접었다. 유언대로 장례식도 추모식도 치르지 않았다. 해밀턴은 화장한 유골단지를 안고 애비큐로 갔다. 페더널 산의 정상까지 올라가 바람이 북쪽으로 불어올 때까지 기다렸다가 거기서 유골을 뿌렸다. 오키프의 유골은 그녀가 그토록 사랑했던 고스트 랜치를 향해 흩어졌다.

해밀턴에게 어마어마한 유산을 남긴 것 때문에 그녀는 사후에도 세간의 화제가 되었다. 상속인 해밀턴은 유산 집행을 두고 여러 소송에 휘말려야 했다. 그는 조정에 응하여 대부분의 재산과 유품을 기증하고 애비큐의 집 등만을 물려받았으며 조각가로 활동하며 아내와 아들과 함께 행복하게 잘살고 있다.

그녀는 사다리와 문을 소재로 그림들을 그렸는데 이는 그녀가 통과했던 삶의 궤적을 상징적으로 보여주기도 한다.

스스로 과도기에 있다고 느낄 때마다 문의 이미지는 다시

스티글리츠와 그가 찍은 오키프의 사진. 스티글리츠는 미국 근대 사진의 아버지로 불리는 사진가이다. 19세기의 회화적 사진을 반대하고 리얼리즘의 묘사를 주장하였으며, 1902년 '사진분리파'를 결성하였다. 그녀를 모델로 스티글리츠가 찍은 수백 점의 사진은 주목할 만한 연작 인물사진으로 평단의 호평을 받았으며 한 번의 사진 전시회로 오키프는 단번에 유명해졌다.

등장하곤 했다. 문은 스르르 열리기도 했으며 때로는 그녀의 힘으로 벽에 문을 만들기도 하면서 하나의 문이 열릴 때마다 변신하며 화풍을 바꾸고 삶의 모습을 바꾸었다.

스티글리츠가 아니었어도 오늘날의 오키프의 명성은 유효했을까. 그러나 그녀는 여성 작가가 아닌 '작가'로 인정받기를 원했으므로 스티글리츠의 그늘에서 유명세를 탔다는 세평을 부정했다. 그 모순은 뮤즈의 역할과 화가로서의 역할의 중첩에서 빚어진 것이다.

일상조차도 예술적 경지를 누린 오키프의 삶은 누구나 선망해 마지않는 삶이다. 그러나 누구도 감히 흉내 내거나 견딜 수 없는 고독한 삶이다.

오키프의 대표작 〈검은 붓꽃 Black Iris〉(1926)

광기를 지닌 천재 달리와 그의 뮤즈 갈라

영감의 원천

그리스 신화에서 '뮤즈'는 예술을 관장하는 여신인데 요즘은 남성 예술가들에게 창조적 영감을 불어 넣는 여자들을 말한다. 자신의 뮤즈를 만나게 되면 타고난 재능을 제대로 발휘하여 예술혼을 꽃피울 수 있다는 것이다. 초현실주의를 대표한다고 할 수 있는 화가 살바도르 달리Salvador Dali, 1904~1989도 그런 면에서 행운아다. 그에게는 갈라Gala, 1894~1982라는 뮤즈가 있었다. 피카소가 새로운 화풍을 선보일 때마다 여자를 바꾸었던 것에 반해 달리는 갈라를 일생동안 칭송하였다. 달리는 경이로운 집중력으로 미술, 문학, 영화 등 다방면에서 엄청난 작업량을 소화했다. 그리고 그의 옆에는 항상 갈라가 있었다.

갈라와의 만남, 결혼

본명이 엘레나 디미트리에브나 디아코노바Elena Dimitrievna Diakonova인 갈라 엘뤼아르 달리의 첫 남편은 프랑스 시인 폴 엘뤼아르였고, 두 번째 남편은 스페인 화가 살바도르 달리였다. 1929년 여름, 자신을 '축제'라는 의미의 '갈라'로 부르는 35세의 러시아 여인을 만났을 때 달리는 10살 연하의 25살이었다.

그녀는 19살 때 결핵을 치료하기 위해 러시아에서 스위스로 건너가 한 요양소에 머무르다가 엘뤼아르를 만났다. 토마스 만의 소설 『마의 산』의 장면을 연상케 하는 만남이었다. 부부가 화가 막스 에른스트를 만났을 때, 두 남자와 한 여자는 초현실주의자로서의 예술적 공감을 나누었다. 그들은 영화 〈글루미 선데이〉의 세 주인공처럼 살았으며 이 기묘한 동거는 5년간이나 지속됐다.

쉽지 않은 관계 속에서 그들이 서로에게 지쳐갈 무렵, 청년 화가 달리의 초대로 갈라는 남편과 함께 스페인의 어촌을 찾게 되었다. 수줍게 있다가 갑작스레 발작적으로 웃음을 멈추지 못하거나 히스테리를 부리기도 하는 특이한 성격의 달리는 갈라를 처음 본 순간 이미 그녀에게 빠져 있었다.

그리 미모라고는 할 수 없는 이 러시아 여인은 달리가 어린 시절 꿈속에서 그리던 바로 그 이상적인 여인상이었다. 우연이라기엔 신기할 만큼 갈라의 체형은 달리가 그녀를 만나기 전 유화나 드로잉에서 그렸던 여인들의 모습과 똑같았다. 심지어 이름마저도 비슷했다.

"갈라가 내게는 유년기의 '가짜 추억'에 등장하던 바로 그 소녀, 갈루추카로 보였다. 갈라는 나의 그라디바^{우뚝 서 나아가는 여성}, 나의 승리의 여신, 나의 아내가 될 것이었다. 그러나 그러기 위해서는 먼저 그녀가 나를 치유해야만 했다. 그리고 그녀는 나를 치유했다." 그는 비로소 성(性)적 불안의 신경쇠약으로부터 회복의 길로 들어서기 시작했다.

당시 달리는 가난한 화가에 불과했음에도 갈라는 파리에서의 안락한 생활을 버리고 바닷가 오두막에서의 궁핍한 생활을 택했다. 10년간의 결혼생활 중에 세실이라는 딸을 두었던 엘뤼아르는 순순히 그녀를 놓아주었다. 전남편과의 관계는 그 후로도 간간이 이어졌으며 그 외에도 그녀의 일상적인 혼외정사를 달리는 묵인하였다. 남편은 남편대로 아내는 아내대로, 성적 분방함과 방관적 태도가 용인되는 삶의 방식이었다. 그 덕분에 갈라는 팜므파탈이기는커녕 대예술가의 뮤즈가 되었다. 그런 분위기 속에서 갈라와 달리는 53년 동안 현실과 초현실을 자유자재로 넘나들었다. 그들의 삶 자체가 하나의 초현실주의를 실현했다고 할 수 있다. 어쨌거나 갈라와 달리는 그들의 주변에서 수많은 결혼이 파탄으로 이르는 가운데 굳건히 결혼생활을 유지하였다.

달리에게 갈라는

갈라는 대체로 남의 시선에 개의치 않았으며 자기 자신 외의 주변 일에 무관심했다. 하나밖에 없는 딸에 대해서도 냉담했다. 예측 불허의 행동과 괴변이 수시로 돌출하는 달리를 갈라는 대부분 무표정과 무반응으로 대했다. 그러한 그녀의 심드렁한 태도가 달리는 편했다. 달리는 자신이 아무리 괴이하게 굴어도 별 반응이나 동요가 없는 그녀의 모습을 보며 안정감을 느꼈다. 달리의 비상식적이며 비정상적인 일탈을 유연하게 감싸는 너그러움과 냉정한 내면을 아울러 지닌 갈라, 그녀의 사려 깊은 동시에 무심한 이중성이 달리에게는 꼭 필요했다.

갈라는 사태를 꿰뚫는 명민함으로 달리의 정신세계를 파악하여 효과적으로 고양시켰다. 그리고 그가 최적의 상태로 초현실적 세계에 몰두하여 표현해낼 수 있도록 위로와 칭찬으로 독려했다. 갈라는 예술적 천재성 뒤에 불안한 내면이 도사리고 있는 달리를 안정시키며 달리의 초현실주의적 천재와 현실 세계 사이에서 가교역할을 훌륭하게 수행하였다. 자신의 광기를 도맡아 돌보아 주었던 갈라가 없었더라면 자기는 미쳐서 요절했을 거라고 달리는 그녀에게 감사의 마음을 드러내곤 했다.

갈라는 달리를 잘 다루었을 뿐만 아니라 대중의 기호에 부합하는 것에도 남달랐다. 그녀의 사업적 촉수는 정확하였다. 달리가 하루 12~15시간 작업하도록 시간 관리를 했고, 달리를 알리기 위해 그림을 들고 갤러리를 힘들게 돌아다녔다. '돈밖에 모르는 여자'라는 비난을 무릅쓰고 갈라는 달리의 그림을 비싼 값에 파는 능숙한 수완가였다. 달리는 일생을 걸만한 대형 프로젝트였으며 그 대가도 두둑했다고 할 수 있다. 세기의 엔터테이너 커플로서 굳건한 파트너십이 명성과 부를 가져다주어 그들의 삶을 윤택하게 이끌었다. 커플로서의 시너지 효과가 최대한으로 발휘된 예라고 하겠다.

덕분에 이 이기적인 여자는 맘껏 사치와 자유연애를 누렸다. 그들은 상대를 완벽하게 이해하며 공존했다고 할 수 있다. 상식을 넘어선 저 이상한 부부의 모습은 초현실주의 예술이 '이성의 제어'를 넘어서는 것과 닮았다. 과거가 베일에 싸인, 모호한 매력을 지닌 이 모스크바의 여인은 수많은 영감의 원천이 되어 달리의 예술혼을 불러일으켰다. 그들의 사랑과 예술의 순수성을 논하기 이전에 갈라가 없었다면 오늘날의 달리는 없었을 것이다.

갈라는 그의 연인, 아내, 어머니, 보호자이며 수호천사였다. 뮤즈이자 모델이며 조력자였고, 그의 정신병을 치유하는 사람이며, 구원의 여인이었으며 무엇보다 중요한 사업 매니저였다. 달리는 어린아이가 엄마에게 매달리는 것 같은 유아적인 모습을 보이곤 하여 주변을 놀라게 하곤 했다. 달리에게 갈라는 여신과도 같은 존재였으며 그녀에 대한 달리의 숭배는 거의 종교적이었다. 달리는 자신은 오직 그녀를 위해 태어난 사람이라고 생각했다.

달리의 수많은 작품에서 갈라는 성聖과 성性을 함께 갖춘 여자로서 비너스, 누드, 초상 등으로 끊임없이 등장하였다. 작고 섬세한 골격과 환상적인 몸매를 지닌 갈라는 프란체스카Piero della Francesca, 1416-1492의 〈몬테펠트로 제단화〉를 재해석한 〈포르트 리가트의 마돈나〉1950에서 성모 마리아의 모습으로 그려졌다.

달리처럼 자기 아내를 칭송한 예술가는 없을 것이다. "나는 내 어머니 아버지보다 더, 피카소보다 더, 심지어 돈보다도 더 그녀를 사랑한다."고 말했다. 달리는 완전한 복종과 정화의 상태에서 갈라의 발치에 엎드려 그녀가 자기를 지배해주기를 바랐다. "갈라는 내 삶에서 결여된 체계 즉 구조를 부여한다."며 "갈라에 대한 내 사랑은 그 자체로 하나의 세계다. 내 아내는 본질적인 내 존재의 사슬에서 잃어버린 고리다."라고 했다. 달리는 1930년대 초부터 자기 그림에 '갈라-살바도르 달리'라고 서명했다.

달리의 작품세계와 갈라

초현실주의라고 하면 떠오르는 대표적인 그림은 올리브 나무 가지에 걸쳐져 흐늘거리는 시계의 이미지가 아닐까? 갑자기 천재적 영감이 번득인 순간, 달리는 벽시계와 녹아내리는 카망베르 치즈를 하나의 이미지로 혼합하였다. 그는 이 〈기억의 영속〉The Persistence of Memory, 1931을 순식간에 완성한 뒤 갈라에게 맨 처음 보여줬다. 그녀는 이렇게 외쳤다. "이 그림을 한 번 본 사람은 죽을 때까지 못 잊을 거예요." 뉴욕의 현대미술관에서 350달러에 구입했다. 그렇게 달리는 유명해졌다.

1929년에 달리는 초현실주의 그룹에 가담했다. 평생의 동반자가 된 갈라를 만난 해였다. 〈기억의 영속〉 이후 대표적인 초현실주의의 화가로서 그는 무의식과 몽환적 세계 속에서 녹아내리는 시계와 더불어 이제껏 그림에서 보지 못했던, 이전의 그 누구도 상상하지 못한 독특하고 기발하고 괴상한 광경들을 우리 눈앞에 펼쳐 보이며 대중의 호기심을 촉발시켰다. 독창성을 바탕으로 뻔뻔스러운 배짱, 파렴치한 솔직함으로 광기를 지닌 천재의 이미지를 얻은 후 그에게는 자유로운 예술가로서의 삶이 주어졌다.

1940년에 나치를 피해 미국으로 간 그는 현란한 재능을 유감없이 발휘하여 영화, 발레와 연극과 오페라의 무대장치,

의상과 보석 디자인 등 문화계의 다양한 방면에서 활약했다. 달리의 사인이 들어간 것은 무엇이건 공전의 히트를 기록하였다. 앙드레 브르통이 Salvador Dali의 철자를 재조합해 붙여준 별명이 아비다 달러Avida Dollars 돈에 열광하는 자이다. "비 오듯 쏟아지는 달러는 결코 줄지 않았다." 그는 현대의 미다스의 왕이었다. 갈라가 그 모든 것을 배후조정하며 지휘하였다. 환상의 작품세계를 한껏 이용하여 세속적인 풍요를 누리게 된 것이다.

1974년에는 피게라스에서 오늘날의 관광명소가 된 '달리 극장 미술관'을 개관하였다. '고가의 벼룩시장'을 닮았다는 평을 듣는 미술관 안팎에는 오페라의 꿈속 공간 같은 스펙터클과 환상이 넘친다. '창조적 혼돈'이라고 부를 만한 현대 상상력의 신전에는 사상과 정경이 넘치고, 질서와 변덕의 조화로운 통합에 대한 예찬이 펼쳐진다. 미술관은 '삶과 예술을 분리할 수 없다'는 달리의 신념을 적나라하게 보여준다.

외로운 말년

1982년 달리를 남겨두고 88세를 일기로 갈라가 세상을 떠났다. 달리는 완전히 절망에 빠졌다. 그녀에게 선물했던 푸불성에 갈라를 안치시킨 달리는 모든 창작 활동을 멈추고 칩거했다. 매우 비참하고 외로운 말년을 보내다가 7년 뒤 85세에 그녀의 뒤를 따랐다. 작품만큼이나 삶 자체가 기이하고 환상으로 가득했던 그의 시신은 자신의 미술관인 피게라스 극장 미술관에 안치되었다.

> 갈라,
> 사랑은 내게 증명하네.
> 당신에 대한 기억이 없음을.
> 나는 당신을 기억하지 않기에
> 당신은 변하지 않고
> 내 기억을 뛰어넘는 존재
> 당신은 곧 내 생명이므로.
> ……
> 갈라,
>
> 당신의 얼굴은
> 그 어떤 감상도 드러내지 않네.
> 당신은
> 눈부시게 장식된 조망을 뛰어넘는 존재이기에
> ―「사랑과 기억」(1931) 중에서

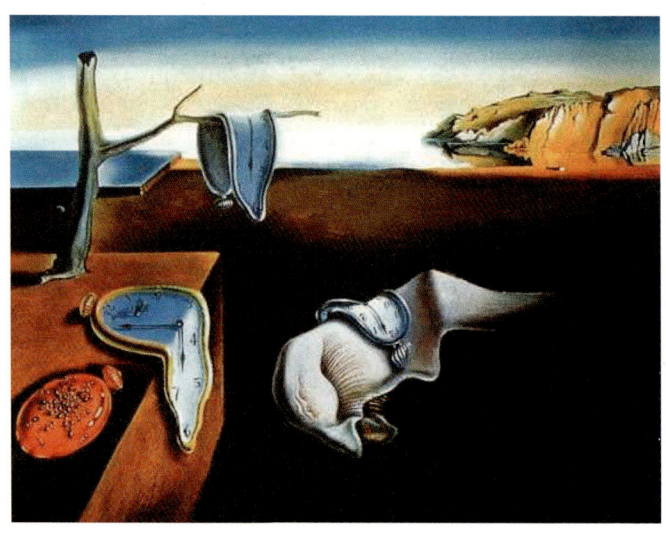

〈기억의 영속〉The Persistence of Memory (1931)

마네의 파격과 모리조의 조응

폴 발레리Paul Valery는 에두아르 마네Édouard Manet 1832~1883의 〈제비꽃 장식을 한 베르트 모리조〉1872를 마네 최고의 작품으로 꼽았다. "이 작품은 마네 예술의 정수다. 크고 둥근 눈으로 어딘가에 골똘한 시선을 보내는 모리조의 표정은 진지하면서도 동시에 방심한 듯하다. 이를테면 '부재의 현존'인데, 이는 특별한 시詩의 느낌을 자아낸다. 색조는 불협화음인 듯, 오묘하게 조화를 이룬다. 마네는 새로운 양식 속에 모리조의 독특하고 신비로운 매력을 부각시킨다." "바람이 분다. 살아야겠다."라는 시구로 유명한 폴 발레리는 인상주의 여류화가 베르트 모리조Berthe Morizo 1841~1895의 조카사위다. 검은 드레스와 모자에 둘러싸여 그녀의 장밋빛 피부는 한결 더 화사하게 피어난다. 마네는 검은색의 효과를 강조하려고 모리조의 녹색 눈동자를 검은색으로 바꿨다.

모리조가 마네의 그림에 등장하는 첫 번째 그림은 〈발코니〉1868-69로 비잔틴 시대의 종교화와 같은 정면성을 보여주는 이 작품은 고야의 〈발코니의 마하들〉을 본떴다. 마네는 이외에도 〈부채를 든 모리조〉〈휴식〉 등 그녀의 초상화를 스무 점 넘게 남겼다. 그림들 속에서 모리조의 자태는 매력적이고 아름답고 우아하지만, 그 표정에 모종의 우수를 드리우고 있다. 수정이나 보완의 흔적 없이 마네 특유의 빠른 붓질로 그린 초상화들은 그녀가 뮤즈로서 마네에게 불러일으켰을 예술적 영감을 충분히 느끼게 한다.

로코코 미술의 대가인 프라고나르Jean-Honoré Fragonard의 증손녀인 모리조는 프랑스 부르주에서 태어났는데 유복한 가정의 예술적 분위기에서 자랐다. 그림에 재능이 있었던 모리조는 언니 에드마Edma Morisot와 함께 루브르 박물관에서 옛 거장의 작품을 모사하며 그림 공부를 했다. 그리고 밀레에게 영향을 줬던 풍경화가인 코로Camille Corot의 제자가 된 그녀는 그림에 대한 열정과 더불어 뛰어난 지성과 출중한 미모까지 갖췄다. 당연히 파리 화단에서 인기가 높았다.

여성의 그림을 한낱 취미생활로 여기던 시기에 모리조는 1864년 파리 살롱 전에 풍경화 두 점을 출품하여 좋은 평가를 받았다. 1868년에는 팡탱 라투르의 소개로 마네를 살롱 드 파리에서 처음 만났다. 이즈음의 마네는 〈풀밭 위의 점심식사〉1863에 이어 〈올랭피아〉1865에 대한 혹평과 비난에 맞닥뜨리고 있었다. 마침 1865년에 다녀온 스페인 여행에서 스페인 미술, 특히 벨라스케스의 그림을 직접 감상하며 감동에 휩싸였다. 여행은 마네에게 일대 전환기를 마련해 주었다.

빛의 움직임을 포착해 그 순간의 인상을 캔버스에 옮기는 인상파 화가는 검은색을 잘 쓰지 않았다. 르누아르는 인상주의가 결성된 이유에 대해 "검은색 물감이 다 떨어졌기 때문"이라고 농담을 했을 정도다. 그러나 자신을 인상파로 분류하는 것을 달가워하지 않은 마네는 스페인 미술의 영향에 힘입어 검은색을 대담하게 화면에 사용했고 이런 취향 때문에 그의 그림은 현대적이면서도 강렬한 느낌을 준다. 초상화에서 모리조가 입은 검은 드레스는 당시의 파리에서는 파격이었다. 기성 화단의 혹평과 달리 보들레르, 에밀 졸라, 스테판 말라르메, 폴 발레리 등 많은 문인들은 마네에게 찬사를 보냈다.

인제 와서는 마네의 〈올랭피아〉는 현대미술의 시작을 연 그림으로 평가받는다. 푸코, 바타이유, 그린버그, 곰브리치 등이 마네 그림의 옹호자들이다. 마네는 회화를 신화와 성경의 서사로부터 독립시켰다. '있는 그대로의 회화'로서 '그림은 그림일 뿐'이라는 것을 보여준 모더니스트였다. 비록 마네의 그림이 재현성을 탈피하지는 못했지만, 르네상스 이래의 원근법을 눈속임이라는 이유로 물리치고 화면의 깊이를 제거한 평면성을 추구했다는 의미에서 그는 추상 화가들의 원조다. 사진의 등장과 일본의 채색 판화인 우키요에浮世繪가 몰고 온 자포니즘의 영향으로 인상주의와 함께 마네의 그림이 현대회화의 길을 열어주었다. 마네는 평면적인 구도와 순도 높은 채색으로 새로운 개념을 제시할 수 있었다.

지금은 마네의 그림이 이렇게 높은 대접을 받지만 당시의 파격적인 마네의 그림은 사람들로부터 이해받지 못하고 야유만 잔뜩 받고 있었다. 그럼에도 마네는 주눅 들지 않고 당당하고 자신감 넘치는 모습이었다. 그러한 마네에게 모리조는 호감을 가졌으며 그의 새로운 시도에서 많은 영감을 얻었다. 마네도 모리조에게 강하게 이끌려 만난 해부터 이미 그녀의 초상화를 그리기 시작했다.

모리조도 마네의 영향으로 코로의 풍경화류에서 벗어나 관습에 얽매이지 않는 보다 자유로운 양식으로 변화를 추구하였다. 모네, 드가, 르누아르 등의 인상주의 화가들과도 폭넓게 교류하면서 거듭 화풍을 변화, 발전시켜 나갔으며 실내에서 작업하는 마네와 외광파인 인상주의 화가들과의 가교 노릇도 했다. 이를 통해 마네의 작품세계도 차츰 변화를 맞았다. 이렇듯 마네와 모리조는 영향을 주고받으며 서로가 서로를 변화시켰다. 모리조는 마네에게 화가이면서 모델이며 제자면서 동료로서 예술의 동반자였다. 그리고 영감의 원천, 뮤즈였다.

모리조는 이미 아내가 있었던 마네의 숨겨진 애인으로 소문이 나기도 했다. 마네의 아내 쉬잔 렌호프, 〈풀밭 위의 점심식사〉, 〈올랭피아〉와 〈피리부는 소년〉1866의 모델인 빅토린 모렝, 에바 곤잘레스, 메리 로랑 등 마네의 그림에 등장한 여인들 중 가장 아름답게 표현된 모리조를 두고 마네와의 연인설이 바늘에 실같이 따라다녔다. 그런데 모리조는 마네의 동생인 외젠Eugene Manet의 청혼을 받아들여 1874년에 결혼했다. 어떤 사람들은 마네가 모리조를 조금 더 자신의 곁에 가까이 두고 싶어 동생과 결혼시켰고 모리조도 마네 곁에 머물고 싶어 외젠의 청혼을 받아들였다고 말하기도 했다.

그들 사이에 비밀스러운 러브스토리가 존재했을 수도 있고 마음속의 연모로만 끝났을 수도 있다. 모리조는 우애가 돈독한 언니 에드마에게 보낸 편지에 그들이 연인 사이임을 암시하는 내용을 담았고 외젠 마네와의 결혼은 애정 없는 결혼이었다고 말했다고도 한다. 그 외에는 그들의 관계가 어떤 것이었다고 뚜렷하게 말할 수 있는 편지 등 어떠한 자취나 근거는 없다. 두 사람은 상대에 대한 그 어떤 로맨틱한 발언도 하지 않았다. 단지 그들이 남긴 그림을 통해 유추해 볼 수 있을 뿐이다. 대등한 화가로서, 또는 화가와 모델의 관계로서 두 사람은 서로를 비판하고, 존경과 질투를 오가며 실랑이가 있긴 했다. 아무튼 마네가 그녀에게 매혹되어 있었다는 것만은 틀림없다. 곁에서 두 사람을 오랫동안 지켜본 조지 무어는 "마네가 이미 결혼을 하지 않았다면 모리조가 그와 결혼했을 것이 틀림없다."고 말했다.

결혼 초기, 모리조는 남편을 경멸할 정도로 거부했다고 한다. 그러나 외젠은 형의 화가 활동을 헌신적으로 지원해주는 착한 동생이었고, 성실하고 지적인 남편이었다. 그러므로 그녀는 시간이 지나면서 그의 존재를 차차 받아들이게 되었다. 모리조가 그린 외젠의 모습이 어쩐지 쓸쓸하고 외로워 보이기도 하지만 그녀가 묘사한 남편의 옆모습은 점잖으며 사색적인 풍모로 이는 그녀가 품은 남편에 대한 신뢰와 애정을 은연중에 보여준다. 비교적 무난했던 결혼생활이 이어졌으며 둘 사이에는 외딸 쥘리 Julie Manet가 있다. 그녀는 딸의 모습을 수시로 그려서 그녀의 성장하는 모습을 그림으로 남겼으며 그녀와 동갑내기인 르누아르 Auguste Renoir가 그린 〈쥘리 마네〉도 유명하다. 르누아르는 훗날 모리조 사망 후에 쥘리의 후견인이 되어 그녀의 그림 지도를 했다.

모리조는 결혼하던 1874년 4월에 열린 제1회 인상주의 전시회에 유일한 여성 화가로 참여했다. 이 전시회에서 그녀는 <요람>을 비롯해 모두 아홉 점을 선보였다. 비평가들은 다른 화가들의 작품에 대해선 혹평을 쏟아냈지만, 그녀의 작품에 대해서는 늘 호의적이었다. 그녀가 적당히 앞선 감각으로 현재의 경향을 놓치지 않으면서도 균형을 잡을 줄 아는 화가였으며 세태를 크게 거역하지 않는 영리함도 지녔던 덕분이다.

모리조는 결혼 후에 드가Edgar Degas의 지도를 받기 시작했으며 인상주의 전시는 1886년까지 모두 8회에 걸쳐 개최되었는데, 모리조는 딸 쥘리가 태어난 1879년을 제외하고는 매 회마다 작품을 내놓았다. 그리고 런던이나 벨기에의 다른 미술 단체들의 전시회에도 참여했다. 1892년 파리에서 개최한 개인전은 그의 명성을 확인시켜 주었다.

마네 가족의 또 다른 미스터리는 그의 아들 레옹에 관한 것이다. 마네의 아내 쉬잔은 어린 시절의 마네 형제들에게 피아노를 가르쳐주던 가정교사였다. 쉬잔은 아버지가 누구인지를 밝히지 않은 아들 레옹을 낳고 마네와 몰래 10년간이나 동거를 했다. 마네의 아버지가 사망한 후에야 그는 자신보다 세 살 많은 그녀와 정식으로 결혼을 하고 숨겨둔 아들의 정체를 밝혔다. 레옹이 진짜 마네의 아들인지, 아내의 동생인지, 딴 남자와의 사이에서 태어난 의붓자식인지, 분명한 사실로 드러난 것은 아직까지 없다. 심지어는 마네의 아버지의 아들, 즉 마네의 동생이라는 소문까지도 있었다. 당시의 사회 풍조에 따라 마네의 사생활은 문란했으며 너그러운 아내 쉬잔은 이를 모두 감내하였다.

반면 모리조는 여류 화가로서의 정체성을 견고하게 지키며 가족의 울타리 안에서 머물면서 남편과 딸, 어머니와 자매들, 조카들을 모델로 한 그림을 부지런히 그리며 차분한 가정생활을 충실히 이어갔다. 그녀는 인상주의 화풍을 풍부하게 익혀가며 섬세하면서도 풍부한 파스텔 톤의 색채와 즉흥적인 붓놀림, 그리고 독특한 구도로 파리 근교의 삶의 풍경과 더불어 소박한 실내의 정경 가운데 작가 주변과 일상 속의 여성과 아이들의 모습을 그렸다. 생기 가득한 색채와 밝은 톤으로 경쾌하면서도 따스한 분위기로 그려 낸 유화와 수채화는 친밀감과 부드러움이 가득하다.

이렇듯 모리조는 자신의 작품세계를 꾸준히 가꿔나갔으며 메리 카셋과 더불어 대표적인 인상주의 여성 화가로서 미모와 재능을 겸비하고 평생 경제적으로 풍족하게 살았다. 그럼에도 불구하고 그녀가 묘사한 인물들은 대체로 부드럽지만 〈요람〉의 자기 언니의 표정에서처럼 일말의 애상이 스며있어 밝은 화면임에도 여운을 남긴다.

1883년, 마네는 매독으로 51세의 나이에 세상을 떠났다. 모리조의 상심은 컸다. 모리조는 살아생전 마네의 명성을 지켜주기 위해 여러 가지 노력을 했다. 가족들과 함께 이듬해 사후 전시회를 기획했고, 경매에서 그의 작품들을 사들였다.

슬픔에서 벗어나기 위해 모리조는 무던히 애썼다. 그 방편으로 그녀는 파리 근교에 새롭게 장만한 집에서 딸 쥘리를 위한 파티를 열곤 했다. 초대받는 사람들은 대개 드가, 르누아르, 모네였고 시인 말라르메도 단골손님이었다. 모리조는 죽은 뒤에 마네의 곁에 묻히도록 자신의 묘역을 미리 사놓기까지 했다. 물론 남편 외젠과 함께 나란히 묻히는 계획이었지만, 그만큼 모리조에게 마네는 예술적 후원자인 동시에 삶의 지표였던 것이다.

생애 동안 〈로리앙 항구〉The Harbor at Lorient, 1869, 〈요람〉The Cradle, 1872, 〈술래잡기〉Hide-and-Seek, 1873, 〈빨래 널기〉Peasant Hanging out the Washing, 1881 등 많은 작품을 남긴 그녀는 1895년 파리에서 장티푸스로 생을 마감했다. 일기를 쓰듯 자신의 일상을 그림으로 남긴 그녀에 대해 폴 발레리는 "그녀는 그림을 위해 살았으며, 그녀의 인생을 그림에 담았다."라고 했다.

마네 〈제비꽃 장식을 한 베르트 모리조〉
1872년 55×40cm, 프랑스 파리 오르세 미술관

모리조 〈요람〉 1872년 56×46cm, 프랑스 파리 오르세 미술관

벨 에포크의 코르티잔, 쉬잔 발라동

벨 에포크(Belle Époque 좋은 시기)

유럽에서는 19세기 말에서 1차 세계대전 발발 전까지를 벨 에포크라고 한다. 그렇지만 정말로 그때가 좋은 시절이었을까? 산업혁명 이후 식민지에서 가져온 원자재를 가공하는 제조업이 발달하여 신흥 부르주아들이 생겨났다. 벨 에포크의 번영과 여유는 식민지 착취와 빈민 노동자들의 피땀 위에 세워진 것이었다.

이 시절을 온몸으로 살아낸 여자가 쉬잔 발라동Suzanne Valadon 1865-1938이다. 밑바닥 인생의 가난뱅이 사생아로 태어나 이름난 화가로 생을 마감한 그녀의 삶은 온갖 극적인 요소를 갖추었다. 그녀는 세상에 농락당하기도 하고 세상을 농락하기도 하면서 그래도 오로지 자신의 힘으로 한 발짝씩 꿈을 향해 앞으로 나아갔다. 질풍노도의 인생이었지만 말년은 평화로웠으며 자신의 초상화를 그리다가 숨을 거두었으니 행복한 최후였다. 그녀는 예술가들에 둘러싸여 스스로 예술가가 되었고 강렬하고 힘찬 인물묘사와 대담한 색채로 표현주의의 독자적 화풍을 마련하였다. 또한 사생아가 낳은 사생아인 그의 아들, 화가 모리스 위트리오Maurice Utrillo 1883~1955는 '에콜 드 파리'École de Paris의 일원이 되어 훗날 '몽마르트르의 화가'라고 불리며 미술사에 뚜렷한 족적을 남겼다.

코르티잔(courtesan 부유한 남자들이나 귀족들과 관계를 가진 사교계의 여인)
18세기 루이 15세는 마담 퐁파두르에게 현재 프랑스 대통령의 거처인 엘리제궁을 포함하는 사유지를 하사했다. 이렇듯 부유한 귀족의 눈에 들어 낮은 신분으로부터 탈출하여 분방하고 호화로운 생활을 누리는 여자들을 코르티잔이라고 불렀다. 벨 에포크 시대의 코르티잔은 귀족 대신 부르주아와 예술가들 사이에서 활약했다. 무대도 살롱에서 카페로 옮겨졌다. 파리에는 그리제뜨남루한 잿빛 치마란 뜻라고 불리는 모자 제조나 수예 등의 수공예업에 종사하는 값싼 여성 노동자들이 있었다. 이들은 부족한 생활비를 충당하기 위하여 낮에는 노동자로 밤에는 술집에 나가거나 부자들의 애인으로 이중생활을 했는데 그런 여자들을 로레트라고 했다. 그들의 고단했을 삶을 마네의 〈폴리베르제르 바〉에 나오는 피곤하고 우수 어린 표정의 술집 여종업원이 여실히 보여준다. 이들 중의 소수가 코르티잔이 될 수 있었다. 코르티잔은 요즘으로 비교하자면 인기 연예인이라고 할 수 있다. 19세기 말에 쉬잔 발라동 같은 모델들은 신종 코르티잔인 셈이었다. 시몬 보부아르의 말대로 그들은 스스로 자유롭게 말하고 행동하면서 남자와 거의 동등한 위치에서 여성으로서 유례없는 지적 자유를 누릴 수 있었다.

'몽마르트르의 뮤즈' 쉬잔 발라동

곡예사에서 모델로, 그리고 화가로 드라마틱한 굴곡의 삶을 산 쉬잔 발라동은 1865년 프랑스의 한 작은 마을에서 태어났다. 본명은 마리 클레망틴 발라동. 재봉사의 사생아로 아버지가 누구인지 알 수 없어 어머니의 성을 이어받았다. 다섯 살 때부터 생업에 뛰어들어 청소부, 직공, 양재사 등 갖가지 궂은일을 경험했다. 15살에 서커스단의 곡예사로 일하게 되지만 추락으로 부상을 입어 일을 그만두었다. 발라동은 새로운 일자리를 찾아 친구의 소개로 상징주의 화가 퓌비 드 샤반Puvis de Chavannes, 1824-1898의 모델이 되었다. 당시의 모델들은 으레 화가들의 애인도 겸했으므로 그녀는 늙은 화가의 어린 애인으로 지냈다.

그녀는 곧이어 오귀스트 르누아르Auguste Renoir, 1841-1919를 새로운 화가 겸 애인으로 삼는다. 그는 〈부지발의 무도회〉 등 여러 명작을 통해 그녀를 아름답고 관능적이면서도 우아한 여인으로 그려 냈다. 그런데 르누아르의 결혼 후, 둘의 관계를 용납할 수 없었던 부인 때문에 그와도 결별했다.

1883년 발라동은 아버지를 알 수 없는 사내아이를 낳았다. 아이 아버지가 누구인지는 발라동도 몰랐을 것이다. 8년 뒤에 미구엘 위트리오라는 사람이 그녀의 아들에게 자기 성을 쓰도록 허락했다. 그 아들이 화가 모리스 위트리오다.

발라동은 이제 툴루즈 로트렉Toulouse-Lautrec, 1864-1901의 모델이 되었다. 그는 귀족 출신이지만 유전적인 질병 탓으로 키가 150센티를 겨우 넘었다. 그는 주로 카바레 등 환락가를 떠돌았는데 창녀와 무희와 광대를 소재로 생생한 그림과 포스터를 남겼다. 이미 유명한 화가였던 로트렉은 그녀를 모델로 〈숙취〉 등 여러 작품을 그렸다. 거친 삶을 헤쳐 온 그녀는 로트렉에게는 르누아르와는 전혀 다른 모습으로 어필하였다. 무도회에서 춤추는 모습이 아니라 낡고 해진 옷차림에 지치고 피곤한 모습이다. 그러나 살아있는 눈빛으로 도도하게 턱을 괴고 세상을 응시한다. 로트렉은 발라동에게 매우 헌신적이었으며 그녀를 인간적으로도 아꼈다. 책을 좋아하는 그녀에게 니체와 보들레르의 서적을 빌려주었으며

'쉬잔'이라는 예명도 지어주었다.

로트렉은 우연히 발라동의 드로잉을 접한 후 재능을 알아보았다. 그래서 그녀가 에드가 드가Edgar Degas, 1834-1917에게서 체계적인 그림 수업을 받도록 주선했다. 드가의 격려 속에 1894년 살롱 나쇼날에서 여성 화가로서는 처음으로 작품을 전시하였다. 발라동은 로트렉과 간절히 결혼하고 싶었지만 그녀의 청혼을 그는 완강히 거절했다.

발라동이 순식간에 '몽마르트르의 뮤즈'로 불리며 기라성 같은 화가들의 모델이 된 것은 그녀가 독특한 분위기와 매력을 지닌 마스크와 볼륨감 넘치는 몸매를 갖춘 덕분이다. 샤반과 르누아르와 로트렉이 발라동을 그렸으나 같은 모델 다른 그림이다. 샤빈은 청순한 소녀의 아름다움을 표현했다. 르누아르의 화폭에는 수줍은 표정의 사랑스러움이나 우아한 자태가 가득하다. 반면에 로트렉의 그림들에는 영혼의 피폐함과 삶의 고단함, 인간적 고뇌가 자리잡고 있다. 화가가 삶을 해석하는 차이를 여실히 보여준다.

1893년부터 발라동은 유화를 본격적으로 시작했다. 첫 작품은 작곡가 에릭 사티Éric Satie, 1866~1925의 초상화였다. 노르망디의 옹플뢰르에서 태어나 파리의 몽마르트르로 이사 온 시골 청년 사티는 캬바레 '검은 고양이'Le Chat Noir 르 샤 누아르에서 피아노를 치며 곤궁한 생계를 이어가고 있었다. 발라동은 이 뛰어난 음악가를 모델로 그녀 생애 최고의 걸작 초상화를 그렸다.

로트렉과 헤어진 발라동은 이내 사티와 동거를 시작했다. 사티의 대표곡 중 하나인 〈나는 당신을 원해요Je te veux 쥬뜨 부〉는 사티가 발라동과 사랑에 빠져 만든 아름다운 곡이다. 그들은 6개월간의 짧은 기간 후에 갑자기 헤어졌는데 이유가 특이했다. 어느 날 사티는 발라동에게서 어머니의 모습을 보게 되고 그날 이후로 그는 발라동과 육체적인 사랑을 나눌 수 없게 되었다는 것이다. 헤어질 때도 발라동이 2층 발코니에서 떨어지는 등 그 과정이 소란스러웠다. 사티는 그녀가 떠난 후 단 한 번의 연애를 끝으로 평생을 독신으로 살았다.

사티는 발라동에 대한 사랑을 예술로 승화시켜 애달프고 슬픈 음악들을 계속 작곡하였다. 그는 죽고 난 뒤, 세월이 많이 흐른 뒤에야 비로소 프랑스 현대음악의 아버지로 추앙을 받게 되었다. 음과 음 사이가 아주 느리게 흘러 음계를 명상하는 듯, 고요한 침잠의 세계로 인도하는 그의 독특한 음악 세계는 그의 상상력과 독창성, 그리고 고독의 산물이다. 1898년부터 파리 근교의 빈민가의 한 아파트에서 무려 27년간을 은둔하며 살다가 59세가 되던 해에 고독한 삶을 끝냈다.

사티가 죽었을 때 그의 방에서 부치지 않은 편지들이 있었는데 수신인은 모두 쉬잔 발라동이었다. 그리고 발라동과 그의 아들 위트리오와 개 한 마리가 나란히 있는 사진이 한 장 남아 있었다. 사티가 죽은 뒤 사진을 건네받은 발라동은 개 줄을 쥐고 있던 맨 왼쪽 사티의 모습을 도려냈다. 30여 년 만에 배달된 사티의 편지를 받은 61세의 유명인사 쉬잔 발라동은 이렇게 고백했다. "솟아나는 추억은 괴롭기도 하고 즐겁기도 하지만…." 말없음표의 여운은 우리에게 많은 이야기를 들려준다.

사티와 헤어진 발라동은 1896년 31살에 주식 거래인이었던 폴 무시와 결혼하였다. 경제적인 안정을 이룬 그녀는 모델 일을 그만두고 그림 그리는 일에 전념할 수 있었다. 비로소 안정적이고 평범한 삶을 살게 되어 화가로서의 왕성한 활동을 펼쳤다.

1906년 41살이 되던 해 발라동은 작품 〈아담과 이브〉를 제작했다. 이브는 자신을 모델로 하고 아담의 모델을 찾던 중에 아들의 친구이자 화가인 앙드레 우터를 만나게 된다. 이 작품으로 그녀는 남녀 누드를 한 작품에 그린 최초의 여류 화가가 된다. 그리고 그녀에게 새로운 사랑이 찾아왔다. 1910년에는 남편과 이혼하고 21살 연하의 우터와 재혼했다.

발라동은 우터와 그를 싫어하는 아들과 함께 몽마르트르

의 집에서 함께 살았다. 세 사람의 기묘한 동거는 '저주받은 삼위일체'라는 조롱으로 스캔들에 올랐다. 1915년 발라동은 여류 작가로서는 처음으로 개인전을 개최한 후 자주 전시회를 가졌으며 이름이 널리 알려졌다. 사람들의 관심 속에 작품도 팔리기 시작했다. 우터의 문란한 외도로 결국 두 번째 결혼도 1928년 파경을 맞았다.

1930년에 접어들면서 그녀의 건강이 나빠지기 시작했다. 1935년에는 아들 위트리오가 결혼하여 집을 떠났다. 그녀는 이제 조용한 말년을 외롭지만 평화롭게 보낼 수 있었다. 1938년 4월 7일, 이젤 앞에서 그림을 그리고 있던 그녀에게 갑자기 심장 발작이 일어났다. 그리고 한 시간 뒤 그녀는 세상을 떠났다. 73세였다. '마리 클레망틴 발라동'으로 태어나 '쉬잔 발라동'으로 살던 화가는 총 475점의 유화와 275점의 드로잉 그리고 31점의 에칭을 남겼다. 장례식에는 피카소, 발자크 등의 스타들이 참석했다.

뮤즈로서의 삶, 예술가로서의 삶, 그리고 아들

발라동은 남다른 자의식을 지니고 있었다. 모델로 활약할 때는 자신이 예술작품의 한 부분이 된다는 것에 대한 자부심이 강했다. 그러한 진지함이 여러 화가들의 마음에 영감을 불어넣었을 것이다. 개성 넘치는 명화들이 그녀를 모델로 하여 쏟아져 나왔고 그녀에 대한 간절한 마음으로 인해 사티의 음악이 만들어진 것을 보면 분명 발라동은 예술가들을 사로잡는 특별하고 독특한 매력을 지닌 여자임이 틀림없다. 가히 '몽마르트르의 뮤즈'라고 불릴만했다. 위대한 예술가는 서로를 알아보고 서로 교류하며 서로를 이끌어준다. 쉬잔 발라동을 둘러싼 몽마르트르의 예술가들이 그러했다. 발라동이 벨 에포크의 파리, 몽마르트르에 살았던 것은 행운이었다. 다른 곳에서였다면 쉬잔의 화가로서의 성공은 불가능했을 것이다.

그녀는 '여성이 그린 여성의 누드'를 선보였는데 이는 거의 처음 있는 일이었다. 내면의 격정과 고뇌, 섬세한 심리의 움직임을 사각의 평면에 표출하는 표현주의 시대사조를 탁월하게 구사할 수 있었던 그녀의 기량은 타고난 것이다. 그녀의 작품을 보면 평면적 구도는 마네를, 표현주의적 내면의 표출은 로트렉을, 상징적 비유와 강렬한 선과 색채는 고갱을 연상시킨다. 실제로 그녀는 그들의 작품에서 영향을 받아 자기 것으로 훌륭하게 소화시켰다.

비록 불우하게 태어났어도 예술적 자질을 타고났으며 그러한 재질을 아들에게도 물려줄 수 있었으니 모자母子가 둘 다 미술사에서 위치를 점하는 보기 드문 경우를 이루었다.

위트리오는 사람을 거의 그리지 않고 풍경만 그렸고 발

라동은 주로 사람을 그렸다. 위트리오의 그림은 우수에 차 있고 관조적이며 발라동의 작품은 강렬하고 메시지를 지닌다. 그리하여 위트리오의 그림은 정적인 정조를, 발라동의 작품은 동적인 느낌을 풍기며 대조를 이룬다.

모리스 위트리오는 생계를 위해 분주한 엄마의 무심함 속에 10살부터 술을 마시기 시작하고 여러 가지 말썽을 부렸다. 마침내 1901년 18세의 나이에 알코올 중독으로 입원한 병원에서 치료 목적으로 시작한 그림 그리기가 계기가 되어, 화가의 길에 들어섰다.

그림에 정열을 쏟게 된 위트리오는 주로 몽마르트르의 골목 풍경을 그렸다. '흰색시대'라고 일컬어지는 1908~1912년 사이에 그린 그림들에서 위트리오는 독자의 조형 세계를 구축하였다. 온통 하얀색이 많은 오래된 거리 풍경은 우수에 찬 시정詩情을 불러일으켜 그는 '몽마르트르의 화가'라는 타이틀을 얻었다. 적막감을 안기는 그림 속의 흰색을 그 자신은 '침묵의 색'이라고 불렀다. 외로운 보헤미안의 고독은 마음 깊숙이 침묵으로 울리는, 매우 근원적인 고적감이다. 이러한 흰색시대의 그림들은 인기가 많았다.

1913년 흰색시대를 결산하며 연 최초의 개인전은 호평을 받으며 대성공을 거두었다. 1921년에는 어머니 쉬잔과 함께

2인전을 개최하였다. 1935년 그의 작품의 찬미자인 벨기에 부인과 결혼하여 쉰 살이 넘어 비로소 어머니와 분리되었다. 위트리오의 소년시절은 외로웠지만 만년은 풍요로웠다. 이제 그토록 험난했던 생도 차분해졌다. 화가로서의 명성을 누리면서 평화로운 노후를 비교적 행복하고 안정감 있게 보냈다. 늙은 사생아 아들은 사생아 어머니 쉬잔의 장례식이 행해진 '생 피에르 교회'에 자주 와서 의자에 앉아 오랫동안 울다 가곤 했다.

"예술은 우리가 증오하는 이승에서의 삶을 영원히 고정시킨다."

쉬잔 발라동이 남긴 이 말은 예술에 대해 의미심장한 화두를 던진다.

쉬잔 발라동 〈푸른 방〉 1923년

세기적 지성들의 영혼을 두드린 루 살로메

1. 루

니체가 사랑한 여자, 릴케를 사랑한 여자, 프로이트를 가장 잘 이해한 여자. 지성과 재능과 미모로 당대의 수많은 남자를 매료시켰던 러시아 여인. 큰 키, 가는 허리에 바짝 마르고 가슴은 납작하여 소년과 같은 외모로 중성적인 매력이 넘쳤던 루 살로메Lou Andreas-Salomé 1861-1937, 그녀는 누구인가.

그녀는 니체의 청혼을 물리치고 파울 레와 5년간 동거를 하다가 안드레아스와 갑자기 결혼했다. 4년 후 레는 자살로 추정되는 추락사로 생을 마쳤다. 결혼도 기묘하기 짝이 없었는데 부부생활을 하지 않을뿐더러 각자의 자유연애를 묵인하고 간섭하지 않는다는 조건이었다. 그런 조건을 받아들여서라도 안드레아스는 루의 남편으로 남고자 했다. 14살

연하의 릴케를 만나 남편과 셋이 러시아로 장기여행을 떠나기도 했다. 그리고 피넬레스체메크와 동거하며 임신을 했지만 유산을 했다. 피넬레스는 11년간의 관계를 청산한 후 독신으로 살았다. 그녀는 수많은 남자와 사랑에 빠지고 자유롭게 여행을 다니다가 남편 곁으로 돌아오면 검소한 생활을 즐겼다. 남편은 하녀와의 사이에 딸을 두었는데 루는 그녀를 입양하였다. 그녀의 노후를 양녀 마리헨 부부가 돌봤다. 루는 자신의 결혼생활에 대해 평등을 실현한 부부가 서로를 존중하는 공동생활로 표현하면서 "서로에게 맞추는 것이 아니라. 어깨를 나란히 하며 살고 있다."고 했다. 43년간 지속된 안드레아스와의 결혼생활은 남들과 달랐을 뿐 행복했다. 저널리스트, 소설가, 에세이스트, 정신분석학자였던 그녀의 남겨진 작품 중에 『니체의 편지』는 니체 사상 연구에 꼭 필요한 자료로 꼽힌다.

  루 살로메의 삶을 뭐라고 정의내리기가 곤란하다. 그녀는 페미니스트도 팜므파탈도 아니다. 그렇기는커녕 세기적 지성들이 그녀를 만나 불후의 작품을 남기는 계기를 제공했다. 여자이기보다는 인간으로 살고 싶었던 그녀는 사회적 제약에서 자유로웠다. 자신만의 고유한 삶의 방식을 채택할 줄 알았던 여자. 그러나 그녀의 이름이 역사에 남은 이유는 자신의 작품으로라기보다는 니체와 릴케와 프로이트와의 연관 때문이다. 영악한 그녀는 이 저명한 인물들과의 친분을 저술로 세상에 알려 자신에게 명성을 가져다줄 기회를 잡았다. 자연스럽고 쉽게 그녀는 유명해졌다.

2 루와 프리드리히 니체(Friedrich Nietzsche 1844-1900)

루는 휴양 차 간 로마에서 니체를 만났다. 이때 니체는 38살, 루는 21살이었다. "어느 별에서 내려와 우리는 이렇게 운명적으로 만났습니다." 그녀를 처음 본 니체가 한 말이다. 니체는 그 당시를 "내 인생에 새로운 여명이 빛나고 있음을 느낀다."고 했다. "이제까지 그 아가씨처럼 재능 있고 사색 깊은 사람을 만난 적이 없었습니다. …우리는 30분만 함께 있으면 서로 크게 얻는 점이 있으므로 둘 다 행복해집니다. 지난 일 년에 내 최대의 저작을 완성할 수 있었던 건 우연한 일이 아닙니다." 니체가 루에 대해서 어머니에게 쓴 편지의 한 대목이다. 니체는 루의 지성과 아름다움에 매료되었지만, 아직 어느 누구에게도 연애 감정을 느낄 수 없었던 루는 그의 프러포즈를 거절했다. 그 대신 독특한 제안을 했다. 그녀는 방이 세 개 딸린 아파트에서 파울 레와 니체와 셋이 함께 살고 싶다고 했다. 세 사람의 동거는 현실적으로 이루어지지는 않았지만 실로 기발한 발상이었다. 니체는 루와 헤어진 뒤 흥분된 상태에서 그의 초인 사상을 대표하는

『차라투스트라는 이렇게 말했다』를 탈고했다. 그녀는 근대 철학사를 뒤흔든 니체를 주체할 수 없는 격정에 빠지게 만들었던 것이다.

3. 루와 라이너 마리아 릴케(Rainer Maria Rilke 1875-1926)

36살의 루 살로메가 22살의 릴케와 만난 것은 1897년이었다. 뮌헨대학을 다니며 시를 발표하던 젊은 시인은 루에게 열렬히 구애했고 루 역시 젊은 릴케의 정열에 매료되었다. 두 사람은 만난 지 한 달 만에 동거를 시작하여 3개월 동안 함께 살았다. 1900년 3월 루와 안드레아스와 릴케는 셋이서 러시아 여행을 떠났다. 이듬해에는 루와 릴케 두 사람만이 다시 러시아를 찾았다. 두 사람 모두에게 러시아 여행은 커다란 의미를 주었다. 릴케는 루에게 "나의 누이여, 나의 신부여"로 이어지는 아가서의 한 대목을 즐겨 낭독해 주었다. 시인의 본명은 '르네 마리아 릴케'였는데 루는 '르네'를 독일인들이 부르기 쉬운 '라이너'로 바꾸도록 했다.

릴케가 그토록 루에게 빠져들었던 이유를 아니마남성에게 내재된 여성성와 아니무스여성에게 내재된 남성성의 만남으로 이해할 수 있다. 릴케 안의 섬약한 여성성이 루의 의지적 남성성과 조화를 이루었다. 완벽한 만남이었다. 릴케는 안식을 찾았고 루는 정염에 눈 떴다. 그러한 관계 속에서 루는 36살에 비로소 열여덟 처녀로 되돌아올 수 있었다. 얼마나 멋진 일인가!

젊은 릴케의 기복이 심한 감정 상태를 시인으로서의 그의 천재는 요구하고 있었는데 루가 감당하기는 벅찬 것이었다. 마침내 그녀의 일방적 의사에 의한 결별의 시간이 다가오자 해방이 된 그녀는 기뻐 어쩔 줄 몰랐다. 하지만 그들의 사랑과 우정은 결별 후에도 평생을 두고 이어졌다. 루는 릴케의 인생과 문학에 지대한 영향을 미쳤으며 그가 성장하도록 도와주었다. 그들은 릴케가 1926년 51세에 백혈병으로 죽을 때까지 4백여 통의 편지를 교환하였다.

그들은 보통의 연인들과는 달랐다. 릴케는 '루'라는 독자성을 존중하여 루를 소유하고자 애쓰지 않았다. 또한 루는 자신이 기혼자임을 염두에 두지 않았다. "당신을 통해 육체와 정신이 분리될 수 없는 하나가 되었으며, 그것은 생명 그 자체의 부정할 수 없는 첫 실재였습니다." 루가 릴케에게 전한 말이다.

루 살로메에게

내 눈빛을 지우십시오
나는 당신을 볼 수 있습니다

내 귀를 막으십시오

나는 당신 목소리를 들을 수 있습니다

발이 없어도 당신에게 갈 수 있고

입이 없어도 당신을 부를 수 있습니다

나의 양팔이 꺾이어 당신을 붙들 수 없다면

나의 불붙은 심장으로 당신을 붙잡을 것입니다

나의 심장이 멈춘다면 나의 뇌수라도

그대를 향해 노래할 것입니다

나의 뇌수마저 불태운다면

나는 당신을 내 핏속에 싣고 갈 것입니다

―릴케가 루 살로메에게 헌정한「기도시집」제2부

4. 루와 지그문트 프로이트(Sigmund Freud 1856-1939)

나이 50살에 루 살로메는 정신분석학이라는 새로운 관심사를 만나 프로이트의 제자가 되었다. 루는 성(性)적 사랑, 예술창조의 열정, 종교적 희열과 도취는 같은 맥락으로 생명력의 서로 다른 측면이라고 보았다. 프로이트는 자신이 정신분석의 '산문가'라면, 루는 정신분석의 '시인'이라고 했다. 루는 "유일한 존재로 그 누구도 따라올 수 없으며 자신조차도 두려움을 느낄 만한 지성을 갖춘 여자"라고 찬사를 보냈다. 프로이트는 정신적 동지이자, 후원자로서 루와의 관계를 평생토록 지속했으며 그의 딸 안나와 루의 사이는 각별했다. 문학과 종교에서 그다지 만족할만한 해답을 얻지 못했던 그녀는 이제 정신분석가로 활약하며 지독한 노동의 시간들을 사랑했다. "나는 정신분석 작업을 통해 무척 행복해졌어요. 내가 아무리 돈이 많은 여자라고 해도 이 일을 포기하지 못할 거예요." 그녀는 릴케에게 말했다.

5. 루, 그녀

루 살로메는 20세기 유럽 지성들을 매혹시킨 전설적인 여인이었다. 넓은 이마는 지성미를 풍겼으며 커다란 눈은 지식에 대한 열정으로 빛났다. 남을 의식하지 않는 당당하고 거침없는 태도는 남성들의 시선을 끌기에 충분했다. 사회적 굴레에 연연하지 않았으며 자기가 원하는 것은 주저 없이 하고 원하지 않는 것은 거부했다.

그녀는 연애의 상대에 대해 능동적이었다. 선택당하지 않고 선택하였다. 그녀에게 사랑은 기본적으로 정열이라서 일단 사랑이라는 폭풍우가 지나가면 더 이상 휩쓸리지 말아야 했다. 그러므로 사귀던 애인들과 자주 매정하게 관계를 끊었으며 어떤 회한도 남기지 않았다. 니체를 비롯한 모든 남자가 그녀를 스치듯 지나가며 상처를 입었으나 그녀는 별로 개의하지 않았다. 그녀는 '정신의 일치'를 사랑의 가장 중요한 조건으로 여겼다. 정신이 일치하면 육체관계가 가능하지만, 육체관계로부터 정신적 유대로 나아가는 건 불가능하다는 것이다. 정신을 강조한 루의 남성 편력은 그런 면에서 매우 독특하다. 단순히 문란하다고 단정할 수가 없기 때문이다.

어쨌든 루 살로메는 일과 사랑을 마음껏 누렸다. 그리고는 괴팅겐의 남편에게로 돌아가 전망이 아름다운 자기 집에서 검소한 생활을 꾸렸다. 그녀는 정원과 나무들과 숲과 개를 사랑했다. 부부는 서로 방해하지 않으며 공존했다. 그녀는 자신이 행복하다고 큰소리로 말했다. 평화로웠다. "여자는 존재한다는 행복으로 자신의 존재 속에서 즐거움을 느끼는, 그 자체로 완성된 유기적 존재다."

그녀에게는 미모와 지성 그리고 연금이 있었다. 그녀는 집세와 여행 경비와 호텔 체재비를 위해 어느 누구에게도 손을 벌린 적이 없이 저널리스트, 소설가, 에세이스트, 정신분석학자 등의 사회적 위상을 누렸다. 자유를 구가하기 위해 필요한 돈이 있다는 점은 매우 중요하다. 그런 면에서 그녀는 대단한 행운을 타고났다고 할 수 있다.

자유로운 여인의 표상인 루 안드레아스 살로메는 "나는 삶을, 삶을, 삶을 가졌다."라고 외쳤다. 관습과 도덕을 무시한 그녀가 추구하고 몰두한 것은 '자아'였다. 그녀는 사회개혁이나 여성운동, 서민들의 삶, 나아가 전쟁과 혁명에도 별

관심이 없었다. 그녀의 관심사는 오로지 '자기'였고 '자기'로 대표되는 추상적인 '인간'이었다. 19세기 말 유럽에서는 루 살로메처럼 기존 도덕과 관습에 구애받지 않는 자유로운 영혼을 지닌 여성들이 많이 등장했다. 새 시대의 롤 모델로 선두에 나섰던 이들은 남성의 전유물이던 학문과 예술의 세계에 뛰어들어 재능을 펼쳤다. 자유로운 연애도 급속하게 널리 파급되었다. 그렇지만 루 살로메와 안드레아스의 결혼생활은 그 와중에도 독특하고 기이하다.

강한 통찰력과 솔직한 태도로 자신의 주장을 지켜나가며 확실하고 자신만만하게 자신의 삶의 행로를 스스로 선택하는 강인한 지혜는 루가 지닌 남성성에서 비롯하였다. 자유로운 영혼, 루 살로메는 자신의 창작 활동과 폭넓은 저술을 통해 사회적 지위를 확보했다. 아쉽다면 불후의 명작을 남길만한 문학적 철학적 천재성은 모자랐으며 그래서 스캔들만 무성한 팜므파탈의 이미지를 불러일으킨다는 점이다. 그녀 자신도 자기의 문학작품에 대해 자만심을 갖지는 않았다. 다른 이들이 자신의 전 존재를 예술과 학문에 몽땅 바쳤다면 루는 오로지 '자신'에게서 그 존재의 의미를 찾았다. 작품이 아니라 삶으로 우리에게 남겨지고 기억되는 여자, 그녀의 삶 그 자체의 경이로움에 대해 프랑수아즈 지루는 "그녀의 걸작은 그녀 자신이다."라고 했다. "나는 다른 사람을 따라 살 수도 없고, 누군가의 본보기가 될 수도 없다. 나는 내가 원하는 대로 삶을 꾸려나갈 것이고, 그것만은 내가 확실하게 할 수 있다." 그녀가 남긴 멋진 말이다.

파울 레와 니체, 그리고 루 살로메가 지적 삼위일체를 만들기로 하고 루체른에서 찍었던 저 유명한 사진. 니체와 레가 짐수레를 끌고 그 뒤에 앉은 루가 채찍을 휘두르고 있다. 니체의 제안이었다고 한다.

알마, 바람의 신부

토마스 만의 단편소설 「베니스에서의 죽음」을 바탕으로 루치노 비스콘티 감독은 영화 〈베니스에서 죽다〉를 만들었다. 원작과 달리 영화에서는 주인공에게 구스타프 말러 Gustav Mahler, 1860-1911의 모습을 짙게 투영하였으며 말러의 〈교향곡 5번 4악장 아다지에토Adagietto〉는 영화 전면에 아름답게 흐른다. 현악기와 하프가 깊은 울림을 주는 아다지에토는 우울한 듯 침잠하는 듯, 그러다가 마침내 생을 긍정하는 감미로운 선율로 극의 서정적 분위기를 이끈다. 그런데 사실 말러는 이 교향곡을 무척 행복한 시기에 완성하였다. '빈의 요정'이라고 불리던 알마 쉰들러Alma Schindler, 1879~1964와 결혼한 이후였다. 오스트리아에서 가장 아름다운 여인으로 알려질 만큼 빼어난 미모의 알마는 예술적 소양과 더불어 니체와 바그너에 심취하는 지성까지 갖춘 여인이었다.

알마는 풍경화가 에밀 쉰들러의 딸로서 이미 작곡가로 알려져 있었다. 말러는 1901년에 만난 알마에게 첫눈에 반했다. 그녀는 인생의 전성기를 맞이한 말러가 바치는 열정적인 숭배를 기꺼이 마음껏 즐겼다. 알마는 말러가 원하는 여성적인 아름다움을 가지고 있었고 말러는 알마가 중시하는 예술적 재능을 지니고 있었다. 그리하여 만난 지 몇 달 후인 1902년에 그들은 결혼했다. 젊고 아름답고 촉망받는 23살의 여자가 42살의 못생긴 궁정오페라단장과 결혼한 것은 빈의 사교계에서 센세이션을 일으켰다.

그러나 당대의 최고가 만났다고 할 수 있는 결혼생활에서 신부는 그다지 행복하지 못했다. 신경질적인 완벽주의자인 에고이스트 남편은 자기보다 19살이나 젊은 아내를 구속하여 그녀가 더 이상 작곡을 하지 않기를 바랐다. 그는 아내가 그의 음악을 그녀 자신의 음악으로 여기고 악보를 정리하고 의논하는 반려자 노릇에 충실하기를 바랐다.

또한 전원형 남자와 도시형 여자의 부조화라는 난점도 있었다. 말러는 세속의 번잡함을 멀리하여 아름다운 마이어니히 별장에서 산책하며 떠오른 착상을 본채에서 약 60m 떨어져서 정적에 둘러싸인 '작곡 오두막'에서 악보에 옮겼다. 그러나 도시에서의 사교모임에 익숙한 알마에게는 그 생활이 적적하고 힘겨웠다. 하지만 그녀는 한동안 말러를 헌신적으로 내조하고 두 딸의 어머니로서의 역할만을 충실히 하려고 노력을 기울이긴 했다.

비록 아내를 자신의 울타리 안에 가두려고 했지만 그는 그녀를 진심으로 사랑했다. 알마를 위해 가곡 〈아름다움 때문에 사랑한다면〉을 만들어 아내를 행복감에 잠기게도 했다. 그러나 알마는 "구스타프는 자신의 삶을 산다. 그리고 나 역시 그의 삶을 살아야 한다. 나는 나를 찾기를 열망한다."라며 차차 불만족과 우울함을 드러내기 시작했다.

말러는 1905년 무렵 유럽에서 확고부동한 지휘자의 지위를 누렸다. 알마는 남편을 지휘자로서는 높이 평가하였지만, 그가 작곡한 음악은 그녀가 이해하고 감동하기에는 너무 새롭고 낯설었다. 그녀는 서서히 말러의 연주 여행에 동행하기를 피하게 되었다. 그리고 남편의 부재중에 열렬한 찬미자들에게 둘러싸이는 모임을 즐겼다.

불행하게도 1907년에는 5살 된 큰딸이 사망했다. 1910년 여름 알마는 신경이 예민해져 휴양지로 요양을 갔다. 그곳에서 4살 연하인 베를린 출신의 건축가 발터 그로피우스 Walter Gropius, 1883-1969를 만났다. 그는 훗날의 바이마르 공예학교 교장이며 예술과 기술의 조화를 추구한 바우하우스의 창립자로서 근대건축의 새로운 장을 열고 현대 디자인 개념을 수립하는데 기여하였다. 특별한 사람을 알아차리는 본능과 직감을 지니고 있는 알마는 이번에도 그의 천재성을 알아봤다. 그들은 갑자기 연인이 되었다. 말러가 그 사실을 알게 되었을 때 천지가 무너지는 것 같았다. 다행히 알마는 두 사람 사이에서 말러를 선택했지만, 그로피우스와의 관계를 단절한 것은 아니었다. 아내를 잃을까 봐 전전긍긍하였던 말러는 알마가 원하는 것은 무엇이든 들어주고자 애썼고 그녀는 다시 작곡해도 되었다. 비로소 알마의 가곡 중에서 다섯 편이 공식적으로 출판되었다. 말러가 마련해준 작곡 발표회에서 그녀는 기뻤다.

말러는 〈대지의 노래〉와 〈교향곡 9번〉을 완성한 1911년 2월, 뉴욕의 연주 여행에서 병에 걸렸다. 알마는 말러를 정성껏 간호하였으나 1911년 5월 18일, 말러는 〈교향곡 10번〉을 미완성으로 남긴 채 51세로 숨졌다. 큰딸이 묻힌 비엔나 외곽의 그린칭 공동묘지에 그의 유언에 따라 안장되었다.

알마에게 자유가 주어졌다. 말러의 유산으로 알마와 둘째 딸 안나는 경제적으로 유복했다. 32세의 성숙한 매력을 풍기는 귀부인은 아르누보 양식으로 화려하게 꾸민 넓은 집에서 사교계의 눈부신 여왕으로 모임을 주도했다. 알마의 집은 쇤베르크, 클림트, 브루노 발터 등 비엔나의 예술적 정신적 엘리트들과 문화계의 명사들이 모이는 곳이 되었으니 이는 알마가 원하는 생활이었다.

1912년 알마는 자신의 초상화를 주문하기 위해 오스카 코코슈카Oskar Kokoschka, 1886~1980를 만났는데 그들은 이내 격렬한 사랑에 빠졌다. 1914년에 7살 연하의 화가는 예술적 영감이 충만한 〈바람의 신부Die Windsbraut〉를 완성했다. 그림에서 코코슈카와 알마 두 연인은 휘날리는 천에 뒤엉켜있다. 화면은 몽환적으로 소용돌이치는데 여인은 천진한 표정으로 나른하게 잠들어있다. 그러나 남자는 큰 눈으로 허공을 응시하며 연인의 손을 움켜잡고 있다. 바람처럼 사라질 것 같은 사랑에 대한 불안감에 겹쳐 슬픈 사랑의 결말을 예고하는 듯하다. 후에 코코슈카는 클림트와 에곤 실레와 더불어 빈의 3대 화가로 꼽히는 표현주의의 대표 화가가 되었다.

그렇지만 그녀는 점차 그가 부담스러워졌다. 급기야는 독점욕과 질투심에 눈이 먼 그가 폭력을 휘둘러 임신 중이던 아기가 유산되었다. 알마는 코코슈카를 더 이상 견딜 수 없었다. 마침 제1차 세계대전에 그가 종군함으로써 결별이 자연스럽게 이루어졌다. "모든 것이 끝났다." 이 간결한 문장으로 알마는 그녀가 완벽하게 만끽했고 그러나 그녀를 파멸 직전까지 끌고 갔던 격렬한 애정 생활에 종지부를 찍었다. 코코슈카와의 3년간은 알마의 생애에서 가장 강렬한 간주곡이었다. 화가이자 극작가이며 시인인 오스카 코코슈카는 오랫동안 알마를 못 잊어 그녀를 본뜬 인형을 지니고 다니는 등 기행을 일삼기도 했지만, 그럭저럭 병든 몸을 이끌고도 오래 살아 1980년 94세의 나이로 스위스에서 세상을 하직하였다.

전장에 있던 그로피우스는 그 모든 것을 알고 있었고 이제는 두 사람 사이가 예전 같지 않았음에도 불구하고 그들은 1916년 결혼식을 올렸다. 두 달 후 딸 마농이 태어났는데 알마는 유난히 이 딸을 사랑했다.

1917년 알마는 그녀의 살롱에서 체코 출신의 땅딸막한 유대계 문인 프란츠 베르펠Franz Werfel, 1890~1945을 만났다. 말러와 코코슈카도 잘생긴 것과는 거리가 멀었다시피 세련된 빈의 뮤즈에게는 상대의 외모보다는 예술에 대한 공감대와 정력이 중요했다. 그들은 곧바로 가까운 사이가 되었다. 그는 말러의 음악을 사랑했고 그녀는 베르펠의 시를 사랑했다.

그로피우스와의 삼각관계 중에 1918년 베르펠의 아이인 마르틴을 출산하였으나 10개월 후 조산아였던 아이는 사망했다. 1920년 알마는 그로피우스와 이혼하고 마농의 양육권을 쟁취하였다. 또다시 알마는 결혼하지 않은 상태가 되고 세 사람의 관계도 느슨한 대로 연결되고 있었으며 코코슈카는 문장력 수려한 편지를 보내 알마를 감동시키곤 하였다.

알마는 베르펠을 채근하여 소설을 쓰도록 독려하고 그의 작업에 왕성하게 참여했다. "알마를 만나지 않았더라면 나는 몇몇 시를 썼을 것이고 환희에 넘쳐 타락했을 것이다."라고 베르펠이 인정했다. 자기의 작가적 재능을 믿어주고 창작의 역량을 배가하여 이끌어줄 강한 인물이 필요했는데 바로 그 역할을 알마가 해낸 것이다.

그들은 거의 10년 동안 파트너 관계였는데 1929년 50살의 알마는 망설임 끝에 39살의 베르펠과 세 번째 결혼하였다. 19살 연상의 말러와 결혼하여 9년간 살았던 알마는 이번에는 11살 연하와 결혼하여 16년 동안 살았다. 알마 자신은 변함없고 완고한 반유태주의자였음에도 두 사람 다 유대인이었다. 1935년에는 19세의 아름다운 딸 마농이 병으로 세상을 떠났다.

1938년 반유태주의자 알마와 유대인 베르펠은 히틀러와 나치의 유대인 탄압을 피해서 고국을 떠나 떠돌다가 1940년 미국에 도착하였다. 이곳에서 베르펠은 왕성하게 소설을 썼는데 특히 1941년에 발표한 『베르나데트의 노래』는 제니퍼 존스를 주인공으로 하여 영화로 만들어졌다. 1939년부터 건강에 이상이 있던 베르펠은 1945년 심장병으로 사망하였다. 그의 와병 중에도 말러의 경우처럼 알마는 남편을 정성 들여 간호하였다.

그녀는 이제 66살이 되었다. 이후 20년 동안 그녀는 말러와 베르펠의 유작을 관리하며 커다란 3층 집에서 책과 예술작품에 둘러싸여 문화와 사교생활을 향유했다. 여전히 예술계에 대한 관심으로 활력 넘치는 생활이었다. 그중에도 말러의 열렬한 지지자인 레너드 번스타인과의 연대는 각별했다.

그녀는 몇 년의 고독한 말년 후 1964년 심장마비와 폐렴으로 세상을 떠났다. 향년 85세였다. 알마의 마지막 안식처는 빈이었다. 그녀는 비로소 비엔나로 돌아온 것이다. 첫 남편 말러도 묻힌 그린칭 공동묘지에 있는 딸 마농의 무덤에 그녀의 소원대로 합장되었다. 말러와 마농, 알마에게 두 사람은 그녀의 인생에 있어 가장 비중이 컸던 두 존재였을 것이다.

알마 마리아 쉰들러 말러— 그로피우스— 베르펠, 줄여서 알마 말러— 베르펠로 불리는 특별한 여성, 이름만큼이나 복잡한 인생을 살았다. 아홉 살부터 작곡을 하였다는 알마는 약 100편의 가곡을 작곡했는데 악보들이 전쟁 중에 소실되어 오늘날 14편만 남아 있다.

알마의 사후에 그녀의 생애를 소재로 풍자시가 발표되고

연극이 성황리에 공연되었다. 2001년에는 〈바람의 신부〉를 타이틀로 한 영화가 개봉되었다. 사라 윈터가 알마 역을 맡았다. 〈Myself, Alma Mahler나 자신, 알마 말러〉라는 일인극도 나왔다.

알마는 전쟁으로 어려운 와중에도 말러의 악보와 비망록을 챙겼다. 그녀는 1924년과 1940년에 말러와 주고받은 편지를 모아 회상록을 출간하였다. 그런데 여기에는 심각한 문제가 있다. 말러에게는 편지에 날짜를 적지 않는 버릇이 있었고, 나중에 알마가 써넣었는데 거기에 오류가 있었다. 무엇보다 곤란한 일은 말러의 편지 내용이나 묘사를 자신이 바라는 쪽으로 수정하고 은폐했다는 점이다. 말러를 연구하는 사람들은 알마의 서한집에서 몇 가지의 사실관계가 맞지 않는 사항들을 발견했다. 책 내용이 오히려 말러 연구에 혼란을 주고 신빙성이 떨어지는 바람에 말러의 생애를 조명할 수 있는 인물로서 알마의 역할은 애석하게도 점차 축소 약화되었다.

그녀는 남편들 외에도 많은 연인을 가졌는데 오스트리아의 빈이라는 도시의 당시의 시대적인 배경 덕분이었다. 19세기 말을 풍미한 새로운 것을 찾는 자유로움이라는 유행사조는 알마의 자유분방한 남성 편력을 허용했다. 내로라하는 문화계의 인텔리들은 거의 모두 이 여인에게 매료되었다.

오스카 코코슈카 〈바람의 신부〉
1914년 캔버스에 유채 181×220cm 바젤미술관

알마, 바람의 신부 345

말러, 그로피우스, 베르펠, 클림트, 코코슈카, 그녀가 섭렵했던 이 인물들은 하나같이 비엔나를 주름잡던 예술과 문화계의 쟁쟁한 거물들이었을 뿐만 아니라 예술사에 한 획을 그은 인물들이다.

알마라는 여인이 지닌 불가해한 매혹의 정체는 신비롭기까지 하다. 알마는 단순히 부유하고 아름다운 예술 애호가에 그치는 존재가 아니었다. 그녀를 사랑했던 예술가 모두에게 영감을 불어넣고 능력을 발휘하게 하여 〈바람의 신부〉처럼 역사에 길이 남을 작품들을 남기도록 했다. 무엇보다도 말러의 음악 세계는 상당 부분 알마와의 생활 속에 꽃피었다. 영혼의 보헤미안인 화가, 음악가, 건축가, 소설가를 사로잡은 알마는 그야말로 '빈 예술가의 뮤즈'였다. 그리고 가장 감탄을 자아내게 하는 것은 확실한 직감에 의해 상대의 예술가로서의 천재성과 잠재된 가능성을 알아보는 그녀의 천부적으로 탁월한 감식안이다. 이야말로 뮤즈의 자격으로는 금상첨화가 아닐 수 없다.

조르주 상드, 낭만주의를 통째로 살다

 여성의 참정권은 1893년 뉴질랜드에서 최초로 인정되었다. 1920년에 미국, 1928년에 영국, 1944년에 프랑스가 뒤를 이었다. 우리나라에서는 1948년에 헌법이 제정되면서 남녀의 평등한 참정권이 보장되었다. 여성들이 지금 당연시하며 행사하는 선거권의 역사는 이처럼 100년을 넘지 못한 것이다.

 그런데 여성의 투표권은 저절로 얻어진 것이 아니다. 몇십 년에 걸친 온갖 투쟁으로 힘들여 획득한 것이다. 그중에도 1903년 WSPU Women's Social and Political Union, 여성사회정치연합를 결성하여 영국의 여성 참정권 운동을 주도한 에멀린 팽크허스트 1858-1928는 폭력 시위와 단식 등을 불사하며 맹렬하게 싸웠다. 그녀는 딸들과 함께 감옥을 밥 먹듯 들락거려야 했으며 1913년 한해에 무려 12차례 단식 투쟁을 행하기도 하였다.

캐나다의 경우엔 여성참정권을 획득하려면 우선 "여성은 인간이다.Women are Persons."라는 판례를 얻어야만 했는데 1929년에야 비로소 5명의 용감한 여성들의 고투 덕분에 관철되었다. 그 이전에는 여성은 '인간'이 아니었던 것이다. 흑백평등보다 훨씬 뒤진 남녀동등의 법적 지위는 이렇듯 피와 눈물로 점철된 지난한 굴곡의 역사 위에 이룩된 것이다.

그러면 조르주 상드George Sand, 1804~1876가 살았던 시기는 어땠을까. 그녀는 남자 이름 조르주를 필명으로 사용하여 인기 작가가 되었으며 옷차림도 남자 복장을 즐겼다. 이러한 행위들은 그녀가 자신의 방식으로 행한 주체적 독립선언이며 남녀평등의 외침이었다. 많은 구설수와 비아냥에도 굴하지 않고 자유연애를 구가한 것으로 유명한 그녀의 유별난 남장은 지금도 '조르주 상드 룩'으로 불린다. 그녀는 또한 연상의 여자에게 빠지는 남자들을 일컫는 '드메 신드롬'의 아이콘이기도 하다. 그녀와 사랑에 빠졌던 시인 뮈세와 음악가 쇼팽, 그 밖의 많은 연인이 연하의 남자들이었기 때문이다. 그녀는 연상의 여인으로서 이들에게 모성애적인 사랑을 아낌없이 바쳤지만, 그들에게 예속되지는 않았다.

조르주 상드의 본명은 '아망틴 오로르 루실 뒤팽Amantine Aurore Lucile Dupin'이다. 그녀는 귀족 출신의 아버지와 가난한 서민 출신의 어머니 사이에서 태어났다. 4살에 아버지를 여읜 상드는 프랑스 중부의 시골 마을 노앙에 있는 할머니의 장원에서 고독한 소녀 시절을 보냈다. 할머니가 출신이 미천하다는 이유로 상드의 어머니를 며느리로 받아들이지 않았기 때문이다. 그녀는 수도원 기숙학교에서 약 3년간의 교육을 받는데 이때에 이미 계몽주의 철학자 루소를 좋아한 것을 보면 분명 자유분방하고 진취적인 기상을 지녔던 것 같다.

16살 때 집으로 돌아왔으며 이듬해에 세상을 떠난 할머니로부터 장원을 비롯한 유산을 상속받고 파리로 가서 어머니와 함께 잠시 살았다. 18살에는 노앙에서 결혼하여 뒤드방 남작 부인이 되었다. 작위를 지닌 청년과 상당한 재산을 상속받은 여자의 결합이었다. 여기까지는 마치 모파상의 『여자의 일생』의 주인공 잔느를 보는 듯하다. 그러나 그녀는 1831년에 무능하고 용렬한 남편과의 순탄치 못한 관계를 과감하게 청산하고 아들과 딸, 두 아이를 데리고 파리로 나왔다. 다행히도 이기적인 남편은 그런 그녀를 묵인했다. 자신의 생활에 별로 지장이 없었기 때문이었다.

당시 1830년의 혁명을 겪은 파리는 새로운 변화의 물결에 출렁이며 낭만주의 시대를 열고 있었다. 작가가 되기로 작정한 그녀는 극장과 카페 등에서 문인들과 어울렸고, 『피가로『Le Figaro』에 짧은 글들을 기고하기 시작했다. 애인인 젊은 문학도 쥘 상도와 합작으로 소설을 써서 발표했으며, 뒤이어 '조르주 상드'라는 필명으로 소설 『앵디아나』1832를 발표했다. 당시에는 여성 작가들이 남자 이름을 사용하는 경우가 종종 있었다. 대학도 아직은 여자들에게는 닫혀 있었으니 세상에 자신의 존재를 부각시킬 수 있는 전문적인 분야가 여자들에겐 그나마 필명으로라도 문필가로서의 활약이 가장 용이하였다. 철학이나 과학 분야는 물론이고 음악이나 미술계도 사정은 비슷하게 남성 중심이었다. 소설이 큰 성공을 거두어 그녀는 무명 시절이 없이 첫 소설로 단숨에 인기 작가가 되었다. 연이어 나온 연애를 주제로 한 다른 소설들도 호평을 받았다.

1833년 쥘 상도와 헤어진 뒤, 30살의 상드는 24살의 천재 시인 알프레드 드 뮈세Alfred de Musset, 1810-1857와 만나 열애에 빠졌다. 베네치아를 다녀온 후, 이듬해에 그들은 헤어지고 말았는데 뮈세의 시 「슬픔」은 조르주 상드를 잃은 실연의 상처로 얻은 작품이다.

> 나는 나의 힘과 삶을
> 그리고 친구와 기쁨을 잃었다.
> 나의 천재를 믿게 하던 자존심마저 잃었다.

진리를 알았을 때는
그것이 친구라고 믿었었다.
하지만 내가 그것을 이해하고 느꼈을 때
나는 이미 역겨움을 느꼈다.

그러나 진리는 영원한 것
진리를 모르고 지내온 사람은
이 세상에 대해 아무것도 모른다.
신은 말하기를-인간은 신에 대답해야 한다고
이 세상에서 나에게 남은 유일한 진실은
내가 이따금 울었다는 것이다.

상드와의 짧고 격정적인 사랑 뒤에 "이 세상에서 나에게 남은 유일한 진실은 내가 이따금 울었다는 것이다."라는 구절을 남긴 뮈세는 "사랑은 시인을 다시 태어나게 하는 힘을 가지고 있어 고통을 겪지 않은 사랑은 시인에게 의미가 없다."라고 했다. 그는 이후 자신의 문학에 큰 영향을 끼친 상드와의 사랑 이야기를 담은 자전적 소설 『세기아의 고백』을 썼다. 「즉흥시」에서 "시란 한 방울의 눈물로 진주를 만드는 것"이라는 말로 수많은 독자를 매료시켰던 분방한 상상력과 섬세한 감수성의 낭만주의 시인, 소설가, 극작가였던 뮈세는 랭보나 베를렌와 같은 천재 시인의 반열에 들었다.

뮈세는 그러나 이후 별다른 성과를 올리지 못하고 일찍 죽었다.

드디어 또 한 명의 천재가 상드의 인생에 들어왔다. "제군들이여! 모자를 벗어라. 여기 천재가 나타났다." 이는 슈만의 쇼팽Frédéric Chopin, 1810-1849에 대한 외침이다. 상드가 남편을 떠나 파리로 들어섰던 1831년 같은 해에 폴란드의 청년 쇼팽도 역시 파리에 왔다. 또한 상드가 처녀작 『앵디아나』로 일약 유명작가 대열에 올라섰던 바로 그 해에, 쇼팽도 역시 성공적인 데뷔 연주회를 치렀다. 우연은 필연으로 이어졌다. 1836년 여름, 남편과 정식으로 이혼한 상드와 쇼팽은 리스트의 연인인 마리 다구 백작 부인의 살롱에서 처음 만났다. 남장을 하고 시가를 피우는 유별난 여성 작가와 섬세한 기질의 '피아노의 시인' 쇼팽은 이내 사랑에 빠졌다.

'상드군과 쇼팽양'이라는 놀림감이 되면서 세간의 이목을 집중시키며 두 사람은 1838년 가을, 상드의 두 아이들인 모리스와 솔랑즈와 함께 스페인 마요르카섬으로 가서 동거 생활을 시작했다. 그곳에서 결핵을 앓던 쇼팽을 상드는 뮈세가 아팠을 때와 마찬가지로 지극정성으로 간호를 했다. 하지만 차도가 없자 할 수 없이 마요르카섬을 떠나 마르세이유에서 잠시 요양을 한 후, 노앙으로 갔다. 이때부터 1846년까지 쇼팽과 상드는 노앙과 파리를 오가며 지냈다. 그들

상드와 쇼팽
들라크루아가 그린 두 개의 초상화를
합성한 것이다.

사이에 여러 가지 갈등도 있었지만 해마다 여름철을 노앙에서 지내며 쇼팽은 매우 행복했다. 고향 폴란드에서 떠나와 타국에서의 외로움 속에 예민한 천성에 신체적 질병까지 있었던 쇼팽은 상드의 모성애적 사랑에 큰 위로를 받았다. 상드는 쇼팽에 대해 "너무 섬세하고 예민하고 완벽해서 이 투박한 세속 생활을 오래 견디지 못할 것 같다. 그렇게 죽도록 아프면서도 천국의 향기를 풍기는 음악을 작곡했다."고 말했다. 고통을 통해서 숭고하고 아름다운 예술작품이 남겨진 것이다.

상드와 함께했던 마요르카에서 노앙까지의 시절이 쇼팽으로서는 작곡가로서의 전성기이기도 했다. 마요르카에 머물던 시기에 쇼팽은 24곡의 전주곡을 완성했고, 노앙 시절에 〈소나타 2번 b플랫단조〉와 〈소나타 3번 b단조〉 등 명곡을 작곡했다. 상드와 쇼팽이 나눈 사랑은, 시인 뮈세와의 그것처럼 '모성적 연애 사건'이라 불린다. 상드는 "나는 그를 아이처럼 돌보고, 그는 나를 엄마처럼 사랑해."라고 했다.

9년 동안 그들은 파리와 노앙을 오가며 관계를 이어갔다. 그런데 드디어 그녀의 마음의 문이 닫히기 시작했다. 1846년 상드는 "섬세함보다 차라리 아내를 두드려 패는 질투심 많은 농부의 상스러움이 더 낫다."며 쇼팽을 조롱하는 소설을 썼다. 상드의 아들 모리스는 쇼팽과 불화했으며 딸 솔랑주의 복잡한 결혼 문제가 얽혔을 때 상드는 쇼팽과 결별해 버렸다. 그 후에는 아들의 친구이던 판화가 알렉상드르 망소가 그녀의 연인 자리를 차지했다. 쇼팽은 1849년에 짧은 생애를 마쳤다.

그러나 그녀는 사랑의 몽상에만 빠져 있지는 않았다. 일찍부터 생시몽주의_{공상적 사회주의}에 공감하고 있던 그녀는 일련의 사회소설들을 통해 왜곡된 현실 속에서 핍박받는 민중의 삶에 대한 정치적인 견해를 밝혔으며, 그런 생각은 전원소설이라는 형태로 이어졌다. 『마의 늪』1846 등은 자연 속에서 순수하고 타락하지 않은 삶의 원형을 간직한 농부의 모습을 그렸다. 전원에서의 삶을 이상화하는 이러한 낭만적 태도는 인간적 삶에 가해지는 굴레를 타파하려는 혁명의 열기로 자연스레 이어졌다. 1848년의 혁명이 발발하자 그녀는 '민중을 대표하여' 필봉을 휘둘렀다. 2월에서 5월까지의 짧은 기간이었지만, 그녀는 공개서한들을 찍어 돌렸고, 신문을 창간하기도 하였다.

1852년에는 쿠데타에 의해 나폴레옹 3세의 제정이 수립되었다. 그녀는 위태로운 처지에 놓이게 된 일부 문인들의 구명을 위해 노력한 뒤 다시 노앙으로 돌아갔다. 이제 오십 대에 접어든 그녀는 연인 망소와 더불어 평화로운 나날을 보내게 되었다. 자서전 『내 생애의 이야기』를 쓰는 한편, 화가 들라크루아, 소설가 플로베르 등의 지인들과 우정과 서신을 나누며 왕성한 활동을 멈추지 않았다. "인생의 가장 행복하고 가장 우호적인 시기는 노년이다. 젊었을 때는 예술이 고뇌 가운데 나타나지만, 늙어서는 다정하게 드러나는 것이다."며 평화로운 만년을 느긋하게 그러나 열정적으로 보냈다. 상드는 이처럼 72년의 생애 동안 수많은 사람과 우정과 사랑을 나누었다. 자유분방한 그의 일생은 그야말로 낭만파의 대표적 작가다운 모습을 보이고 있는데, 선각적인 여성해방의 관점에서도 평가를 받을만하다.

조르주 상드는 프랑스 낭만주의 시대의 대표적인 여성 작가로서 유럽 여성 문학의 창시자 중의 한 명이다. 약 40년간의 문필생활 동안 70편의 소설과 24편의 희곡, 그리고 4만 통에 달하는 편지를 썼다. 서간집은 사후에 발간되었는데 사료로서의 가치를 지닌다. 소설은 초기의 낭만적 연애소설을 거쳐 혁명과 민중을 중심에 두는 사회소설과 자연에서의 삶을 구가하는 전원소설로 변신하며 나아갔다. 당시에 작가 조르주 상드는 당대 최고의 인기 작가로 발자크나 빅토르 위고, 영국의 찰스 디킨스 등과 어깨를 나란히 했는데 상드는 불어로 소설을 썼지만 영국에서도 번역돼 대중적인 인기를 누렸기 때문이다. 그녀가 받았던 원고료는 앞의 세 사람보다 오히려 높았다. 그와 더불어 악평도 많았다. 선정적이고 남성 편력이 많은데다 과시욕이 넘치는 여자, 소설이 많이 팔리기는 했지만 제대로 된 소설을 쓰지는 못한 B급 작가라는 등의 비난을 들었다. 보들레르와 니체도 비난에 가세했다. 과연 그녀의 작품들은 고전의 반열에 들지는 못한다. 사실 그녀가 유명한 것은 뮈세와 쇼팽 등을 위시한 시인, 음악가, 예술가, 사상가들과의 파란만장한 연애 덕분이다.

- 우리는 상처 받기 위해 사랑하는 것이 아니라 사랑받기 위해 상처받는 것이다. 사랑하라. 인생에서 좋은 것은 그것뿐이다
- 사랑의 꽃향기를 맡기 위해선 가시덤불의 상처를 마다하지 않아야 한다.
- 정조의 본질은 감각 때문에 영혼을 배반하지 않으며, 동시에 영혼 때문에 감각을 배반하지 않는 것이다.
- 태양이 꽃을 물들이듯, 예술은 인생을 물들인다.

조르주 상드가 남긴 어록이다. 그녀는 매년 2편 이상의 작품과 1천 통의 편지를 쓰고 끊임없이 사랑에 빠지는 가운데 정원 일에도 열심이었으며 바느질과 부엌일까지 즐겼으니 그 엄청난 에너지는 찬탄의 대상이다. 그녀는 실로 거침없는 정신세계를 지니고 무진장한 열정으로 사랑을 추구하

고 글을 썼다. 분방한 삶 가운데 자신의 연애 행각과 작가로서의 활동을 통해 여성이 어떻게 당시의 관습과 체제에 반기를 들고 자신의 주체적 삶을 이끌었는가를 온몸을 다해 우리에게 보여주고 있다. 그 과정에서 천재들을 만나 영감을 불러일으키는 예술가들의 뮤즈로서 역사에 이름을 남겼다.

코지마 바그너, 복종과 지배의 두 얼굴로 바이로이트에 군림하다

교향시라는 새로운 형식의 표제음악을 창안한 리스트Franz Liszt, 1811~1886는 젊은 시절에 모차르트에 비유될 만큼 신동으로 알려졌다. 이 헝가리 출신의 피아노 거장은 연주 여행을 다니며 놀랄 만한 인기를 누리고 숱한 염문을 뿌렸다. 1833년 리스트는 연상의 여인이며 유부녀인 마리 다구 백작부인과 동거하기 시작했다. 두 사람 사이에서 세 자녀를 두었는데, 코지마Cosima Wagner, 1837~1930는 그들 사이의 둘째 딸이다. 마리는 후에 리스트와 헤어져 다니엘 슈테른이라는 필명으로 문학적 경력을 쌓았으며 그동안 리스트는 유럽의 콘서트계를 석권하였다. 코지마는 이들 두 사람으로부터 음악적 문학적 성향 외에 자기 욕구에 확고하며 치열한 성격도 물려받았다. 그리하여 리스트의 사생아인 코지마는 유부녀의 몸으로 아버지 친구인 바그너Richard Wagner, 1813~1883와의 사이에 사생아를 낳았다. 그 부모에 그 딸인 것이다.

천재성을 유감없이 발현시키며 유럽 전역을 풍미한 두 음악가인 리스트와 바그너는 그 뻔뻔함에 있어 우열을 가리기가 힘들다. 그들이 엮어낸 삶의 파노라마와 굴곡에는 배신과 변심, 거짓말이 난무하여 여느 자극적인 막장드라마를 뺨친다. 그들의 삶은 우리에게 예술과 인간성은 전혀 별개이며, 세상에 등장한 예술작품은 그것을 만들어낸 예술가를 떠나 그 자체의 가치를 누리는 것이라는 납득을 강요한다.

바그너는 1836년에 여배우 민나Minna Planer와 결혼을 하고 1842년까지 파리에서 살았다. 곤궁한 생활이었지만 리스트와 우정을 나누고 수많은 문학가와 예술가들과의 접촉을 가질 수 있었다. 1843년에 〈방황하는 화란인〉이 드레스덴에서 초연되면서 바그너는 1849년까지 드레스덴의 궁정 카펠마이스터악장로 일했다. 이 시기에 바그너는 〈탄호이저〉와 〈로엔그린〉을 작곡했다.

정치적 이유로 스위스에 망명하고 있던 1852년에는 재력가인 베젠동크 부부와 친분을 갖게 되었다. 그런데 바그너는 하필 은인이자 후원자인 베젠동크의 부인 마틸데와 사랑에 빠졌다. 후에 아내 민나의 질투로 인하여 두 사람이 헤어졌지만, 이루어질 수 없는 사랑은 예술로 승화되어 저 유명한 불멸의 음악극 〈트리스탄과 이졸데〉가 탄생하게 된다. 사랑의 감정에서 비롯되는 아픔과 안타까움을 담아내고 있는 이 작품은 또한 그 당시 그가 심취해 있던 쇼펜하우어의 영향을 보여준다. 생의 맹목적이고도 근원적인 갈망 가운데 죽음에 이르러 욕망이 완성될 수 있다는 것이다. 이토록 아름다운 음악유산 앞에서 바그너는 그의 몰염치를 용서받는다고 해야 할까.

1857년에는 그의 제자이며 당시 유명한 지휘자였던 한스 뷜로우Hans von Bülow가 코지마와 결혼한 후에 신혼여행 대신에 바그너를 방문하였다. 사실 코지마가 마음속 깊이 바그너를 연모한 것은 결혼 전부터였다. 이후 바그너는 늘 코지마 부부를 자신의 곁에 두고자 했다.

또 한 차례의 지독한 스캔들이 벌어질 참이었다. 즉 제자의 아내이자 친구의 딸인 코지마와의 연애가 시작된 것이다. 이미 두 딸을 둔 코지마는 공공연하게 바그너와의 이중생활을 이어갔다. 아마도 남편의 묵인이 있었을 것이다. 그녀는 1865년 딸 이졸데를 낳았다. 바그너의 오페라 주인공의 이름을 붙인 이졸데를 뷜로우는 자신의 딸로 여겼다. 코지마는 말년에 딸 이졸데와 송사를 벌여야 했다. 이졸데가 바그너의 딸로 인정받아 유산을 나눠 갖기를 바라서 소송을 제기했기 때문이다.

1864년에 바그너에게 있어서 구세주가 나타났다. 그의 삶에 바이에른 공국의 루트비히 2세가 등장한 것이다. 당시 19세였던 왕은 이미 바그너의 오페라들에 깊이 심취한 열렬한 바그너 찬미자였다. 그는 경제적으로 어려움에 처해 있던 바그너를 뮌헨으로 불러들여 빚을 갚아주고 전폭적인 재정 지원을 약속하였다. 드디어 1865년에는 뮌헨에서 대망의 〈트리스탄과 이졸데〉의 초연이 있었다. 지휘자는 코지마의 남편 뷜로우였다. 바그너는 또한 루드비히 2세의 요청에 의해 자서전 『나의 생애』을 쓰기로 약속했다.

왕의 총애가 지나치다고 생각한 측근들이 경계하는 바람에 할 수 없이 바그너는 1866년에 다시 스위스 루체른의 트립센으로 돌아오게 되며, 그곳에서 〈뉘른베르크의 명가수들〉을 완성하여 1868년에 뮌헨에서 초연이 성사되었다. 이 해에 철학자 니체 Friedrich Wilhelm Nietzsche, 1844-1900를 처음으로 만났다. 트립센에 나타난 24살의 니체는 그의 음악에서 유럽 정신이 다시 젊어지는 가능성을 보았다. "바그너의 내면에는 절대적인 완전무결함이 지배하고 있다."라며 거의 신적인 존재로까지 받들며 바그너를 칭송했다. 그는 바그너의 음악극에서 고대 그리스 비극의 본질이 부활할 수 있다며 숭배의 마음으로 〈비극의 탄생〉을 써서 코지마에게 바쳤다.

1866년에 바그너의 아내 민나가 사망했다. 민나는 결혼 초기에 군인이었던 애인과 사라진 일이 있었다. 다시 돌아온 아내와의 사이가 좋지 않았음에도 바그너는 그녀를 끝까지 부양했다. 이듬해 코지마는 뷜로우를 간신히 설득하여 이혼에 성공하였다. 1869년에는 4부작 〈니벨룽겐의 반지Der Ring des Nibelungen〉 중의 하나인 〈지크프리트〉가 완성되었다. 두 사람에게서 딸 에바뉘른베르크의 명가수의 주인공 이름에 이어 아들 지크프리트가 태어났다. 이미 세 자녀를 얻은 뒤인 1870년, 33세의 코지마는 57세의 바그너와 정식 결혼했다. 드디어 그토록 원했던 코지마 바그너가 된 것이다. 리스트는 딸과 바그너의 결혼 소식을 신문을 보고 알았다. 바그너는 그의 새 가정에 안착하여, 자신의 에너지를 링반지 사이클이라고 불리는 4부작을 완성하는 데 집중했다.

1872년부터 바그너 부부는 정들었던 스위스의 트립센을 떠나 독일 바이에른주의 바이로이트로 옮겨갔다. 이곳에서 자신의 오페라를 선보일 공연장인 바이로이트—페스트슈필하우스축제연주하우스를 지으려는 바그너의 야심 때문이었다. 극장을 짓는 일은 어려움이 많았지만 코지마의 열성과 루드비히 2세의 재정적 지원에 힘입어 4년 후 1876년에 완성되었다. '제멋대로이며 위대한 정신이상자'라는 말을 듣는 왕은 '자신의 위대함을 확신하는' 오페라 천재가 '위대한 일'을 하는 것에 이번에도 큰 도움을 주었다. 바그너 일가는 바이로이트에 반프리트Haus Wahnfried, 미혹과 광기로부터의 평화와 자유의 집 라고 이름 붙인 집도 완성하여 떠돌이의 삶을 마감했다.

이 시기에는 드디어 4부작의 마지막 작품인 〈신들의 황혼〉이 완성되었다. 이로써 〈라인의 황금〉〈발퀴레〉〈지크프리트〉〈신들의 황혼〉로 이루어진 바그너 불후의 역작인 4부작 〈니벨룽겐의 반지〉가 드디어 완결되고 1876년 8월에 막 완성된 극장에서 초연했다. 이것으로 사실상 그가 약 26년 전부터 계획해왔던 음악과 연극의 결합, 즉 서사에 중심을 둔 악극인 소위 '종합예술작품'이 탄생한 것이다. 이는 음악극Musikdrama이라고 불리는 전혀 새로운 장르로서 음악 자체보다 스토리를 더 중시하여 기존의 낭만적 오페라와는 확연히 구분된다.

일요일에 시작된 음악축제에서 링 사이클에 대하여 극도로 실망했다고 비난한 사람은 다름 아닌 니체였다. 그는 그 공연을 독일 국수주의에 영합했으며 부자들, '속물적 지식인들'을 위한 것이었다고 평가하며 그토록 신봉하던 바그너의 음악을 돌연 '질병'이라 혹평했다. 유럽의 모든 협잡꾼이 바이로이트에 다 모였다고도 했다. 그는 바그너를 새로운 문화의 창조자로서 존경하고 좋아했다. 그러나 바이로이트에서의 바그너는 니체가 보기에 그러한 개혁자가 아닌 상류계급사회의 일원으로서 부와 명예의 매력에 취한 사업가에 지나지 않았다. 이후 그와 바그너의 관계는 완전히 단절되고 말았다. 「바그너의 경우」와 「니체 대 바그너」에서 그는 바그너를 퇴폐하고 타락한 전형적인 데카당스 예술의 대표로서 음악을 병들게 한 주범이라고 비난했다. 이 시대의 예술과 사상은 이토록 밀접하게 연결되어 있었다. 니체는 그러나 코지마를 잊지 못해 말년에 쓴 자작시 「아리아드네의 탄식」에서 그녀를 '내 마지막 심장의 불꽃'이라 예찬했다. 『비극의 탄생』에서 아폴론과 대조를 이루는 정념과 광기의 신 디오니소스의 연인이 아리아드네였으니.

그러나 다른 청중들은 바그너의 오페라에 압도당하고 열광했다. 바그너라는 이름은 유럽뿐 아니라 전 세계에 우뚝 서게 되었다. 하지만 공연이 자신의 기대에 미치지 못했다고 생각한 바그너는 실망감에 대한 도피처가 필요했는지 1876년부터 2년 동안 그의 마지막 애정행각을 벌였다. 상대는 프랑스의 여류 시인 겸 작가인 주디스 고티에였다. 코지마는 바그너를 잘 유도하여 뉘우치는 마음으로 가정으로 돌아오게 만들었다. 가정에 다시 평화가 찾아왔다. 과연 그들은 서로를 필요로 하는 완벽하게 결합된 부부였다.

바그너의 마지막 작품은 종교적인 성격의 〈파르지팔 Parsifal〉인데 1882년에 이 작품도 바이로이트—축제연주하우스에서 초연되었다. 공연은 대성공이었으며 많은 이익을 남겼다. 바그너는 생전 처음으로 돈 걱정에서 해방되었다. 같은 해 11월에 바그너는 그의 가족들과 베네치아로 여행을 떠났는데 그곳에서 1883년 2월 13일에 심장마비로 생을 마감했다. 향년 69세였다. 그의 시신은 바이로이트로 되돌아와 반프리드의 정원에 안장되었다. 1886년에는 75살이 된 리스트가 음악제를 보기 위해 바이로이트에 왔다가 급성폐렴에 걸려 사망했다.

글 쓰는 작곡가이며 작곡하는 작가였던 바그너는 게르만족의 영광을 꿈꿨으며 독일의 문화적 삶을 철저하게 바꾸어 놓으려고 했다. 그가 주창한 독자적 오페라의 양식이 브루크너와 말러, 쇤베르크와 같은 20세기의 작곡자에게 미친 영향은 측정할 수 없을 정도다.

그가 추구한 '종합예술작품총체예술 Gesamtkunstwerk'은 음악, 노래, 춤, 시, 시각예술, 무대 기술 등이 종합된 개념으로 그 효과를 위해 유도동기라이트모티프, Leitmotif, 특정한 인물이나 상황에 연관된 음악 동기라는 수법을 도입했다. 문필가로서의 그는 『미래의 예술—작품』에서 '총체예술'로서의 오페라의 비전을 설명했다. 종합적인 음악적 표현이라는 이 개념은 20세기의 영화음악에 강한 영향을 주었다.

드라마를 강조한 그의 혁신적인 음악은 논쟁을 불러일으켜 한때 독일 음악계는 바그너 지지자와 브람스 지지자의 두 파로 나뉘었다. 그렇게 그는 극도로 찬반이 엇갈리는 평가 속에, 현재에도 계속적으로 많은 논란과 존경을 동시에 받고 있다. 그에 대한 논란은 지독하게 편협한 그의 반유대인적 시각 탓도 크다. 바그너는 「독일인이란 무엇인가?」 등에서 꾸준히 그리고 열심히 유대인, 특히 유대인 작곡가가 독일의 해로운 외래 요소라고 비난을 반복했다. "바그너에게서 '많은 히틀러'를 보았다."는 토마스 만의 발언에서처럼 그는 훗날 히틀러의 나치에게 이용당했다. 바그너는 히틀러가 태어나기 6년 전에 죽었는데 1923년 히틀러는 바이로이트를 방문하여 환영을 받았다. 그는 바그너 음악의 숭배자였으며 나치의 뉘른베르크 집회는 매번 〈마이스터징거〉 서곡 연주로 문을 열었다. 그래서 최근까지도 바그너의 작품은 이스라엘에서 사실상 연주 금지되어 왔다.

바그너의 천재성을 숭배한 코지마는 바그너의 음악 세계에 자신의 전 존재를 헌신하여 생애를 바쳤다. 그녀는 이 독일 오페라의 거장에게 철저하게 복종하였다. 바그너에게 최대의 행운은 코지마라는 모습으로 나타났다고 할 수 있다. 유독 사치스럽고 화려한 생활을 고집하는 남편이 작곡에 몰두할 수 있도록 일상의 잡다함으로부터 그를 격리시켜주고 재정문제와 커다란 살림살이를 꾸려나가며 편지 왕래를 처리했다. 코지마는 트립센에서 전개된 모든 것을 꼼꼼하게 기록했다. "그의 위대함을 점점 더 깊게 깨닫는 순간 나는 사실 하염없이 울고 싶었다."고 적힌 코지마의 일기장은 바그너 삶의 마지막 14년간에 대해 알 수 있는 너무나도 중요한 가치를 지닌다. 바그너는 점심때 휴식을 제외하고는 종일 일에 몰두했고, 그 사이 코지마는 그가 쾌적하게 지낼 수 있도록 애썼다. 자아도취적인 천재는 그녀의 숭배에 대해 아름다운 말로 감사를 표했다. 두 사람의 삶은 깊은 정신적 결합을 보여준다.

바그너 사후, 그녀의 복종적 삶은 돌변했다. 바그너의 음악이 훼손되거나 왜곡되는 것을 막고 그의 의도를 고스란히 지키기 위해 바이로이트를 장악했다. 그녀에게 잠재되어 있던 카리스마의 비밀은 코지마라는 인간에게 경외감을 갖게 한다. 그녀의 내면에 존재하는 전제적인 권력욕에 대해서는 바그너조차도 미처 몰랐을 것이다. 바이로이트는 이제 그녀의 것이었다. 그녀는 자신을 "바이로이트 예술과 예배사원의 여 사제"라고 칭했다.

그녀는 바이로이트 축제의 레퍼토리와 예술가 선정, 연출 방식 등에 속속들이 관여하면서 사회적·상업적으로 축제를 총지휘하는 예술 감독으로 맹활약을 떨쳤다. '전 세계 바그너 협회'의 후원을 받아서 축제를 발전시켜 왔고, 세계에서 가장 중요한 오페라 축제로 우뚝 서게 했다. 감각이 뛰어난 유능한 예술경영자였던 그녀는 1908년에 아들 지크프리트에게 자리를 물려줄 때까지 능력을 힘껏 발휘했다. 그녀가 없었더라면 바이로이트 극장의 면모나 위상도 많이 달라졌을 것이다. 코지마는 바그너가 죽은 뒤 무려 50년 가까이 살면서 바그너의 음악을 위해 일했고, 향년 93세로 1930년에 바그너의 곁으로 떠났다.

바그너의 오페라만을 전적으로 공연하는 바이로이트 페스티벌은 지크프리트의 아내인 비니프레트의 손을 거치며 절정의 시대를 맞은 가운데 히틀러의 전폭적 지원을 받기도 했다. 이 때문에 제2차 세계대전이 끝난 후 절체절명의 위기를 맞았다가 바그너 오페라의 명성에 힘입어 부활하여 유럽의 3대 음악 축제 중의 하나로 자리 잡고 있다. 바그너의 후손이 4대에 걸쳐 페스티벌을 이끌어 왔으며 1973년부터는 '리하르트 바그너 재단'이 관장하고 있다. 해마다 여름이면 '바그네리언'이라고 불리는 바그너 음악 애호가들이 바이로이트로 몰려와 바그너의 음악을 섬긴다.

코지마는 바그너를 통해 역사에 기록될 인물이 되고 싶었고, 후세의 많은 이들이 그녀의 위대성을 기렸다. 소망이 이루어진 것이다.

코지마와 바그너

근심거리를 가득 안고 전전긍긍하는 사회 분위기 속에서 3년을 몽땅 도둑맞은 것 같다. 박탈감과 상실감에 잠겨 주변과의 소소한 나눔이 단절되는 위기감 속에 오히려 역설적이게도 그동안에 내가 세상과 맺었던 관계가 얼마나 소중한 것이었나 각성하는 시간이기도 했다. 심상한 일상의 노닥거림이야말로 내가 가꾸어야 했던 꽃밭이었다.

그런 중에도 아이들은 자라고 난분분 꽃잎 날리고 나무들은 푸르고 세월은 무심히 갔다.

서숙

강릉에서 출생하여 서울에서 성장.
『계간수필』 수필 천료, 『에세이포레』 평론 등단.
『선수필』 주간, 『수필미학』 편집장 역임.
수필집 『일부러 길을 잃다』, 『푸른 방』
『그래서 너를 본다』, 수필선집 『숨은 기억 찾기』
현대수필100인선 『슬픈 메트로폴리탄』
『미래에서 온 편지』, 『내 마음에 그림 하나』

수상 한국산문문학상(2011), 일신수필문학상(2016)
현재 『계간수필』 편집주간

마음이여, 정착하지 마라

서숙 수필집

서숙 수필집

마음이여, 정착하지 마라

2022년 12월 20일 초판 1쇄 발행

지은이 서숙 | 펴낸이 김은영 | 펴낸곳 북 나비
출판신고 2007년 11월 19일 제380-2007-00056호
주소 04992 서울시 광진구 자양로9길 32 4층(자양동)
전화 (02)903-7404, 팩스 02-6280-7442
표지 본문 이미지 gettyimagesbank · 서숙
booknavi@hanmail.net
블로그 blog.naver.com/booknavi

ⓒ 서숙 2022
ISBN 979-11-6011-104-0 03810

※ 이 도서는 2022년도 한국문화예술위원회 아르코문학창작기금(발간지원) 사업에 선정되어 발간되었습니다.
※ 이 책의 저작권은 저자에게 있으며 출판권은 북나비에 있습니다.
※ 이 책의 전부 또는 일부를 이용하시려면 저작권자와 북나비의 동의를 받아야 합니다.
※ 책값은 뒤표지에 있습니다. 잘못된 책은 바꾸어 드립니다.